COLLECTION
DES CHRONIQUES
NATIONALES FRANÇAISES.

COLLECTION
DES CHRONIQUES

NATIONALES FRANÇAISES,

ÉCRITES EN LANGUE VULGAIRE

DU TREIZIÈME AU QUINZIÈME SIÈCLE,

AVEC NOTES ET ÉCLAIRCISSEMENTS,

PAR J.-A. BUCHON.

XVe SIÈCLE.

PARIS.

VERDIÈRE LIBRAIRE, QUAI DES AUGUSTINS, N° 25.
J. CAREZ, RUE DE SEINE.

M DCCC XXVI.

CHRONIQUES

D'ENGUERRAND

DE MONSTRELET.

IMPRIMERIE D'HIPPOLYTE TILLIARD,

RUE DE LA HARPE, n° 78.

CHRONIQUES

D'ENGUERRAND

DE MONSTRELET,

NOUVELLE ÉDITION,

ENTIÈREMENT REFONDUE SUR LES MANUSCRITS,

AVEC NOTES ET ÉCLAIRCISSEMENTS,

PAR J. A. BUCHON.

TOME XII.

PARIS.

VERDIÈRE, LIBRAIRE, QUAI DES AUGUSTINS, N° 25.
J. CAREZ, RUE DE SEINE, N° 25.

M DCCC XXVI.

SUR

JACQUES DU CLERCQ.

On n'avait connu, pendant long-temps, les précieux mémoires de J. du Clercq, que par quelques indications de Swertuis (Athenæ Belgicæ), de Valère André (Bibliotheca belgica) de Foppens (Bibliotheca belgica), et de la Bibliothèque historique de France. M. Perrininséra, plus tard, dans sa Collection universelle des mémoires particuliers relatifs à l'histoire de France, republiée par M. Petitot, un extrait assez étendu de ce chroniqueur, extrait reproduit sans changement dans la nouvelle édition; mais M. de Reiffenberg est le premier qui ait fait des recherches scrupuleuses pour le retrouver et le reproduire en entier. L'édition qu'il en a donnée à Bruxelles, en 4 vol. in-8°, a été faite sur une copie communiquée par M. Van Hulthen. J'ai suivi textuellement l'édition de M. de Reiffenberg, en la collationnant avec une autre copie, que le marquis Levert a fait faire sur le manuscrit de J. du Clercq, de la bibliothèque de Saint-Vaast d'Arras, et qu'il a bien voulu me communiquer.

J. du Clercq est, de tous les chroniqueurs, celui qui donne les plus nombreux détails sur la vie domestique des classes moyennes de la société. Ses mémoires s'étendent de 1448 à 1467.

Il nous apprend lui-même qu'il naquit en 1424, et qu'il fut *escuyer, sieur de Beauvoir, en Ternois, licencié ès droits, conseiller de*

Philippe-le-Bon, duc de Bourgogne, en sa chastellenie de Douay, Lille et Orchies. Il épousa, en 1446, la fille de Baldoin de la Chérie, écuyer, de Lille.

La partie la plus intéressante des mémoires de J. du Clercq, est incontestablement celle dans laquelle il rapporte en détail les horribles persécutions des Vaudois d'Arras.

J'ai joint à ces Mémoires deux pièces qui font connaitre la magnificence de la cour de Philippe - le - Bon, et son étiquette toute royale. L'une est un état des officiers et domestiques de sa maison, l'autre est un petit traité d'Aliénor de Poitiers, sur l'étiquette suivie à sa cour. On aura ainsi un tableau complet de la société telle qu'elle existait alors. Ceux qui voudront la connaitre dans ses habitudes les plus secrètes, pourront lire les cent Nouvelles nouvelles composées à cette époque.

M de Reiffenberg, dans un mémoire fort bien fait, a, çà et là, recueilli les divers détails, donnés par J. du Clercq, sur les mœurs, les lois, les arts et les lettres; à cette époque on les a réunis de manière à présenter un tableau, aussi vrai qu'intéressant, du quinzième siècle. C'est un préliminaire utile à la lecture de J. du Clercq, et on le lira avec plaisir en tête de cette Chronique.

J.-A. BUCHON.

DES MÉMOIRES

DE

JACQUES DU CLERCQ

ET DU FRUIT QU'ON EN PEUT TIRER,

PAR FR. BARON DE REIFFENBERG.

Les personnes habituées à la lecture des anciens conçoivent difficilement l'intérêt que présentent nos gothiques annales. Chez les historiens grecs et latins, les événements se pressent, s'accumulent, se rapportent tous à un centre commun. Dans les beaux temps de leurs républiques, les Romains et les Grecs étaient des factieux qui conspiraient pour le salut ou la prospérité de la patrie. On dirait qu'il n'y avait d'intéressant dans le monde que Rome, Athènes ou Sparte, et que le reste était fait pour servir d'ornement à leur gloire. Qu'était-ce que l'Afrique, auprès des projets ambitieux d'un tribun? A côté de Périclès ou de César, l'Asie se montrait bien petite. Il paraîtrait que l'histoire a suivi la distribution maintenue dans notre littérature, partagée en classique et en romantique. Là, les unités de temps, d'action et de lieu sont observées, parfois, aux dépens de la vérité; ici on les viole sans scrupule, on se laisse entraîner par les événements qui prescrivent impérativement les règles au lieu de s'y soumettre. D'un côté il y a plus d'art, de l'autre plus de conscience; et comme nous courons après la franchise en littérature, faute d'en mettre dans nos transactions sociales, nous oublions parfois les mensonges pompeux des Tite-Live et des Hérodote, pour les récits grossiers, mais fidèles de nos chroniqueurs. *Les historiens*, dit Montaigne, *sont ma droite balle*. Mais il semble qu'il préférait la causerie des mémoires à l'ensemble imposant de ces grands tableaux, qui représentent toute une époque. Celle où nous vivons aurait pu le satisfaire : de tous côtés les mémoires abondent ; chacun se croit obligé d'accumuler les matériaux : quand se montrera l'architecte?

Les Mémoires de Du Clercq ne sont ni un plaidoyer ni un acte d'accusation ; il écrit simplement ce qu'il a vu, ce qu'on lui a conté. Son style est incorrect et diffus, ses phrases interminables, surchargées de répétitions, s'enchaînent au moyen des pronoms relatifs; et souvent même restent suspendues comme un roc. Le dialecte de sa province introduit dans le récit une foule de locutions barbares, rendues plus méconnaissables encore par les fautes des copistes. Plus timide que superstitieux, il n'ose omettre aucun prodige, le moindre conte populaire; mais, comme s'il rendait tout bas hommage à la vérité, il a soin d'ajouter qu'il s'en *rapporte à ce qui en est*. Une multitude de circonstances ignobles ou puériles prennent place à côté des événements les plus graves. Quand il parle de ce qui s'est passé dans des contrées éloignées, il tombe en des fautes grossières; mais ce qui regarde la France et son pays lui est bien connu. Seul il a fait connaître, sans dissimulation, les désordres que tolérait la facilité de Philippe, et les horribles excès commis par l'avidité de ses courtisans. Le caractère du duc de Bourgogne et de son fils, celui de Louis XI, ne sont point tracés expressément; mais Du Clercq fournit des couleurs précieuses pour cette peinture. En le lisant avec une curieuse attention, on recueille chez lui une foule de détails de mœurs que rejette l'historien proprement dit, quoiqu'ils donnent de l'individualité, et ce qu'on appelle de la couleur, aux choses et aux personnes. Enfin, il répond, par des faits, aux déclamations de ces critiques chagrins, qui s'obstinent à voir, dans l'éveil de la raison publique, une émeute; dans la génération nouvelle, une race dépravée et maudite, indigne des siècles passés; et

ce service, qu'à son insçu il rend au bon sens et
à la philosophie, il faut lui en tenir compte. Présentés par d'autres que par lui, ou par ses contemporains, ces faits seraient réputés calomnieux;
mais que dire à un apologiste du jour qui s'achève,
et de celui qui commence, s'il vivait il y a près
de quatre cents ans?

Du Clercq traverse une époque d'environ vingt
années. Les événements qu'il raconte ont été retracés par Monstrelet [1], Commines [2], et Olivier
de la Marche [3]. Le premier a tout les défauts de
Froissart, excepté sa partialité pour les Anglais, et
s'approprie rarement les qualités louables de l'écrivain qu'il continue. Mais il est juste d'ajouter
que la principale cause de sa diffusion, la multiplicité des pièces originales qu'il conserve, est précisément ce qui le rend précieux à ceux que n'effraie pas une instruction pénible, pourvu qu'elle
soit solide. Le curé de Meudon lui reproche *d'être
baveux comme un pot à moutarde*. C'est encore là
une de ces bouffonneries de Rabelais, auxquelles
bien des gens font semblant de trouver du sel et
d'entendre malice. Le style d'Olivier de la Marche,

---

1. Il commence en 1400 et finit en 1444. *Voyez* la préface du tome I et du tome X de cette édition de Monstrelet.
2. Il commence en 1464 et finit en 1498.
3. Il commence en 1435 et finit en 1492.

moins vieilli que celui de Monstrelet, est peut-être aussi moins agréable. Cet écrivain, attaché à la cour dès sa plus tendre jeunesse, mais n'ayant jamais pris part aux affaires importantes, n'a pas toujours vu les choses du côté remarquable. Les joûtes, les fêtes, les costumes de la noblesse, les graves futilités du cérémonial l'occupent trop souvent; et quoiqu'il soit en général plein de candeur et de sincérité, on lui a reproché d'avoir, dans le récit de la guerre des Gantois contre le duc Philippe de Bourgogne, manqué d'exactitude, sinon de bonne foi. Commines lui-même n'a pas échappé à ce reproche en d'autres occasions; mais l'accusation paraît hasardée. On sait que Montaigne en faisait une estime particulière, et que sur son exemplaire il avait écrit : « Vous y trouverez le langage doux » et agréable d'une naïve simplicité; la narration » pure, et en laquelle la bonne foi de l'auteur re- » luit évidemment, exempte de vanité, parlant » de soi, et d'affection et d'envie parlant d'autrui; » ses discours et enhortements accompagniez plus » de bon zèle et de vérité, que d'aucune esquise » suffisance; et, tout partout, de l'autorité et » gravité, représentant son homme de bon lieu, » et eslevé aux grandes affaires [1]. » C'est là en

---

1. Liv. II, ch. 10.

effet le caractère distinctif de Commines. Sérieux, réfléchi, profondément versé dans la connaissance des hommes et des cours, il pardonnait à la puissance, même quand il s'agissait de lui-même [1] ; les haines, les fureurs, les vengeances, pourvu qu'elles ne la précipitassent dans aucun danger. La sagesse était le premier mérite à ses yeux : ainsi appelait-il cette prudence, toujours maîtresse de soi, qui tend au but avec patience, et ne dédaigne pas la ruse et l'intrigue. Moins attaché à la droiture par amour de la vertu, que parce que la justesse de son jugement lui montrait en elle les plus sûrs moyens de stabilité et de succès, il ne semble pas avoir eu assez d'éloignement pour cette politique dont l'Italie se glorifiait alors, que le duc de Milan croyait enseigner à Louis XI, et qui a de nos jours établi cette maxime, à l'occasion d'un épouvantable forfait : *c'est pis qu'un crime, c'est une faute;* manière d'envisager les événements qui se décèle

---

2. Avec quelle simplicité il parle du traitement que Charles VIII lui fit essuyer! « Je crois, dit-il, que j'ai été l'homme du monde à qui il a fait le plus de rudesse; mais cognoissant que c'estoit en sa jeunesse, et qu'il ne venoit pas de lui, ne lui en sceus jamais mauvais gré. » Il passa huit mois au château de Loches, enfermé dans une de ces cages de fer qu'avait imaginées La Balue. « Plusieurs les ont maudites, dit-il, et moi aussi qui en ai tâté sous le roi d'à-présent. »

dans le passage curieux où Comines récapitule les sujets de joie qu'eut Louis XI, après la mort de Charles-le-Téméraire : « La joie fut très grande » au roy de se voir au-dessus de tous ceux qu'il » haïssoit, et qui estoient ses principaux ennemis. » Des uns s'estoit vengé comme du connestable de » France, du duc de Nemours et de plusieurs au- » tres. Le duc de Guyenne, son frère, estoit mort, » dont il avoit la succession. Toute la maison » d'Anjou estoit morte, comme le roy René de Si- » cile, les ducs Jean et Nicolas de Calabre, et puis » leur cousin, le comte du Maine, depuis comte » de Provence. Le comte d'Armagnac avoit esté » à l'Estore; et de tous ceux-ci avoit ledit sei- » gneur recueilli les successions et les meubles. » On voit, observe à ce sujet M. J. de Chenier, que Louis XI n'oubliait pas ses intérêts, et qu'il fallait beaucoup de malheureux pour faire son bonheur [1].

Ce connétable, dont Louis se vengea avec tant de satisfaction, n'est pas le seul des ennemis du maître que Commines ose louer; mais l'éloge qu'il lui donne vient encore appuyer ce que nous avons dit plus haut. Louis de Luxembourg *estoit sage et vaillant chevalier, et qui avoit vu beaucoup ;* et sans

---

[1]. Fragmens du cours de Littérature fait à l'Athénée de Paris en 1806 et 1807. Paris, 1818, in 8°, page 159.

doute s'il le blâmait, c'était moins d'avoir encouru une condamnation capitale pour crime de lèse-majesté, que de n'avoir pas eu l'habileté de s'y soustraire.

Le bon sens de Commines est admirable dans les digressions. Mais quoique son style ait pour destination principale d'enfermer une pensée juste dans un tour énergique, il lui échappe, au milieu de ses narrations, des traits d'imagination qui contrastent avec sa froideur accoutumée. Veut-il peindre des guerriers qui cachaient leur fuite dans les ténèbres? il se sert de cette phrase pittoresque : « La » nuit n'a point de honte. » S'agit-il de montrer Louis XI sur le champ de bataille? il s'exprime ainsi : « Tous ceux du roy se retirèrent sur le bord » d'un fossé où ils avoient esté le matin, car ils » avoient crainte d'aucuns qu'ils voyoient mar- » cher, qui s'approchoient; et lui fort sanglant, » se retira à eux comme au milieu du champ. » etc. Enfin, n'est-ce pas à Commines que Walter Scott doit les traits les plus vifs du tableau des emportements de Charles-le-Téméraire, des horreurs et des menées de Louis XI à Péronne?

Jacques Du Clerq confirme les faits rapportés par les historiens que nous venons de citer, ou conserve des particularités qu'ils ont omises; telles sont celles relatives aux persécutions qu'éprouvèrent les prétendus Vaudois, où le comte d'Etampes joua un rôle si odieux; et qui retombèrent principalement sur les membres du corps municipal, dont l'indépendance et l'attachement pour leurs priviléges étaient les véritables crimes, et sur des citoyens opulents dont on convoitait la dépouille. Les personnages qu'il met en scène ont le caractère qu'on leur connaît; quelquefois il les place dans un nouveau jour.

Il existe entre Louis XI et Tibère plus d'un rapport. Tous deux eurent une jeunesse dissolue; l'un fit à Genappe ce que l'autre avait fait à Rhodes. Amis du pouvoir réel, et affectants d'en mépriser les dehors, cruels, actifs, railleurs, superstitieux, ils donnèrent à leur mort le même spectacle. Caprée était une retraite semblable à celle du Plessis-lez-Tours. La Balue tomba comme Séjan; le duc de Guyenne périt comme Germanicus. Mais Louis avait des desseins plus vastes, et qu'il poursuivait avec plus d'habileté. *Grand besogneur en négociations et en rompements de foi*, après avoir négocié pour s'agrandir, dit un homme d'esprit, il trompa parce qu'il avait négocié; il tua, parce qu'il avait trompé, et le plus familier de tous les rois en devint le plus sombre.

Sa popularité était moins l'amour des petits que la haine des grands : les idées chevaleresques qui dominaient encore ceux-ci lui coûtaient trop à combattre; il ne fallait point tant de façons avec des gens qu'il tirait des dernières classes de la société. Mais s'il était le roi bourgeois, le duc de Bourgogne représentait le souverain féodal. Qui l'eût cru pourtant? Le prince qui accueillait le mieux les nobles, fut aussi celui qui porta à la noblesse le coup le plus funeste, en la conférant pour de l'argent; exemple qu'avait déjà donné en France Philippe-le-Bel [1]; c'est ainsi que l'inconséquence a quelquefois l'air d'une politique profonde, et en recueille le fruit.

Du Clercq n'apprend pas seulement à connaître les personnes, mais les coutumes, les mœurs et quelquefois les institutions; pour en convaincre le lecteur, nous avons réuni les détails de cette nature qu'on trouve épars dans ses Mémoires; et nous avons tâché de donner ainsi une idée de l'état de l'église, de l'armée, de la cour et des lettres, aux Pays-Bas, durant les vingt années dans lesquelles il s'enferme. Nous commencerons par le clergé, qui s'arrogeait le premier rang.

Les mœurs de ce clergé étaient scandaleuses. On lit souvent, dans les anciennes poésies, des

---

[1]. *Flandriæ Generosæ suppl.*, page 119, et plus bas, où nous avons cité tout le chapitre consacré à Philippe.

plaintes énergiques contre ses débordements. Guyot de Provins s'écrie, dans sa Bible :

> Corz de Rome, come estes toute
> Plaine de péchiez criminax,
> Il n'est nul tant desloyax.
> . . . .
> Il n'entendent, ne rien ne dotent,
> De tant vilain morsel englotent,
> En povres mesons qu'ils destruient,
> Quand de lor despense se fuient.
> Il n'ont contenance, mesure,
> Il ne vivent selon droiture;
> Moult menjuent et pou se blecent,
> A bien faire petit se drecent;
> Il font molt pou de ce qu'ils doivent,
> Il sormenjuent, il sorboivent [1],
> Par foi durement i escotent,
> Qu'ils enveillissent et radotent, etc. [2].

Dans les *Cent Nouvelles nouvelles*, les meilleurs tours sont ceux des moines et des prêtres. Un fabliau traduit par Legrand d'Aussy, contient une fiction assez ingénieuse, et qui sert de complément à ce que dit Guyot de Provins : « Dieu, quand il eut créé le monde, y plaça trois espèces d'hommes, les nobles, les ecclésiastiques et les vilains. Il donna les terres aux premiers, les décimes et les aumônes aux seconds, et condamna les derniers à travailler toute leur vie pour les uns et les autres. Les lots ainsi faits, il se trouva néan-

---

[1]. Ils boivent et mangent avec excès, *ils surmangent, ils surboivent*.

[2]. Recueil de M. Méon, T. II, p. 330, 334.

moins encore deux sortes de gens qui n'étaient pas pourvus; c'étoient les ménétriers et les catins. Ils vinrent présenter leur requête à Dieu et le prièrent de leur assigner de quoi vivre; Dieu alors donna les ménétriers à nourrir aux nobles, et les catins aux prêtres. Ceux-ci ont obéi à Dieu, et rempli avec zèle la loi qu'il leur a imposée; aussi seront-ils sauvés incontestablement. Mais quant aux nobles, qui n'ont eu nul soin de ceux qu'on leur avoit confiés, ils ne doivent attendre aucun salut [1]. »

Nous parlerons ailleurs de Jacques de Croy, évêque de Cambrai, qui fixait des legs pour ses bâtards existants, et tenait une somme en réserve pour ceux qu'il pourrait avoir par la suite. *En ce temps*, dit Du Clercq, c'est-à-dire en 1460, *au pays de Liége, en la ville de Dynan, queyèrent si grandes eauwes, qu'une partie d'une abbaye estant en icelle ville et plusieurs édifices furent abbatus, et mesme l'abbé d'icelle abbaye, estant en sa chambre avec une femme qu'il tenoit en concubinage, furent tous deux emportés et noyés en l'eauwe, et avec eulx plusieurs moisnes et aultres hommes et femmes.* Ailleurs, c'est un jeune prêtre, exerçant les fonctions saintes de pasteur, et qui, *trop dissolu, tant en luxure que aultrement*, se dérobe longtemps à la justice de son évêque, célèbre les mys-

---

[1]. *Fabliaux ou Contes*, T. II, p. 117.

tères malgré la sentence d'excommunication dont il était atteint ; et *quant il disoit la messe, mectoit assez près de l'autel emprès lui, un bon espieu de fer trenchant, qui estoit baston de guerre, pour se deffendre, si aulcuns le fuissent venus querre, et avoit garni et boulloverquié sa maison.* Ce ne sont là que des faits particuliers. Du Clercq va faire une observation générale, et notez que ce n'est pas un esprit fort qui triomphe des désordres de l'Église, mais un écrivain religieux qui s'en afflige.

« Le quinzième jour d'aoust, l'an dessus dit mil
» quatre cent soixante-quatre, cloist son dernier
» jour le pape Pius, et disoit-on que à l'heure de
» sa mort, autour de Rome et ailleurs, les vignes,
» les arbres et aultres biens de terre feurent foul-
» droyés par tempeste d'orage, et mourut icellui
» pape, comme on disoit, de mort diverse et en
» grand dangier pour son ame, et en parloit-on
» en mauvaise manière ; et aussi, au vrai dire, au
» temps dudit pape Pius et devant, tout alloit très
» mal en l'Église, car les bénéfices estoient donnés
» à la requette des princes et sieurs ou par forche
» d'argent, et avoit ung cardinal ou ung évesque
» plusieurs bénéfices ; par espécial les cardinaux
» tenoient en commanderie [1] vingt ou trente que

---

1. *Commande.*

» évesquiés, que abbayes, que priorés conven-
» tueux ; et n'y avoit nul preslat esleu par les col-
» léges ou couvents. Plusieurs fils de princes on
» faisoit archevesques ou évesques sans estre pres-
» tres, et tenoient abbayes en commanderie. Et en
» ce temps, le plus de gens d'église, les grands jus-
» ques aux moindres Mendiants et autres, estoient
» sy abandonnés et sy outrageux en orgueil, luxure
» et convoitise, qu'on ne polroit plus dire : en ce
» passoient oultre mesure toutes gens séculiers. »

Ailleurs reviennent les mêmes doléances : « Lors.
» c'estoit grande pitié que le péchié de luxure ré-
» gnoit moult fort, et par espécial ès princes et
» gens marriés ; et estoit le plus gentil compagnon
» qui plus de femmes sçavoit tromper et avoir au
» moment, qui plus luxurieux estoit ; et mesme ré-
» gnoit encore plus icellui péchié de luxure ès pres-
» lats de l'Église et en touts gens d'Église. »

Il eût été raisonnable que ces ministres du ciel, si enclins aux faiblesses de la terre, eussent montré pour les autres une indulgence dont ils avaient besoin eux-mêmes. Mais ils n'en étaient que plus ardents à la persécution. Les barbaries exercées contre les Vaudois le sont en vertu de sentences rendues par des juges ecclésiastiques. Des malheureux, à force de tortures ou de séductions, sont conduits à s'avouer coupables ou à désigner de nouvelles victimes. Ils se rétractent sur l'échafaud; mais c'est là un des caractères de la *sorcellerie :* on ne fournit pas de preuves solides, mais elles sont inutiles; les principaux témoins sont des filles perdues, des gens infâmes : il ne faut rien dédaigner quand il s'agit d'une sainte cause. Ici s'offrent trois sortes d'accusés : des citoyens riches qu'on veut dépouiller, des magistrats incorruptibles dont on a à se venger, des misérables dont on arrachera de nouvelles accusations, et qu'on fera parler comme on le trouvera convenable. A la tête de cette horrible procédure paraissent plusieurs docteurs en théologie avec un Jacobin inquisiteur de la foi. Cela contrarie l'opinion commune, d'après laquelle on s'imagine que l'inquisition était ignorée aux Pays-Bas avant la révolution du seizième siècle. Nous consignerons ici d'autres preuves du contraire. La première est tirée d'un ouvrage intitulé *Excellente Chronique de Flandre*, imprimée en flamand, à Anvers, chez Guillaume Vorsterman, en 1531, in-folio. On y lit qu'il y avait, l'an 1477, à Bruges, un dominicain nommé Eustache Leenwercke, qui était inquisiteur de la foi catholique. Il admonesta un jour, en présence du peuple, un nommé Jean, qui avoit été clerc de la paroisse de Beyselare, près d'Ypres. Ce clerc fut condamné à une prison perpétuelle par des juges ecclésiastiques, quoiqu'il eût mérité, ajouta l'inquisiteur dominicain, d'être livré au bras séculier. Il dit en outre que le criminel aurait dû être brûlé, mais que l'Église lui avait fait grâce de ses fautes [1].

Les lettres d'Érasme sont remplies de plaintes sur la rigueur de l'inquisition des Pays-Bas. Nous les avons rapportées dans un mémoire inséré parmi ceux de notre Académie royale des sciences et belles-lettres. L'homme dont Érasme blâme le plus fortement la cruelle sévérité, est François de Hulst, conseiller laïque de Brabant, dont Antoine Llorente n'a pas négligé de faire mention [2].

Il s'ensuit que ce fut seulement contre l'établissement régulier de l'inquisition, que les Pays-Bas se soulevèrent sous Philippe II. Une bulle de Paul IV et une autre postérieure de Pie IV, y créaient trois provinces ecclésiastiques, dont tous les évêchés étoient soumis à la juridiction des archevêchés de Malines, Cambrai et Utrecht : en outre, on établissait pour chaque cathédrale douze chanoines, dont trois devaient être inquisiteurs à vie. Cette mesure fut la première étincelle qui em-

---

1. Fol. 198 verso.
2. *Hist. critique de l'Inquisition d'Espagne.* T. II, p. 188. Cet ouvrage porte le nom de *de Hult*, il faut lire *de Hulst*.

brasa les Pays-Bas en 1562. Llorente remarque que ces peuples soutenaient avec raison qu'ils n'avaient toléré des inquisiteurs depuis 1522, que parce qu'ils les considéraient comme de simples agents temporaires. On a pu se convaincre qu'il devait remonter plus haut.

Mon honorable ami, M. de Potter, qui semble avoir tout lu, tout examiné, et n'avoir rien oublié dans son bel ouvrage sur l'*Esprit de l'Église*, a consacré en passant quelques lignes aux Vaudois d'Arras, d'après Monstrelet, moins curieux ici que Du Clerq. Je rapporterai, dit-il, un passage des Chroniques de Monstrelet : il parle, à la vérité, de malheureux qui n'avoient avec les Vaudois, de commun que le nom : mais il parle aussi des persécutions que ce nom, excita, et il mérite ainsi, à tous égards, de figurer au milieu des horreurs de la barbarie et du fanatisme [1]. « En cette année quatorze cent cinquante-neuf, en la ville d'Arras, ou
» pays d'Artois, advint un terrible cas et pitoyable,
» que l'on nommoit vaudoisie, ne sais pourquoi ;
» mais l'on disoit que ce estoient aulcunes gens,
» hommes et femmes, qui de nuit se transportoient
» en aulcuns lieux arrière de gens, ès bois ou ès
» déserts..... et trovoient illecq un diable en forme

---

1. *Esprit de l'Église*, T. VI, p. 266.

» d'homme, duquel ils ne véoient jamais le visage;
» et ce diable leur lisoit ou disoit ses commande-
» ments et ordonnances, et comment et par quelle
» manière ils le devoient adorer et servir. Puis fai-
» soit par chascun d'eux baiser son derrière, et
» puis il bailloit à chascun un peu d'argent. Et fi-
» nablement leur administroit vins et viandes en
» grande largesse dont ils se repaissoient ; et puis
» tout à coup chascun prenoit sa chascune, et en un
» point s'éteindoit la lumière, et cognoissoient l'ung
» l'autre charnellement ; et ce fait, tout soudaine-
» ment se retrouvoit chascun en sa place, dont ils
» estoient partis premièrement. Pour cette folie feu-
» rent prins et emprisonnés plusieurs notables gens
» de ladite ville d'Arras, et autres moindres gens,
» femmes folieuses (de mauvaise vie) et autres ; et
» feurent tellement gehennés (torturés) et si terri-
» blement tourmentés, que les ungs confessèrent le
» cas leur estre tout ainsi advenu comme dict est.[1] »

Du Clercq, avec sa modération ordinaire, laisse entrevoir sa pensée touchant la *Pragmatique-Sanction*. Il ne dissimule pas les abus qu'elle avait fait naître, mais semble apprécier le bien qu'elle devait produire. Il rapporte la satire allégorique que l'on dirigea contre le cardinal d'Albi, et que

---

1. T. III, fol. 84. Paris, 1572. Monstrelet n'a pu écrire ce morceau sur l'année 1459, puisqu'il étoit écrit en 1453. *Voyez* la préface du tom. I et X de cette édition.

les clercs de l'Université représentèrent : c'étaient des rats qui mangeaient les sceaux de la Pragmatique, et qui, après le repas, avaient la tête rouge. « Icellui cardinal, ajoute Du Clerq, es-
» toit le plus grand clerc qu'on sçust estre ; il étoit
» grand orateur et grand promecteur, mais tenoit
» peu ce qu'il promectoit : il estoit fort convoiteux,
» et ne lui estoit rien impossible à entreprendre,
» mais qu'il y euist prouffit [1]. »

Notre auteur ne fournit qu'un exemple des empiétements du clergé sur l'autorité civile, et il nous convainc que Philippe savoit au besoin se faire respecter par les moines.

« En 1459, le 23 de mai, après le disner, Jehan
» Piccavé, huissier d'armes de Philippe, duc de
» Bourgongne, accompagné de plusieurs gens,
» entra en l'église Nostre-Dame-des-Carmes, lez
» Arras, et illecq, en rompant et faisant rompre
» les huys que on avoit clos contre lui, feit des-
» mollir et despéchier une brasserie que lesdits
» Carmes avoient fait faire ; par mandement du
» duc, impétré à la requette de ceux de la ville
» d'Arras ; et ne l'avoient lesdits Carmes vollu des-
» mollir ladite brasserie, jà-çoit-ce que le duc leur
» en euist rescript par deux fois ou plus [2]. » Ces révérends pères essayoient de soutenir un siége,

---

1. L. V, ch. 4, sur la fin.
2. L. III, ch. 44.

comme représentants de l'église militante. En effet, les champions du tabernacle tenaient alors la houlette et le glaive. Occupons-nous de ceux qui, par destination, ne défendent que des intérêts profanes, et à qui l'épée semble mieux convenir.

Le système militaire était encore trop imparfait pour qu'on pût exécuter avec suite de grandes entreprises et arrêter un plan compliqué. Les seigneurs accouraient avec leurs vassaux, souvent mal équipés, presque toujours mal ou point payés; on pillait le pays, on brûlait des châteaux et des villages, on faisait ce qu'on appelle une pointe, puis l'on se débandait et l'on retournait dans ses foyers. Quelquefois ces gens, une fois armés, restaient en troupe, et au lieu de servir leur seigneur, faisaient la guerre des grands chemins sous le nom d'*écorcheurs* ou de *retondeurs*. Il arrivait aussi que le seigneur ne rougissait pas de s'associer à ce brigandage et d'en recueillir les profits. Tel était ce Guillaume de la Marck, qu'on surnomma le *Sanglier des Ardennes*. Cependant la régularité commençait à s'introduire dans le service. Philippe-le-Bon, et surtout Charles-le-Hardi, eurent une milice permanente. On donna plus d'attention au matériel des armées, qui devinrent plus nombreuses. La discipline fut aussi plus sévère, et les rivalités des seigneurs qui nuisaient à l'unité, par conséquent à la force du commandement, durent plier sous la main de fer du fougueux Charollois. Lorsqu'il fut maître de Dinant, en 1466, il défendit qu'on outrageât les femmes : « Mais il en y eut aulcuns qui ne » cessèrent, desquels le comte en feit pendre trois... » lesquels, publiquement et en plein jour, feit venir » parmi l'ost trois fois, afin que chascun prist exem- » ple, et puis les feit pendre à un gibet. Laquelle » justice feit cesser que on n'osast plus les femmes » violer; car le comte aussi avoit juré que touts ceux » qui violeroient femmes, FUISSENT NOBLES OU NON » NOBLES, qu'il les feroit mourir. [1] » Cette rigueur était à sa place, mais quelquefois elle dégénérait en férocité. Souvent le comte frappait ses gens d'armes et « menaçoit de faire mourir prestement » dès qu'ils ne faisoient à sa vollonté, et pour peu » de chose, comme on disoit. Il tua un archier, » pour ce qu'il ne se tenoit pas bien en ordon- » nance; et s'y n'estoient pas devant leurs enne- » mys. Pour telles choses et moindres, plusieurs » en blessa et navra, et mesme férit plusieurs no- » bles hommes et hommes d'armes; et n'y avoit sy » grand homme ne archiers qui ne le cremissent; » et n'y avoit point tant d'amour que de cré- » meur. [2] » Dans un autre endroit, Du Clercq dit encore : « Il n'y avoit sy grand sur qui il n'euist

---

1. L. V, ch. 61.
2. L. V, ch. 59.

» frappé de quelque baston qu'il tenist, quant il
» les trouvoit en desroy, ou qu'ils ne faisoient ce
» qu'il commandoit; et n'euist épargné de faire
» mourir, en cas de désobéissance, NON PLUS LE
» GRAND QUE LE PETIT.[1] » Ce fut peut-être cet emportement qui occasionna sa mort; en effet, quelque temps avant la bataille où il perdit la vie, il avoit insulté Nicolas de Montfort, comte de Campo-Basso, dans le royaume de Naples, en lui appliquant un soufflet avec son gantelet. On n'ignore pas que Campo-Basso passa du côté des ennemis; mais il est vrai qu'il trahissait déjà son maître avant d'en avoir été outragé. Louis XI lui-même en avait averti Charles, qui refusait de le croire. — D'après une tradition populaire, dont Walter Scott a tiré parti en la rectifiant, Commines, dans sa jeunesse, se trouvant à la chasse avec le comte de Charollois, le prince lui avait dit de lui tirer ses bottes; Commines, abusant de la familiarité qui régnait entre le comte et lui, avait réclamé ensuite le même service de sa complaisance; le prince, mécontent de ce manque de respect, l'avait frappé de sa botte à la tête, d'où lui étoit resté le surnom de *tête bottée*[1]. Le mouvement de colère du comte de Charollois paraît naturel; l'indiscrétion attri-

---

1. L. V, ch. 60.
2. *Biogr. univ.* T. IX, p. 349.

buée à Commines n'était pas dans son caractère mesuré, et Walter Scott l'a senti.

La terreur que Charles inspirait retenait les soldats, quoiqu'ils fussent mal payés; on prétendait que le maréchal de Bourgogne dérobait quelquefois une partie de l'argent destiné aux troupes. Aussi le duc Philippe s'écria-t-il un jour dans un accès de fureur : «Qu'est-ce-cy? Jamais je ne croirai
» personne à payer mes gens d'armes, que je ne les
» fasse payer moy mesme : suis-je donc mis en ou-
» bly [1]? » C'étaient les provinces qui en souffraient. Durant la guerre contre les Liégeois, les gens d'armes, malgré la crainte que leur causait le fils du duc, « tenoient, pource qu'ils ne pouvoient en-
» trer au pays de Liége, moult grande cruauté, car
» ils ne se pouvoient tenir ensemble sans argent ;
» sy se partirent par le plat pays de Brabant, Na-
» mur et ailleurs; et y en avoit jusques au pays de
» Lorraine, et jusques à Vallenciennes; pourquoi
» lesdits pays, par iceulx quinze jours durants,
» feurent encore tous pilliés et mangiés [2].» Heureusement pour le duc de Bourgongne que ce vice était alors général, car avec des forces peu nombreuses, mais régulières, il eût été facile d'exter-

---

1. L. V, ch. 59.
2. Ibid., ch. 56.

miner ces bandes éparses. Charles VII avait dû néanmoins ses succès contre les Anglais à l'établissement d'un corps entretenu sous les armes, ou des *francs archers*. « Icelluy roy Charles ordonna
» en son royaume quinze cents hommes d'armes et
» cinq à six mille archiers, lesquels il meit ès fron-
» tières du royaume, par espécial du costé des An-
» glois; lesquels gens d'armes estoient payés aux
» despens de ses pays; et y avoit certaines tailles et
» impositions, que touts ceulx de ses pays payoient,
» s'ils n'estoient clercqs, nobles ou privilégiés,
» dont on payoit les gages des gens d'armes; et avoit
» chacun homme d'armes à trois chevaux, pour le
» mois quinze francs, seize sous monnoye royale
» pour le franc, qui valloient onze couronnes et
» demi d'or ou environ; et pour chacun archier
» sept francs et demi pour le mois, monnoye dite;
» et estoient très bien payés [1]. »

Les gens d'armes, dont chacun, avec les archers, le coustillier et le page formait une *lance fournie*, étaient convoqués à jour fixe, personnellement ou sous la bannière et le pennon de leurs seigneurs, à peine de la hart, de la confiscation de corps et de biens ou du bannissement. Dès qu'ils étaient réunis, ou faisait une *montre* ou revue générale, et l'on entrait en campagne.

---

1. L. V, ch. 29. Hénault, *Abr. chr.* à l'an 1445.

L'armée assemblée en 1464 était de quatorze cent lanches, huit mille archers, et « le demourant » crannequiniers, coulevriniers, coustilliers et au- » tres gens de guerre, sans les compagnons qui » gardoient le charroy, qui estoit grand nombre; » chacun portoit un maillet de plomb [1]. » Les ordonnances militaires du duc Charles, qui parurent plus tard, nous apprennent au juste l'équipement et la discipline de ses troupes, que l'on peut voir aussi dans le père Daniel. Les hommes d'armes, de traits, ou portant piques, obéissaient à l'homme d'armes sous qui ils étaient ordonnés, et les hommes d'armes ensemble et leurs gens de traits et piquenaires obéissaient aux chefs de chambre, dizeniers et conductiers sous qui ils étaient distribués par les commissaires du duc.

Les conductiers ou capitaines devaient veiller à ce que tous les gens de guerre de leur compagnie logeassent avec leur chef de chambre, et à ce que l'ordre se maintînt dans la distribution des vivres ainsi que durant la marche, sans que les dizaines et leurs subdivisions se confondissent. Telle était la hiérarchie observée dans la milice permanente du duc Charles, qui se composait de mille deux cents hommes d'armes, dont chacun avait sous lui trois archers à cheval, un arbalêtrier, un coulevrinier

---

[1]. L. V, ch. 26.

et un piquenaire à pied, tous gens choisis. L'homme d'armes devait avoir un harnois complet et être monté de trois chevaux, dont le moindre valût trente écus. Il était tenu d'avoir au moins une selle de guerre et un chanfrein [1] orné de plumes blanches et bleues comme la salade ou le casque, ce qui tenait lieu d'uniforme et d'autres signes de reconnaissance. « Le coustillier, dit l'ordonnance de
» 1471, sera armé par devant de placquart blanc à
» tout arrest. Et le derrière sera de brigandine [2],
» et s'il ne peut trouver ledit habillement, se pour-
» voye de corset blanc à tout arrest; et s'il ne peut
» recouvrer que brigandines pour la première
» monstre, soit fourni d'un placquart dessus à tout
» arrest, et sera l'un des trois habillements souffi-
» sant pour ledit coustillier. Son habillement de
» teste sera d'une bonne salade et d'un gorgerin ou
» houscou, aura petit garde-bras, avant-bras,
» gantelets ou mitons [3], selon l'habillement du
» corps qu'il pourra recouvrer, et aura aussi bonne

---

1. Le chanfrein, qui était ou de métal ou de cuir, servait d'arme défensive au cheval, il lui couvrait la tête par-devant, et c'était comme une espèce de masque qu'on y ajustait.
2. Voy. plus bas.
3. Gants, *mitons*, *mitaines*.

» javeline à façon de demi lance qui aura poignée
» et arrest de lance, avec une bonne espée de
» moyenne longueur, qui soit destre et de taille
» pour soy en aider à une main, et bonne dague à
» deux taillants d'un pied d'alemelle.

» L'archer sera monté sur un cheval de dix écus
» du moins, habillié d'un jacque à hault collet en
» lieu de gorgerin[1] atout bonnes manches, hau-
» bergerie[2] dedans ledit jacque, qui sera de douze
» toiles du moins, dont les trois seront de toile ci-
» rée, et les autres neuf d'autres toiles communes ;
» aura bonne salade sans visière, bon arc et bonne
» trousse de deux douzaines et demie de flèches ;
» une bonne longue espée à deux mains, avec une
» dague à deux taillans, de pied et demi d'ale-

---

1. Hausse-col en fer qui garantissait la gorge.

2. Mailles légères. — Le hauber (aubert, haubert) était une chemise de mailles, longue jusqu'au dessous des genoux, du mot *albus*, parce que les mailles de fer bien polies, fourbies et reluisantes en semblaient plus blanches. Cette chemise n'avait pas toujours la longueur que lui assigne Faucher, et à l'époque dont nous parlons, elle l'avait, je crois, entièrement perdue. On appelait aussi le haube, *brugne*. Du Clercq dit, L. V, ch. 66, qu'aux obsèques de Philippe, à Bruges, *il y avait quatre rois d'armes embrungnés;* n'est-il pas plus naturel de lire en *brugnes*, c'est-à-dire, *revêtus de leurs brugnes ou hauberts?*

» melle [1]; et s'il advient que à la première monstre
» qui se fera, il y ait aucuns archiers qui, pour la
» briefté du temps ou autrement, ne puissent re-
» couvrer l'habillement tel que dit est, viennent
» à la première monstre habilliés de brigandines [2]
» ou de jacques, au mieux et le plus honnestement
» qu'ils pourront; et pour cette fois mondit seigneur
» s'en contentera, pourveu qu'ils promettront et se
» obligeront que à la seconde revue ils seront tous
» habilliés de la manière dessusdite.

» Les coulevriniers, arbalestriers et picquenaires
» seront de pied et auront les habillements tels qui
» s'en suivent : à savoir, le coulevrinier un hau-
» bergeon [3], l'arbalestrier un haubergeon et le
» cret [4], et le picquenaire un jacque ou hauber-
» geon, lequel qu'il voudra; et s'il choisit le hau-
» bergeon, il aura avec un glaçon [5]; et auront l'ha-
» billement de teste chascun selon son cas.

---

1. Alumelle, lame.
2. Armure légère, faite de lames de fer jointes et qui servait de cuirasse. Originairement, dit M. Roquefort, on nommait brigands les soldats qui portaient cette armure; et comme ceux que la ville de Paris soudoya en 1356, pendant la captivité du roi Jean, commirent une infinité de vols, on désigne ainsi depuis, les voleurs et les coquins.
3. Haubert plus léger.
4. Peut-être de *crista*; ce serait le capuchon de mailles attaché au haubert.
5. Sorte de casaque.

» L'homme d'armes à trois chevaux, habillié
» comme dessus, aura pour mois de gages quinze
» francs de trente-deux gros le franc, et les trois
» archers à cheval, habilliés, comme dit est, feront
» une paye, et auront semblablement quinze francs
» par mois, qui est à chacun cinq francs, ditte
» monnoye ; le coulevrinier et l'arbalestrier au-
» ront chacun quatre francs par mois, et le picque-
» naire deux patars par jour. »

La paie du conductier était de cent francs de trente-deux gros par mois, avec la paie de sa lance [1]. Le dizenier recevait neuf francs outre sa paie, qui lui était faite en *piètres* de dix-huit sols pièce, au lieu de francs de trente-deux gros, et le chef de chambre étoit payé de la même manière, moyennant quoi les conductiers, dizeniers et chefs de chambre n'avaient pas le droit de rien prélever sur les compagnons [2]. Le duc Charles avait un armurier en titre, qui se faisait appeler *noble homme*. C'était Alexandre du Pol, natif de Milan. Il avait cent vingt écus de pension, s'était établi à Dole, et obligé à fournir par an, cent cuirasses de guerre complètes, au prix de quinze écus pièce, et cent corselets, au prix de quatre écus [3].

---

1. *Voy.* plus bas ce qui est dit des monnaies.
2. *Mém. pour servir à l'histoire de France et de Bourgogne*, p. 286.
3. *Ibid.* 277.

Du Clercq observe quelque part que les bons archers étaient rares en Bourgongne [1]. Mais les coustilliers et les hommes d'armes y étaient en réputation. On ne redoutait pas moins les *piques de Flandre*, appelées *goeden-dag*, parce qu'elles donnaient un terrible *bonjour*.

> A grands bastons pesans ferrés,
> Avec leur fer agu devant
> Vont ceux de Flandre recevant,
> Tiex baston qu'ils portent en guerre
> Ont nom *Godendac* en la terre;
> Godendac c'est *bon jour* à dire,
> Qui en françois le veut descrire :
> Cils bastons sont longs et traitis
> Pour ferir à doux mains faitis, etc.

C'est ainsi que s'exprime Guillaume Guiart à propos de la bataille de Courtrai, en 1302, où les Flamands repoussèrent les Français, principalement avec cette arme [2].

Du Clerq décrit également « la pique qui est un » baston (arme) de la longueur d'une lanche » d'homme d'armes; mais elle est plus menue fer- » rée et aclerrée au debout, et sont très dangereux » bastons [3]. »

Après la bataille de Mont-le-Héry, le duc de

---

1. L. V, ch. 40.
2. Daniel, *Histoire de la Milice française*. Paris, 1721 T. I, p. 435.
3. L. II, ch. 8.

Calabre amena aux princes ligués, dont le comte de Charrolois était l'âme, « une manière de gens » non armés, que on appeloit SIMPLES, lesquels es- » toient moult hardys gens [1]. »

L'armure des hommes d'armes fut long-temps d'un poids énorme; on l'avait reprise sous Charles IX et Henri III; et Lanoue se plaint *qu'un jeune gentilhomme à trente cinq ans estoit tout estropié des épaules, d'un tel fardeau* [2]. Olivier de la Marche nous fournit de cette pesanteur un exemple que nous rapporterons d'autant plus volontiers, qu'il appartient aux vingt années des Mémoires de Du Clercq. Dans une rencontre durant la guerre contre les Gantois, Adolphe de Clèves, et Corneille, bâtard de Bourgogne, poursuivirent trop vivement l'ennemi. Le gouverneur du bâtard courut après lui, et l'arrêtant : « Comment, monsieur, voulez-vous, » par votre verdeur et jeunesse, mettre ceste no- » blesse en danger, qui vous suit à pié, à pesantes

---

[1]. L. V. ch. 40.

[2]. *XVe Disc. Milit.* Montaigne lui-même a fait un chapitre sur ce sujet, c'est le 9e du livre II. Il y cite ces vers de Claudien, *in Ruff.*, livre II, v. 358 et seqq., qui peignent merveilleusement un ancien homme d'armes a *tout ses bardes* :

> Flexilis inductis animatur lamina membris,
> Horibilis visu; credas simulacra moveri
> Ferrea, cognatoque viros spirare metallo :
> Par vestitus equis, ferrata fronte minantur,
> Ferratosque movent, securi vulneris, armos.

» armes et par telle chaleur, qu'il faut les plusieurs
» porter et soutenir par les bras? Vous devez être
» le chastel et le fort où tous les autres se doivent
» rassembler et fortifier ; et l'on ne vous peut consuyr
» ne ratteindre ; et certes si les ennemis retour-
» noient et vous trouvoient en tel travail et desroy,
» cette vaillance vous seroit tournée à honte, par
» le dommage qu'à vostre cause pourroit avoir la
» compaignie [1]. »

Toutes les précautions étaient prises pour les hommes d'armes, en qui reposait l'espoir du succès. C'était avec la cavalerie qu'on faisait la guerre ; on n'en savait pas assez pour sentir que l'infanterie la fait. L'épaisse encolure des chevaux de Flandre convenait parfaitement à cette pesante gendarmerie ; aussi étaient-ils très recherchés. *Equorum robore*, dit Marchantius, *ad ferendam panopliam agilitate et formâ præstantium, adeo ut pulli aliundè adducti, ex tenui origine grandescant et deformi enitescant* [2]. La Hollande et la Frise disputoient cet avantage à la Flandre ; les foires de Valkemburg sont encore renommées.

Quant à la tactique, Du Clercq ne rappelle jamais que *l'ordre en trois batailles*. Les manœuvres et évolutions n'étaient cependant pas négligées,

---

[1]. Liv. I, ch. 25.
[2]. *Fland.*, p. 14.

car les mêmes ordonnances militaires de Charles de Bourgogne prescrivent aux conductiers (ou capitaines), chefs d'escadre (d'escouade) et de chambre, étant en garnison, d'exercer leurs gens, quelquefois tout armés, quelquefois seulement du *haut de la pièce*, c'est-à-dire de la cuirasse et de l'armet, à combattre avec la lance, en se tenant serrés, à s'éparpiller, puis à se rallier ensuite. On voit, par cette ordonnance, que les archers mettaient souvent pied à terre; qu'alors leurs chevaux s'abridaient trois à trois; que les chevaux des archers les suivoient dans le combat, lorsqu'ils en descendaient; que l'office des pages des gens d'armes était de conduire les chevaux ainsi abridés; et enfin que les pages, les chevaux des archers, et les archers mêmes, étaient derrière les picquiers, ou enfermés dans les bataillons longs ou carrés des picquiers. On ne peut douter qu'il n'y eût aussi quelque exercice pour l'infanterie, car on en formoit des bataillons, comme on le voit par la bataille de Bouvines, et en d'autres occasions [1].

Le tableau de la maison du duc Philippe, qui fait suite à cette dissertation, instruira de l'état de l'artillerie et du génie, sous son règne. On sait que les canons furent d'abord de fer; Louis XI en fit faire douze de fonte, auxquels il donna les noms

---

1. Daniel, ubi supr., p. 378.

des douze pairs, et dont un fut pris à Mont-le-Héry. Le plus gros dont il soit fait mention dans l'histoire de France, étoit de 500 livres de balles ; il fut fondu à Tours, sous Louis XI, et portoit depuis la Bastille jusqu'à Charenton. Du reste, il est probable qu'on donna d'abord le nom de canon, non-seulement aux grandes pièces d'artillerie, mais encore aux armes à feu, d'un très petit calibre, que l'on pouvoit porter et remuer avec la main, telles que les *crapaudaux, coulevrines*, dont, au rapport de Juvénal des Ursins, il y avoit quatre mille dans l'armée du duc d'Orléans, sous Charles VI. Quant aux canons, proprement dits, ils étoient fort mal entendus. Dans nos anciennes villes de Flandre, on en rencontre fréquemment qui servent de bornes le long des rues ; ils sont longs et minces, presque sans culasse, et garnis de cercles. Dans un MS. d'*Othéa, déesse de prudence*, avec des gloses, par J. Mielot, et qui est à la bibliothèque de Bourgogne, une miniature représente un canon très long, et qui va en s'élargissant à partir de la culasse, qui, par conséquent, manquoit de résistance ; il est cerclé et couché immédiatement sur une planche presque horizontale, traînée par deux roues. Des boulets, qui semblent être de grès, sont figurés auprès [1]. La chambre

---

[1]. « Et treuverent les Gantois en ordonnance à toute ar-

étant creusée en cône, ces boulets devaient flotter en partant, et n'avoir qu'une très petite portée. Un autre canon, de la même forme, également de fer, et dessiné dans le II⁰ vol. de la traduction MS des Chroniques de J. de Guise, s'appuie sur une planche qu'on lève ou qu'on abaisse à l'aide d'une cremaillère qui en forme le train, et permettoit de mirer. Il est dit, dans l'histoire de Charles VI, sous l'an 1385, que les pièces de canon du fort de Dam en Flandre, assiégé par ce prince, venaient jusqu'à ses tentes; mais cela doit s'entendre de mortiers, car les canons véritables n'auroient pu porter si loin.

L'exagération du calibre étoit un effet de l'ignorance. Du Clercq rapporte que Mahomet II avait, au siége de Constantinople, *une grosse bombarde de métail tout d'une pièce, tenant pierre de douze poulces et quatre doigts de tour, et pesant mille ou huit cents livres* [1]. Le nombre des coulevrines des infidèles est porté à quarante mille; ce qui est sans doute très exagéré, mais n'en confirme pas moins ce que nous avons avancé plus haut. Dans un autre endroit, notre auteur donne aux Turcs *six*

---

tillerie et *pavais* devant eulx. » CHASTELAIN, *Hist. de J. de Lalain*, ch. XCI.

1. L. III, ch. 6.

d.

bombardes de trente-trois quartiers de long sur sept quartiers de hauteur [1] ; de telles armes, si elles existaient, étaient plus embarrassantes qu'utiles.

Louis XI ne fut pas le seul qui fit fondre un canon gigantesque. Antoine de Lalain qui a laissé une relation manuscrite du voyage fait par Philippe-le-Beau, en 1501 et 1503 [2], rapporte au 30° chapitre, que le roi des Romains donna à l'archiduc une grosse bombarde qu'il fallut atteler de trente-huit chevaux, afin de la transporter. Les autres pièces d'artillerie, dont il parle en cet endroit, sont nommées *hacquebutes, serpentines, mortiers et courtauts*.

Qu'on nous passe une conjecture. L'Arioste donne la première arme à feu connue, à un roi de Frise. Cette fiction ne reposerait-elle pas sur une croyance populaire qui attribuait aux Belges l'invention de l'artillerie.

Birène fait ainsi la description de cette merveille :

> Porta alcun' arme, che l'antica gente
> Non vide mai, nè fuor ch' a lui la nova;
> Un ferro bugio, lungo da due braccia,
> Dentro a cui polve ed una palla caccia.
>
> Col foco dietro, ove la canna è chiusa,
> Tocca un spiraglio che si vede appena;

---

[1] L. III, ch. 21.
[2] Manuscrit sur papier, 96 feuill. in 4°. L. L.

A guisa che toccare il medico usa
Dov' è bisogno d' allacciar la vena;
Onde vien con tal suon la palla esclusa,
Che si può dir che tuona e che balena;
Nè men che soglia il fulmine ove passa,
Cia che tocca arde, abbatte, apre e fracassò.
Orland. Fur. Canto IX, 28, 29.

Le magnanime Roland triompha cependant du perfide Cimosque; de toutes les riches dépouilles du tyran, il ne se réserva que cette arme redoutable, non qu'il eût aucun dessein d'en faire usage pour sa défense; mais il vouloit la mettre en un lieu où elle ne pût nuire à personne. Il s'empara en même-temps de la poudre, des balles et de tout ce qui appartenait à cette fatale machine. Quand il fut en pleine mer, il prit l'arme en ses mains, lui adressa des paroles de malédiction, et la plongea dans les flots. Quel est celui qui l'a repêchée?

Les armées avoient un gros bagage. La perte que les Bourguignons firent à Mont-le-Héry en *chariots*, *bahus* [1], *malles*, *boëtes*, fut estimée à plus de deux cent mille écus d'or [2]. « Tous les » chemins, dit Du Clercq, estoient couverts de » bagues, comme malles, bouges [3], vaisselles, » joyaulx, harnats, chevaux [4], etc. »

---

1. Coffres.
2. *Chron. scand.*, p. 34.
3. Valises.
4. L. V, ch. 35.

Le corps d'armée, entretenu par le duc Charles, ainsi que nous l'avons dit, emmenait avec lui, de réserve, soixante pelles ferrées, vingt-quatre piques, vingt-quatre haches pour couper le bois, douze *tranchies* [1], six grandes sées à resser [2], vingt-cinq pieds de chèvres [3], vingt-quatre marteaux de maçon, deux cents lances, douze fallots, cinq cents cousteaux, six vingt toises de cordes [4].

Chastelain, dans son histoire de Jacques de Lalain, montre le maître de l'artillerie qui mène les « manouvriers et gens de pied, lesquels portoient » coignées, sarpes (serpes), soyes (scies) et lou- » ches (bêches) pour coupper barrières, remplir » fossés et refaire chemin partout là où il estoit » de besoin [5]. » Ailleurs le même officier « met en » ordre les charriots des marchands vivandiers et » aultres que le prevost des mareschaux con- » duisoit [6]. »

Les affaires de la guerre étaient dirigées par un conseil composé du chancelier, du premier chambellan, du maréchal de Bourgogne, de l'amiral,

---

1. Tranchoirs.
2. Scies. *Resser*, scier.
3. Sorte de levier de fer.
4. *Mém. pour servir à l'Hist. de Fr.* B. 284.
5. Voy. le vol. de cette Chronique, p. 323.
6. Ib. 341.

du grand-maître, de pluieurs seigneurs expérimentés [1], du maréchal de l'ost [2], du maréchal-des-logis, du maître d'artillerie ; et, depuis Philippe-le-Bon, du roi d'armes de la Toison-d'Or. Deux secrétaires rédigeaient les procès-verbaux des délibérations, dont on rendoit compte au duc qui décidoit.

Le mareschal tenoit un des premiers rangs parmi les grands officiers. On ne pouvait le destituer sans lui faire son procès. Cette charge n'étoit point héréditaire, mais dépendait entièrement du prince, entre les mains duquel le maréchal était obligé de prêter serment, après quoi le duc lui remettait le bâton, et le déclarait commandant de ses armées. Cet officier, sous les anciens ducs, n'était pas chef des armées, mais bien le connétable, dont la charge a été supprimée, à ce qu'il semble, avant les quatre derniers ducs. Le maréchal jouissait de plusieurs droits ; outre ses gages, qui étaient de 200 francs, il prenait un demi-franc sur la paie de chaque soldat de l'armée.

Lorsqu'il étoit absent, le duc établissait un maréchal de l'ost, lequel jouissait des gages, droits et prérogatives du mareschal.

---

1. Olivier de la Marche met ici les maîtres d'hôtel, mais on n'en trouve aucune preuve.
2. Espèce de lieutenant-général ou de maréchal-de-camp.

Olivier de la Marche affirme que les maréchaux des logis et de l'hôtel étaient subordonnés au maréchal; qu'on pouvait appeler devant lui du grand conseil et du parlement, ou de tout autre juridiction, en matières qui étaient de son ressort, tandis qu'au contraire il jugeait sans appel.

Un prévôt des maréchaux, assisté d'une garde nombreuse, faisait exécution criminelle par tous les pays de la dépendance du duc, excepté en son palais, qui était de la juridiction des maîtres d'hôtel. Durant la guerre, le prévôt était chargé de protéger les marchands, de mettre les vivres à prix, de tenir la justice dans l'armée, tant criminelle que civile, et pouvait instruire toute espèce de causes, excepté sur le fait de la guerre.

Les déclarations de guerre se faisaient encore par des hérauts, qui publiaient aussi les trèves, et servaient de parlementaires. Leurs personnes étaient sacrées. En quatorze cent cinquante-deux, les Gantois arrêtèrent un héraut envoyé par les ambassadeurs du roi de France, et, malgré leur licence, ils n'osèrent lui faire violence, se contentant d'étrangler son valet, qui, par malheur, portait une croix de Saint-André, marque des enseignes du duc de Bourgogne [1]

Parmi les superstitions militaires de ce temps,

---

1. L. II, ch. 24.

nous en choisirons une qui a de la grâce et de la naïveté. Le maréchal de Gié désirait avoir une épée de la main du grand-maistre Antoine de Chabannes, qui lui répondit : « Monsieur le maréchal, » je me recommande à vous, tant et de si bon » cœur que je puis. Mon neveu Vigier m'a dit que » vous aviez vollonté d'avoir une espée que j'ay; » je voudrois bien avoir meilleure chose, de quoi » vous eussiez envie, car vous en finiriez bien, si » homme en finoit. Je veux garder les statuts du » deffunt roy, à qui Dieu pardoint! qui ne voul- » loit point qu'on donnast à son ami *chose qui piquast;* mais je l'envoie à M. de Bajaumont qui » vous la rendra [1], etc. »

Le comte de Dammartin envoya dire à M. de Bajaumont qu'il vendît l'épée *dix blancs*, pour en faire célébrer une messe en l'honneur de *monsieur Saint-George*, à cause de l'opinion qu'il exprime dans sa lettre.

La marine était dirigée par un autre grand dignitaire. La charge d'amiral était inconnue chez les ducs de Bourgogne de la première race; mais les quatre derniers étant devenus les maîtres des Pays-Bas, elle fut une des principales de leur maison. Cet officier, qu'on nommait amiral de Flandre,

---

1. *Add. à l'Hist. du roi Louis XI, dans l'Édit. de Commines.* Brux., 1723, T. III, p. 229.

commandait toutes les troupes de mer, et avait plusieurs droits et prérogatives [1].

Néanmoins il y a une observation importante à faire, et que nous croyons avoir consignée ailleurs, c'est que la plupart des villes des Pays-Bas exerçaient le droit de protéger elles-mêmes leur navigation, non-seulement par des réclamations en leur nom, mais par des traités qu'elles faisaient avec les nations étrangères, ainsi que par des armements à leurs frais et de leur chef; ce qui dura jusqu'à l'établissement des amirautés, en quatorze cent quatre-vingt sept [2]. La ligue Hanséatique s'était étendue de bonne heure en Belgique: mais vers la première moitié du quinzième siècle, un schisme sépara d'elle la Hollande, la Frise et la Zélande; les villes d'Amsterdam, de Rotterdam et de Middelbourg, d'associées qu'elles étaient, devinrent ses rivales et même ses ennemies. Cependant l'union Hanséatique trouvait encore chez les Belges d'immenses avantages; et Charles-le-Téméraire lui-même, quoiqu'elle tendît à empiéter sur la prérogative des princes, la protégea hautement, et s'intéressa avec chaleur à obtenir des Anglais une paix favorable pour elle [3].

---

1. *Mém. pour servir à l'Hist. de Fr. et de Bourg.* B. 29, 30, 31.
2. *Mém. sur le Comm. aux XVe et XVIe siècles*, p. 227.
3. P. H. Mallet, *de la Ligue Hanséatique*, pp. 286,

Dans l'épitaphe du duc Philippe, on lui fait dire :

> Et pour la foi chrestienne maintenir en vigueur,
> J'envoyai mes galères jusques en la mer majeur [1].

En effet, en quatorze cent quarante-six, il envoya à Rhodes et vers la Palestine, trois galères bien armées, commandées par Jean de Portugal, espèce d'aventurier d'une intrépidité reconnue. En 1464 [2], Philippe équipe dans les ports de la Zélande douze galères et d'autres navires de transport, montés par dix mille hommes choisis, sous la conduite de ses deux bâtards, Antoine et Bauduin. Les Gantois, en cette occasion, armèrent à leurs frais trois cent trente citoyens. » Et fut mes-
» sire Simon de Lalain, seigneur de Montigny,
» lieutenant-général de monsieur le bastard en
» cette armée; et estoit belle chose de veoir les
» bannières et les pennons en chascun basteau, car
» chacun capitaine vouloit montrer quel homme il
» estoit en ce haut et sainct voyage. Les trompettes

---

289. On trouve des particularités intéressantes sur nos rapports extérieurs au XIIe siècle dans un ouvrage de M. Auguste Von Wersebe, trop peu connu parmi nous et intitulé : *Ueber die Niederlandischen Colonien welche im Nordlichen Teutschlande im XII jahrh. gestiftet worden.* Hannover, 1815-1816, 2 vol. in 8º

1. On appelait *mer majeure* la mer Noire.
2. Olivier de la Marche dit 1463 ; mais Meyer et Du Clercq sont ici d'accord avec la suite des événements.

» et clairons sonnoient à monter les gens d'armes
» chascun en son navire, et sous leur capitaine,
» qui donnoient moult grand resjouissement ; et
» d'autre part tiroit l'artillerie, qui espouvantoit
» et effrayoit toute la compagnie 1. »

Du Clercq dit seulement que le duc envoya à cette expédition deux mille combattants, mais peut-être compte-t-il par lances, et alors son calcul reviendrait à celui de la Marche, ce qui n'est pas vraisemblable, puisqu'il dit expressément plus tard, que des deux mille combattants, la contagion en emporta quatre ou cinq cents 2. Il ajoute que le bruit courait « qu'aucuns fils du diable ou » plains de mauvais esprit, avoient tant fait devers » le roy Loys qu'il avait retardé ledict sainct » voyage ; » mais c'était mal connaître les intentions de Louis, qui, en l'absence de Philippe, n'aurait point manqué de lui tendre quelque piége. Les promesses réitérées du duc n'aboutissaient à rien; Louis savait bien qu'il n'oserait quitter ses états ; et s'il feignit de le retenir, ce fut pour combattre ses soupçons, et lui inspirer quelque confiance 3.

La boussole, que les Melphitains inventèrent vers l'an 1302, avait produit une révolution im-

---

1. Olivier de la Marche, p. 1, ch. 36.
2. L. V, ch. 19.
3. L. V, ch. 8.

mense dans la navigation ¹. Goropius Becanus a voulu faire honneur à la Belgique de cette découverte, sur le fondement que les noms des vents inscrits sur la rose, sont flamands. Montucla a combattu cette opinion. En effet, on peut concevoir facilement que diverses nations aient successivement perfectionné la boussole. L'Italien suspendit l'aiguille sur son pivot, et peut-être en resta là. L'Anglais imagina la suspension de la boîte où l'aiguille est contenue. Les noms des rumbs de vents ont été dérivés, dans l'Océan, de la langue qui fournissait le plus de monosyllabes, pour désigner les points cardinaux, afin de pouvoir plus facile-

---

1. Guyot de Provins, dans sa Bible, écrite vers la fin du XIIe siècle, parle de la boussole dont il fait la description suivante que nous donnons dans la traduction de Legrand d'Aussy, comme plus intelligible. L'ouvrage entier de Guyot est imprimé dans le recueil de M. Méon, T. II, pp. 307-393.

« Ils se font outre cela, par la vertu de la *Marinière*, un art qui ne peut les tromper. Ils ont une pierre laide et brune qui attire le fer. Ils tâchent de trouver ses pôles, et y frottent une aiguille qu'ils couchent sur un brin de paille, et qu'ils mettent ainsi, sans plus d'apprêt, dans un vase plein d'eau. La paille fait surnager l'aiguille, et celle-ci tourne sa pointe vers l'étoile polaire. (Guyot l'appelle *Tresmontaine*). Quand la mer est couverte de ténèbres et qu'on ne voit plus dans le ciel ni la lune, ni les étoiles, ils apportent une lumière près de l'aiguille, et ne craignent plus de s'égarer. » *Fabliaux ou Contes du XIIe et du XIIIe siècles*, T. II, p. 27.

ment en composer les noms des rumbs moyens. Le langue flamande s'est trouvée jouir de cet avantage, et c'est, dit l'illustre historien des mathématiques, ce qui a fait donner aux vents les noms qu'ils portent aujourd'hui [1]. Quoi qu'il en soit, cette imposition de noms annonce un peuple qui dominait les mers et qui s'y était, en quelque sorte naturalisé. C'est rarement par des raisons grammaticales ou de convenance d'expression, que les mots usuels s'établissent.

Un préjugé faisait croire à la noblesse qu'elle dérogeait en cherchant les périls de la mer, à moins que ce ne fût pour une cause sainte. Ce préjugé devait cependant s'affaiblir chez un peuple essentiellement navigateur. Outre les deux bâtards de Bourgogne et Simon de Lalain, déjà nommés, deux des fils de ce dernier, le sieur de Cohen, le sieur de Bossu, Jean de Longueval, et plusieurs autres s'embarquèrent à l'Écluse [2].

Le duc avait donné à Antoine, pour les frais du voyage, cent mille couronnes d'or, et le comté de la Roche en Ardennes, avec plusieurs autres terres. La folie romanesque des croisades encouragée, excitée par le pape et le clergé, réveilla tous les coureurs d'aventures, et promit des res-

---

[1]. *Hist. des Math.*, 2ᵉ éd., T. I, p. 527.
[2]. L. V, ch. 9.

sources à une jeunesse extravagante ou corrompue.

« En ce temps aussi se croisèrent grand nombre
» de gens, et la pluspart touts josnes hommes ; et
» se partoient par routes, chy dix, chy vingt, chy
» quarante ensemble, sans capitaines, et les au-
» cuns avecq bien peu d'argent ne habillements de
» guerre, et à pied ; et tirèrent touts vers Rome ; et
» disoit-on que des pays du duc en estoient partis
» grand nombre, et bien jusques au nombre de
» vingt mille ou plus. Pareillement des autres pays
» chrestiens, se croisèrent tant de gens sans chief
» ne sans conduite, de touts royaumes, qu'il me
» fust dit (c'est Du Clerq qui parle) par un doc-
» teur en théologie, homme créable, lequel es-
» toit en ce temps à Rome, qu'on disoit à Rome,
» que s'ils se fuissent assemblés ensemble, ils se
» fuissent bien trouvés trois cent mille hommes [1].
» Et pour ce qu'ainsi partoient sans chief ne sans
» gages, on doubtoit moult, que s'ils s'assembloient
» ensemble, il n'en vinst aucun inconvénient [2]. »
Cela donne une idée de la police intérieure des
états. Ce mot, que l'on s'est plu à déconsidérer
dans la suite, est ici pris dans une honorable ac-
ception. Jadis il désignait le pouvoir qui, d'en haut,
veillait à la conservation des états ; maintenant il

---

1. Ce nombre est sans doute extrêmement exagéré.
2 L. V, ch. 9.

sert de dénomination à la faiblesse astucieuse, qui, d'en bas, les mine et les déprave.

Du reste, cette croisade se termina d'une manière presque ridicule; Du Clerq est ici plus sincère qu'Olivier de la Marche.

« Environ la fin de febvrier [1], Antoine et Bal-
» duin, bastards de Bourgongne, revinrent du
» voyage qu'ils avoient cuidé faire sur les Turcqs,
» et entrèrent à Bruxelles...., et fust leur voyage
» de petite value et peu d'efficace; car ils n'y fei-
» rent oncques chose digne de mesmoire, combien
» que en plusieurs lieux, par la mer, après eux
» partis de l'Écluse pour aller à Marseille, qu'ils
» passassent par les pays des Turcqs, et passer les
» y convenoit, ni olt y oncques rien fait, comme
» il me fust certifié, qu'il soit digne de louange;
» et, ains qu'ils venissent à Marseille, plusieurs
» moururent de maladie; et eux arrivés à Mar-
» seille, où ils feurent plus de trois ou quatre mois,
» la mortalité les frappa tellement, que, de deux
» mille qu'ils estoient, il en mourut de quatre à
» cinq cents, et puis revindrent, comme dit est,
» et laissèrent à Marseille toute leur artillerie et
» leurs harnats de guerre, et revindrent par Avi-
» gnon, et par terre, jusques à leurs lieux [2]. »

---

1. 1464 (1465).
2. L. V, ch. 19 et 20.

Du Clercq ne fournit pas de grands éclaircissements sur l'état de la marine au quinzième siècle. Il ne nous apprend ni les noms divers, ni la forme des navires, ni leur armement, ni leur manière de combattre. Il nous dit seulement « que tout le
» pays de Flandres, ou en partie, se nourrissoit de
» choses salées, et que, par le moyen des mar-
» chandises salées qu'ils menoient hors du pays de
» Flandres, l'argent venoit au pays et en estoit
» pays riche [1]. » Ce qui montre l'étendue de la pêche. Nous ne répèterons point ici ce que nous avons dit ailleurs sur ce sujet et sur la construction des navires [2]. Du Clercq fait mention « d'une des
» plus puissantes nefs d'Angleterre, nommée *Ca-*
» *therine*, qui estoit bateau de guerre, et y avoit
» environ deux cents hommes de guerre [3]. »

« Le roy Alphonse d'Arragon, suivant lui, entre
» autres plusieurs grands vaisseaux qu'il avoit fait
» pour combattre sur mer, avoit fait faire une na-
» vire que on tenoit la plus grande du monde;
» car elle estoit si grande, que à grande peine povoit
» aller en mer, et estoit toujours au port de Na-
» ples; laquelle nef, ung peu devant la mort du
» roy, on l'avoit mise en mer, et à ceste propre

---

[1]. L. II. ch. 1.
[2]. *Mém. sur le Comm.*, pp. 225 et suiv.
[3]. L. IV, ch. 1.

» heure que icellui roy Alphonse morut, on ra-
» mena icelle nef au port de Naples; et à l'arrivée
» toucha au fond du gravier de la mer, tellement
» qu'elle se fendit et rompit l'arbre du moilon, qui
» estoit de telle grosseur, que cinq hommes ne
» l'euissent sceu embrasser au bras; et au cheoir,
» ledit arbre rompit la nef en plus de mille piè-
» ches, et feit si grand son et grande noise que
» chacun de Naples et d'entour cuidoit que le
» pays deubt fondre [1]. »

Ce colosse n'annonçait pas de grandes connaissances maritimes.

Du Clercq n'en ajoute pas davantage, et ne parle en d'autres endroits que de *galées* ou *galies*. En 1453, celles de Flandre, de Hollande et de Zélande, coopérèrent efficacement à la prise de Bordeaux [2]. Mais qu'était-ce que ces *galées?* Le père Daniel affirme que c'étaient des bâtiments à rames et à voiles. Cet écrivain cite quelques fragments de Guillaume Guiart, mais ils sont incomplets, et il convient de lire l'extrait fort bien fait par Legrand d'Aussy, *de la Branche aux royaux Lignages* [3]. Il s'y agit de la bataille navale qui eut

---

1. L. III, ch. 40.
2. L. III, ch. 4.
3. *Mém. de l'Institut; Morale et Polit.* T. II, p. 302 et suiv.

lieu dans le canal de Zirikzée, l'an 1304, entre la flotte française et celle de Gui de Namur, comte de Flandre. Là combattent en ligne des vaisseaux de divers rangs, savoir : des nefs, des galies et des coquets. Les plus forts, les plus considérables, sont les premiers. C'étaient les vaisseaux de ligne du temps. Les galères, bien qu'inférieures en force, avaient, sur les nefs, l'avantage de tirer peu d'eau, et par conséquent d'être plus favorables à la navigation des côtes, et surtout aux descentes; cependant les Flamands, dont les côtes sont plates, donnaient à leurs nefs plus de légèreté, tandis qu'au contraire il fallait plus d'une brasse d'eau à celles des Français. Les coquets étaient des vaisseaux légers, d'une forme particulière, et qui tiraient très peu d'eau.

Du Clercq distingue des *galères subtiles, et marchandes vénitiennes* [1]. Les premières étaient sans doute des espèces de frégates.

Les batiments de second rang à cette bataille, sont appelés galiots, barques, bateaux et nacelles. Le galiot était une petite galère. On connaissait aussi l'usage des brûlots et des matelots, c'est-à-dire des bâtiments destinés spécialement à secourir le vaisseau-amiral, ou celui que montait le chef de la flotte ou de l'escadre.

---

1. L. III, ch. 7.

lvj DES MÉMOIRES

Tels étaient à peu près les moyens d'attaque et de défense, qu'offrait alors de la guerre, sur mer et sur terre.

Suivons maintenant Du Clercq dans tout ce qui concerne la vie civile, et descendons du palais du souverain, jusqu'aux derniers degrés de la société.

Philippe jouissait en Europe d'une prépondérance marquée; la renommée du *Grand Duc d'Occident* obtenait même des hommages dans les autres parties du monde connu [1]. Ses états eussent pu former une monarchie formidable, si ses sujets avaient consenti à obéir à un roi [2], et si la jalousie de la France et de l'Empire eût permis

---

1. L'Académie royale des Sciences et Belles-Lettres, établie à Bruxelles, et dont les programmes sont toujours remarquables par l'intérêt des questions qui y sont proposées, a demandé, en 1823, *un tableau de la cour et du gouvernement de Philippe-le-Bon*. Elle n'a reçu, jusqu'aujourd'hui, aucun mémoire sur ce sujet si intéressant et si fécond.

2. Les rois qui régnèrent par la suite sur la Belgique, n'y étaient considérés que comme ducs ou comtes.

Voici comme s'exprime le grand Guillaume, dans son *Apologie*, publiée un siècle après. « On répondra qu'il est roi (Philippe II), et je dis au contraire que ce nom de roi m'est inconnu. Qu'il le soit en Castille, en Arragon, à Naples, aux Indes, et partout où il commande à plaisir; qu'il le soit, s'il veut, en Jérusalem; paisible dominateur en Asie et en Afrique; tant y a que je ne connais en ce pays qu'un duc et un comte, duquel la puissance est limitée, selon nos priviléges, lesquels il a jurés à sa Joyeuse-Entrée. » p. 26

qu'il plaçât le diadème sur sa tête. Cependant l'idée de prendre un titre auguste le préoccupa long-temps, et il est à croire que si son fils eût vécu, celui-ci eût cherché à le mettre à exécution.

En mil quatre cent soixante-quatre, Philippe, étant à Lille, reçut une ambassade française, qui lui exposa les griefs du roi, et à laquelle Pierre Le Goux, l'un des principaux conseillers du duc, répondit avec hauteur. Le chancelier de France, l'un des ambassadeurs, observant que Philippe, quoique seigneur de ses pays, n'en étoit pas roi, le duc prit la parole, et dit en présence de tout le monde : « Je veulx bien que chacun sçache que » sy j'euisse voullu, je feusse roy. » Sur quoi Du Clercq remarque qu'il *ne dit pas du quel royaume*[1]. Cet historien ne soupçonnait point que ce pût être de la Belgique ; il savait trop l'opposition qu'un pareil changement aurait éprouvée de la part des provinces, qui craignaient de voir diminuer leurs priviléges : il connaissait d'ailleurs la politique de Louis XI, animé par la passion de détruire la maison de Bourgogne, et par conséquent opposé à tous ses projets d'élévation.

---

et 27 de l'édit. originale. Voy., sur l'*Apologie*, le troisième vol. de Van der Vynckt, p. 360, et le *Dictionnaire des Anon. et Pseud.* de M. Alex. Barbier, l'un des plus habiles bibliographes de l'Europe ; 2ᵉ édit. T. I, p. 80.

1. L V, ch. 15.

Cependant, dans toutes les circonstances, et pour ce qui n'était qu'extérieur, Philippe montrait au roi de France ainsi qu'au dauphin, l'humble déférence d'un vassal ; mais il savait mettre de la noblesse dans ces hommages ; et même en employant le genou devant Louis XI, en l'appelant son *très redouté seigneur*, il conservait le ton d'un égal. Son fils, qui n'avait ni sa grâce enjouée, ni ses manières brillantes, et dont l'orgueil était inflexible, souffrait avec indignation ce vasselage auquel il avait résolu de se soustraire par tous les moyens possibles. On peut croire que, durant le séjour du dauphin à Genappe, Charles, témoin des respects que les seigneurs de la cour de son père, et surtout les Croy, rendaient à l'héritier du royaume, dans lequel ils flattaient déjà le monarque et cherchaient un appui, fut humilié de cet empressement, et confondit dans sa haine Louis et la famille des Croy, qui, d'ailleurs, maîtresse de la confiance de Philippe, et attirant à elle toutes les faveurs, ne laissait à l'ambition du jeune prince aucune part de l'autorité.

Les ducs de Bourgogne avaient apporté de la France en Belgique, une étiquette minutieuse qui, prévoyant tout, déterminait, avec une rigoureuse exactitude, les mouvements et les gestes. Ce mystère de formes, destiné à couvrir le vide des choses, n'était guères dans les mœurs d'un peuple qui n'aime point les démonstrations du pouvoir, et convenait mieux à une cour où la vanité de la préséance l'a souvent emporté sur l'orgueil de servir la patrie. Cependant cette étiquette, quelque frivole qu'elle paraisse, était peut-être nécessaire pour contenir les prétentions hostiles des courtisans qui, appartenant à des provinces dont chacune se regardait comme un état à part, mêlaient leurs jalousies nationales à leurs intérêts personnels. La cour de Bourgogne avait aussi sa duchesse de Noailles[1], c'était Jeanne de Harcourt. « Madame de Namur, dit Éléonore de Poitiers, » dans son *Cérémonial*, comme j'ouïs dire, » estoit la plus grande sçachante de tous » états, que dame qui fust au royaume de » France, et avoit un grand livre où tout » estoit écrit : et la duchesse Isabeau, femme » du bon duc Philippe, quant elle vint de » Portugal par deçà[2] ne faisoit rien de telles » choses, que ce ne fust par conseil et de l'avis » de madame de Namur, comme j'ouïs dire à » madame ma mère[3] ».

---

1. On sait que la reine de France appelait la vieille duchesse de Noailles, *Madame l'Étiquette*.

2. L'an 1429.

3. *Cérémonial de la cour de Bourg.*, p. 749.

L'étiquette, qui, sous Philippe-le-Beau, et même sous Maximilien, devint grave et froide, était alors tempérée par la galanterie. Les femmes avaient beaucoup d'empire sur Philippe, et les mœurs chevaleresques du temps augmentaient encore le penchant qui l'attirait vers elles; ce n'était pas seulement dans un rang élevé qu'il honorait la beauté. Les bourgeoises étaient admises aux fêtes de sa cour [1], et même à une faveur plus secrète, car la galanterie n'était pas sans un certain mélange de cette solidité vantée dans le *Roman de la Rose*, que Martin Franc, prévôt et chanoine de Lausanne en Suisse, réfute dans le *Champion des dames*, dédié au duc Philippe. Il s'était mal adressé : il est à croire en effet que ce prince préférait à la réfutation du chanoine un livre qui exposait les *commandements d'amour pour parvenir à jouissance*.

Quoiqu'il eût une grande prédilection pour tout le sexe, il était attaché à ses femmes légitimes. Il y avait eu un refroidissement entre lui et Isabelle de Portugal, qu'il soupçonnait d'encourager le comte de Charollois à la désobéissance ; mais en 1458, « en la ville de Bruxelles olt une très » forte fièvre, laquelle fièvre ne lui dura guères

---

1. L. III, ch. 15.

» qu'il ne fust guéri. Durant laquelle maladie sa
» femme, dame Isabeau de Portugal, le vint
» veoir ; et jà-soit-ce que le duc n'avoit voullu
» parler à elle, depuis que son fils le avoit cour-
» rouché pource que le duc cuidoit qu'il eust
» usé de son conseil, quant il le courroucha,
» toutefois le duc receut ladite dame sa femme
» très bénignement, et lui pardonna son mal
» talent, et ploururent tous deux ensemble [1]. »
Il est digne d'attention que Philippe ait été malheureux par son fils, comme Charles VII par le sien. Quelques années plus tard, le fils du duc de Gueldre jeta son père dans un cachot, pour lui ravir le pouvoir [2].

Quand madame de Nevers vint à Lille, on lui rendit les plus grands honneurs. Ce ne fut qu'*esbattements, jeux de personnages, entremets*. Le onzième jour enfin, cette princesse partit pour Engemunster, où était la comtesse d'Étampes, sa belle-sœur ; elle était accompagnée du duc de Bourgogne, d'Adolphe de Clèves, et de cinq chevaliers armés de toutes pièces. A un quart de lieue de la ville, près d'un pont, la troupe rencontra le comte de Charollois et Anthoine, bâtard de Bourgogne, escortés d'un pareil nombre de

---

1. L. III, ch. 34.
2. Voyez *les Harpes*, de M. de Reiffenberg, p. 78.

chevaliers également armés *tout au clair*. Ils se placèrent sur le pont comme les enchanteurs de l'Arioste, et demandèrent à Adolphe de Clèves qui il était, où il menait ces dames. Le prince leur répondit, suivant la règle, *qu'il ne leur chaulsist et qu'ils les laissassent passer leur chemin, car ils ne leur demandoient rien*. « Lors ledit Charles,
» comte de Charollois, lui et ses gens, avallèrent
» (baissèrent) leurs lances, et ledit Adolf pareil-
» lement, et se férirent ensemble, et rompit cha-
» cun sa lanche, puis saisirent leurs espées, les-
» quelles estoient rabattues et tournantes; et illecq,
» comme en un tournois, battirent tant l'ung
» l'autre que chacun se recrandist. Et quant cha-
» cun fust recrand, ils ostèrent leurs heaulmes,
» et vindrent aux dames, et les meirent en ung
» très bel hostel, assez près dudit pont....... au-
» quel lieu ledit comte de Charollois avoit fait
» appointer ung moult riche mangier; et après
» mangier chantèrent et dansèrent, et après tout
» ce, les dames remontèrent à cheval [1]. » Qu'il est fâcheux qu'un siècle qui sourit tant à l'imagination, ne puisse être approuvé par la philosophie!

Dans un grand nombre de miniatures, le duc

---

1. L. III, ch. 36.

de Bourgogne, Philippe, est représenté en noir : il est coiffé d'une espèce de turban enrichi d'un nœud de pierreries, et d'où s'échappe une flamme de même couleur, qui servait, au besoin, à l'attacher plus fortement en passant sous le menton; son juste-au-corps de damas garni de létisse, descend à peu près jusqu'aux genoux; ses jambes sont revêtues d'un pantalon serré ou *heuze* [1], qui enveloppe même les pieds, lesquels reposent sur des patins. Le duc tient en main une sorte de marteau dont le manche est long comme une canne ordinaire; de pareils appuis se voient entre les mains des chevaliers de la Toison-d'Or, dans la copie de l'ouvrage de Fillastre, qui est à la bibliotheque de Bourgogne.

Lors de la fête du faisan, à Lille, « il portoit
» sur lui plusieurs pierres précieuses, lesquelles
» on estimoit valoir un million d'or ou plus ; et
» ledit duc, ledit jour, qui avoit passé seize ans
» devant, ne avoit donné livrée de robbe sinon

---

1. *Houssé* veut dire ordinairement botté, et non pas heuzes, houzes, ou longs bas, d'où les Hollandais ont fait *hoozen*, si ces mots ne leur ont pas été empruntés.

Montfaucon, dans ses *Monuments de la Monarchie françoise*, a fait copier une foule de peintures et de sculptures curieuses pour l'histoire des mœurs. Il est seulement à regretter que ces copies n'aient pas été toujours exécutées avec une rigoureuse fidélité.

» de noir, feit faire à ses gens robbes de couleurs,
» comme paravant lesdits seize ans il avoit accous-
» tumé, et lui-mesme porta couleur [1]. » A l'entrée
de Louis XI à Paris, après son sacre, « environ
» vingt ou trente pieds derrière, alloit le duc de
» Bourgogne, moult richement habillié, la selle
» de son cheval chargiée de riches pierreries, et
» si avoit une aloière et autres bagues sur lui, qui
» valloient, comme on disoit, une moult grande
» finance; et disoient aucuns ung million d'or, qui
» vaut dix cent mille florins; ne sçais qu'il en est.
» Ledit duc avoit après lui nœuf pages qui estoient
» couverts de houssures d'orfévrerie, les plus
» riches qu'on eust sceu trouver; et portoit l'un
» des pages une salade qu'on disoit valoir cent
» mille couronnes d'or, sans les autres salades; et
» le chamfrain du cheval dudit duc estoit tout
» chargié de pierres précieuses [2]. »

Cette *aloière* si magnifique dont parle Du Clercq, étoit une bourse, en basse latinité *alloverium*, qu'on appeloit aussi *bourselot, goule, aumonière* [3], ou *escarcelle ;* elles avoient la forme des ridicules

---

1. L. III, ch. 15.
2. L. IV. ch. 33.
3.   Robin m'acheta corroie
        Et aumonière de soie.
                    Robin et Marion.

ou *balandines* de nos dames, et les hommes et les femmes les portaient extérieurement, attachées au côté. La bourse des femmes, suspendue à une chaîne ou cordon, étoit composée ordinairement de douze pochettes de cuir, pour mettre les différentes espèces de monnoie et les petits ustensiles propres à leur sexe. Chacune de ces pochettes se fermait par un cordon particulier ; tous ces cordons se réunissaient à un seul.

Les diamants et pierreries dont il est ici question, ne devaient pas jeter un grand éclat, à cause de l'ignorance où l'on était de les tailler. On conjecture que cet art fut inventé à Bruges, en 1450, par Louis de Berquen ou Berken. M. Heylen doute cependant de cette assertion de Feller [1].

A la bataille de Granson, où Herman d'Eptingen battit le duc Charles, le bagage de celui-ci, dont la valeur passait trois millions, tomba entre les mains des Suisses. Ce qu'il y eut de plus précieux dans ce butin, fut un diamant estimé le plus beau et le plus gros qui fût alors en Europe. On rapporte qu'un soldat, qui le prit, le vendit pour un florin à un prêtre, qui le donna au magistrat de son village pour un écu ; il passa depuis en Angle-

---

1. *Mém. de l'Acad. de Brux.*, T. V, p. 102. *De inventis Belgarum;* et Mém. couronn. en 1821, *du Commerce aux XVe et XVIe siècles*, p. 40.

terre ; et maintenant, depuis qu'il fut acheté par le régent Philippe, duc d'Orléans, il fait partie des joyaux de la couronne de France, dont il est le plus bel ornement. Il pèse cinquante-cinq karats. T'schachtlen, écrivain suisse [1], dit, au contraire, que ce diamant fut vendu à Lucerne, l'an 1492, pour 5,000 florins du Rhin, à Guillaume de Diesbach, fils de l'avoyer de ce nom, qui le revendit à Bartholomé May, seigneur de Stratlingen, pour 5,400, et celui-ci à des marchands de Gênes pour 7,000 ; lesquels le remirent au duc de Milan, pour 11,000 ducats ; que le pape Jules II l'acheta de ce dernier, pour l'ajouter à sa tiare, et qu'il fait partie du trésor de Saint-Pierre [2].

La couverture de tête ordinaire était le chaperon, qui remontait aux premiers temps de la monarchie, mais qui commença à faire place au chapeau sous le règne de Charles VI. C'était une espèce de coqueluche qui se portait par-dessus la chape, couvrait les épaules, et se relevait sur la tête quand on voulait se garantir du soleil, du froid ou de la pluie. Souvent on le garnissait de fourrures précieuses ; on en faisait même entièrement en peaux, et ceux-ci se nommaient *aumusses*. Quant à la forme, elle a fort varié, quoique le

---

1. *Mém. du temps*, p. 635.
2. *L'Art de vérifier les dates*. Paris, 1818, T. XI, p. 96.

nom soit toujours resté le même. Il y en avait de carrés, de pointus, de grands, de petits, quelques-uns faits comme les capuchons des moines, d'autres avec des houppes [1]. Dans des manuscrits exécutés pour le duc Philippe-le-Bon, on voit des seigneurs coiffés d'un bonnet, et sur le dos desquels est suspendu à une écharpe ou courroie descendant de l'épaule, un chapeau de couleur qui souvent semble être de feutre, et qui est orné d'un plumet. Le chaperon ou bonnet tenait lieu de cocarde dans les temps de troubles, en désignant par sa couleur le parti pour lequel on s'était déclaré. Les factions des Hoeks et des Kabeljaauws se distinguaient par leurs bonnets rouges et gris.

Il était rare qu'on *défulât* [2] pour saluer; on se contentait d'ordinaire de porter la main au chaperon. «Après ces choses faites, le daulphin remerchia » le duc et osta son chapel tout jus de la teste; le » duc ce voyant, se meit à ung genou et ne se vol- » lut lever jusques à ce que le dauphin eust remis » son chapeau sur la teste [3]. » Dans ces mêmes manuscrits sont représentés des gens de la cour coiffés d'un bonnet ou casquette avec un épi, les cheveux

---

1. LEGRAND D'AUSSY, *Fabl.*, T. I, p. 397.
2. Voir *les Gloss.* de Carpentier et de Roquefort.
3. L. III, ch. 47.

ébouriffés sur les costés. D'autres fois les cheveux sont ronds et courts comme une perruque, qui aurait même une tonsure ou mouche au sommet.

Olivier de la Marche raconte qu'en 1460 « le duc » Philippe eut une maladie, et par conseil de ses » médecins se feit raire la teste et oster ses che- » veux; et pour n'être seul rais et dénué de ses che- » veux, il feit un édict que touts les hommes no- » bles se feroient raire leurs testes comme lui ; et » se trouvèrent plus de cinq cents nobles hommes » qui, pour l'amour du duc, se feirent raire comme » lui; et aussi fut ordonné messire Pierre Vac- » quembac et autres, qui prestement qu'ils véoient » un noble homme, lui ostoient ses cheveux [1]. » L'existence de cet édit ne pourrait-elle pas être révoquée en doute? Quant à l'empressement des courtisans singes du maître, il ne faut pas s'en étonner. Pontus Heuterus dit que les grands conservaient alors leur chevelure avec soin, en sorte que leur métamorphose n'en prêta que davantage à rire au peuple : *Ità ut Bruxellœ cœterisque urbibus atque oppidis omnes rasi magno vulgi cum risu conspicerentur* [2]. Observons dans le passage de la Marche

---

1. P. I. ch. 34.
2. *Rerum Burg-ad ann.* 1464. V. LOYENS, *Synopsis rerum gest. à Loth. Brab. et Limb. ducibus*, sous la même année. Il y a dans les lettres d'Érasme une anecdote sur les perruques, racontée fort agréablement.

que le perruquier du duc était un personnage d'importance, puisqu'on lui donnait du *messire* comme aux chevaliers. Apparemment qu'il s'était anobli par le fait seul d'avoir touché une tête auguste.

Saint-Gelais mentionne aussi cette anecdote [1]. Il raconte que lorsque Philippe accompagna Louis XI à son entrée à Paris, il fit tondre ses gens pour qu'on les distinguât; sur quoi les auteurs de l'*Art de vérifier les dates* observent que le fait est vrai, mais que le motif du duc de Bourgogne en les faisant tondre n'était pas de les faire distinguer (ils étaient assez remarquables par leur magnificence), mais que ce fut au contraire pour n'en être pas lui-même distingué d'une manière désavantageuse, ayant perdu ses cheveux dans une maladie dont à peine il relevait [2].

Nos miniatures donnent pour costume aux grands personnages, des robes de drap d'or ou d'argent; quelques officiers de la cour ont une épée courte comme un couteau de chasse, un pantalon serré, à l'une des jambes une botte molle à poulaine, un soulier à l'autre. Des rois mêmes sont figurés ainsi: collet monté roide et plissé, ni barbe, ni favoris, ni moustaches; quelquefois le soulier et la botte noirs ou jaunes; quelquefois l'une jaune, l'autre

---

1. *Mém.*, ch. 12.
2 *L'Art de vérif. les dates*, T. II, p. 89.

noir ; les souliers ou bottines lacés sur le côté. On se servait en route et à la chasse de bottes qui dépassaient le genou, comme celles de nos pêcheurs.

Il paraît qu'il était alors de bon air pour les hommes d'avoir les jambes grêles et les épaules larges, comme pour les femmes de pousser le ventre en avant ; on se renflait les épaules à l'aide de bourrelets ou *maheutres ;* plusieurs portaient des casaques dont les manches fendues laissaient passer celles du juste-au-corps.

Comme en ce temps les belles étoffes étaient d'un prix considérable, le don d'une robe n'avait rien d'humiliant. Quand les ambassadeurs de Ladislas vinrent à la cour de Charles VII, le comte de Foix donna au roi d'armes de Hongrie, dix aunes de drap de velours [1] ; les riches en distribuaient à leurs gens ; de là l'expression *être aux draps de quelqu'un*, pour dire être à ses gages, à son service.

M. Le Francq de Berkhey observe très justement que parmi les monuments qui nous restent de l'ancien costume national hollandais, il n'y en a point qui soient plus authentiques que ceux des livrées des villes. Il remarque à ce sujet que c'était jadis l'usage que les bourgeois des villes, et prin-

---

[1]. L. III, ch. 30.

cipalement ceux qui y avaient quelque charge ou office, portassent la livrée ou les couleurs des armes de la ville sur leurs habits ; c'est là l'origine de l'usage bizarre d'habiller les orphelins de deux couleurs différentes. Au siége de Nuis, en 1475, les Hollandais qui vinrent au secours du duc Charles, s'y rendirent sous les drapeaux ou bannières de leurs villes respectives, et les soldats de chaque bannière étaient vêtus de différentes couleurs, mêlées suivant la livrée de leurs villes, qu'ils portaient par-dessus la cuirasse. Ceux d'Amsterdam, par exemple, étaient vêtus moitié rouge et moitié blanc, et ceux de Hoorn avaient des habits bigarrés de grandes bandes rouges et blanches, etc. Ce qui fit dire, par dérision, aux habitants de Nuis : *L'hiver approche, car voilà les corneilles amantelées qui arrivent.*

Le même, qui a traité assez longuement de l'habillement des Hollandais dans les divers siècles, observe encore que, suivant les anciens tableaux, la noblesse des deux sexes au quinzième siècle, et même bien avant dans le seizième, était presque généralement vêtue de satin noir appelé *samyt* (tandis que le taffetas se nommait *cendal*), ne portant quelquefois que des pourpoints d'un bleu de roi, ou d'un fond jaune. Les enfants, jusqu'à l'âge de douze ans étaient habillés de couleurs plus gaies. Il est probable que la noblesse avait adopté

f.

cette couleur noire, à cause que l'or y sortait mieux, car les boutons et les chaînes d'or massif couvraient souvent toute la poitrine. M. de Berlkhey a vu un busque de femme sur lequel il y avait cent trente-six petits boutons d'or massif, sans les tresses et la broderie d'or [1].

L'élégant édifice de la coiffure des femmes ne s'élevait plus aussi haut. Paradin, en 1428, se plaignait que « tout le monde estoit lors fort déréglé » et débourdé en accoutrements, et que surtout les » accoutrements de tête des dames estoient fort es- » tranges, car elles portoient de hauts atours sur » leurs testes, et de la longueur d'une aune ou en- » viron, aigus comme clochiers, desquels des- » pendoit par derrière de longs crêpes à riches » franches comme estendards [2]. » C'est encore à peu près ainsi néanmoins qu'est parée, dans ses portraits, la duchesse Marie, fille de Charles-le-Téméraire. Ces parures gigantesques excitèrent le zèle des prédicateurs. En l'année marquée ci-dessus, un carme breton, appelé frère Conecta, vint en Belgique. Afin de rendre ses prédications plus efficaces, il exhortait les polissons à décoiffer les femmes. Les missionnaires du dix-neuvieme siècle, à

---

1. *Histoire géogr., phys., nat. et civ. de la Holl.* T. III, p. 82, 87.
2. *Ann. de Bourg*, liv. III, p. 700.

ce qu'aucuns assurent, ont conservé ces traditions apostoliques [1]. Conecta n'obtint qu'un avantage de peu de durée. « Après son départ, dit encore » Paradin, les dames relevèrent leurs cornes et fi-» rent comme les limaçons, lesquels, quand ils » entendent quelque bruit, retirent et resserrent » tout bellement leurs cornes ; ensuite, le bruit » passé, ils les relèvent plus grandes que devant. » Ainsi firent les dames, car les *Hennins* ne furent » jamais plus grands, plus pompeux et plus su-» perbes qu'après le départ du carme. Voilà ce que » l'on gagne à s'opiniâtrer contre l'opiniâtrerie de » quelques cervelles. »

Les miniatures que nous avons déjà décrites, donnent pour coiffure de tête aux femmes, une sorte de bourrelet très large, en forme de turban, attaché sous le menton avec une gaze fort fine ; leur gorge n'est couverte que d'un mouchoir du même tissu ; une ceinture large, et attachée derrière avec une boucle, serre leur taille fort haut : les manches sont longues et bordées de fourrures ; et la queue de leur robe, passée dans une fente, laisse apercevoir un riche jupon.

Une jeune fille qui faisait l'inspirée, et que protégeait l'évêque du Mans, débita de son côté de

---

1. Meter, ad ann. 1428, p. 271, vers. ed. 1531 ; *Du Comm. au XVe et XVIe siècl.*, p. 20, n. 1.

fort belles choses contre les chaperons à cornes et les poitrines découvertes, ce qui ne l'empêcha pas d'être mitrée et condamnée *à pleurer et gémir ses péchés en prison fermée, l'espace de sept ans, en pain de douleur et en eau de tristesse* [1].

Nos mères, sans doute fort respectables, ne dédaignaient point les petits artifices qu'a imaginés la coquetterie pour *réparer des ans l'irréparable outrage*. Elles faisaient un assez fréquent usage du bain, dans lequel elles admettaient leurs amants, comme l'attestent les fabliaux. Le rouge et le blanc leur étaient connus. Dans une pièce intitulée *le Mercier*, simple énumération que fait un de ces marchands de toutes les choses qui sont dans sa boutique, il dit :

> J'ai queron dont eus (elles) se rougissent,
> J'ai blanchet dont eus se font blanches [2].

Les dames, si jamais ce livre leur tombe sous la main, ce que nous n'osons espérer, seront peut-être bien aises d'avoir la recette dont se servaient leurs aïeules. Un certain Ogier ou Augier s'exprime ainsi dans un sirvente : « Je ne peux souffrir le teint » blanc et rouge que les vieilles se font avec l'on- » guent d'un œuf battu qu'elles s'appliquent sur le

---

1. L. IV, ch. 20.
2. Legrand d'Aussy, *Fabl.* T. II, p. 65.

» visage, et du blanc par-dessus, ce qui les fait pa-
» raître éclatantes depuis le front jusqu'au-dessous
» de l'aisselle. »

Un moine de Montaudon, poète satyrique par excellence, qui n'épargnait personne dans ses sirventes, ni les femmes ni les moines, fait comparaître devant Dieu ces deux classes de personnes. Les moines se plaignent que les dames, en se peignant, effacent les images qu'on suspend dans les chapelles. Les dames répliquent, comme on peut penser, et les parties ouïes, Dieu dit aux moines : « *Si vous le trouvez bon*, je donne vingt ans pour se peindre aux femmes qui en ont plus de vingt-cinq : soyez plus généreux que moi, donnez-leur en trente. » --- Les moines n'en veulent accorder que dix. Enfin, après bien des débats, saint Pierre et saint Laurent partagent le différend, et, des deux parts, on jure de maintenir la paix. Mais le poète s'écrie que le serment est violé, que les femmes se mettent tant de blanc et de vermillon sur le visage, que jamais on n'en vit plus aux *ex voto*. Il nomme une quantité de drogues dont elles se servent, la plupart inconnues aujourd'hui.

« Elles mêlent, dit-il, avec du vif-argent, du
» cafera, du trifignon, de l'angelot, du berruis,
» et s'en peignent sans mesure. Elles mêlent avec
» du lait de jument, des fèves, nourriture des an-
» ciens moines, et la seule chose qu'ils demandent

» par droit ou par charité, de sorte qu'il ne leur
» en reste rien [1]. Elles ont encore fait pis que tout
» cela ; elles ont amassé provision de safran, et
» l'ont fait tellement enchérir qu'on s'en plaint ou-
» tre mer ; mieux vaudroit-il qu'on le mangeât en
» ragoûts et en sauces, que de le perdre ainsi. Il
» conviendroit du moins qu'elles prissent les esten-
» dards et les armes des croisés pour aller chercher
» outre mer le safran qu'elles ont tant envie d'a-
» voir [2]. » En vérité il n'y avait pas là de quoi se
fâcher.

Tels étaient les principaux élements de la *toilette* des dames. Ce mot même paraît venir de la fine toile de Hollande, qui s'appelait *toilette*, et dont elles enveloppaient leurs plus secrets appâts. C'était encore un luxe que d'avoir du linge ; beaucoup de personnes, par économie, couchaient sans chemise, et en changer souvent était presque une coquetterie. Parmi les Cent Nouvelles nouvelles, il y en a une, qui est la soixante-troisième, intitulée *Montbleru ou le Larron*. Ce Montbleru se trouvait à la foire d'Anvers en la compagnie du comte d'Étampes, qui le défrayait. Il rencontra maître Hymbert de la

---

[1]. L'abbé Millot, auquel Ginguené emprunte cet extrait, observe ici très gravement qu'ils demandaient alors autre chose que des fèves.

[2]. GINGUENÉ, *Hist. litt. d'Italie*, T. I, p. 314, 316, 317.

Plaine et maître Roulant Pipe, qui l'engagèrent à venir loger avec eux. « Or escoutez comment il » les paya. Ces trois bons seigneurs demourèrent à » Anvers plus qu'ils ne pensoient quant ils partirent » de la cour, et, soubs espérance de brief retourner, » n'avoient apporté que chascun *une chemise ;* si » devinrent les leurs sales, ensemble leur couvre- » chiefs et petits draps. » Montbleru vola ces chemises par un moyen trop long à raconter, et les vendit *cinq écus d'or ;* somme énorme alors, qui prouve la rareté du linge de corps.

Dans un fabliau intitulé *Boivin de Provins*, on voit quel était l'accoutrement des gens du peuple : » Il prit une cotte, un surcot [1], et une chappe de » bure grise, une coeffe de boras [2], de gros sou- » liers bien épais, avec une grande bourse de cuir, » et, pour mieux ressembler à un vilain, il s'arma » d'un aiguillon. » L'arme permise aux vilains était un bâton ferré appelé *roquet*. Le bonnet ou chaperon des paysans de la Hollande ne consistait que dans un morceau de drap rond et sans bord. Leur pourpoint était aussi fort simple, sans basques, atta-

---

1. Robe ou habit commun aux hommes et aux femmes, qui se mettait par-dessus les cottes, et dont nous avons fait *surtout*.

2. Ou *bouras, bourache*, grosse étoffe, faite d'un poil grossier, ou d'une espèce de bourre.

ché à la culotte par le moyen de boutons et de ganses ; quelquefois le pourpoint et les hauts-de-chausses n'étaient composés que d'une seule pièce. C'était la coutume d'attacher ce vêtement autour du genou, ou bien autour de la cheville, si on le portait fort long. Sous ces culottes ils mettaient des bas, et l'on savait déjà faire des sabots.

Dans d'autres représentations, les paysans ont des *hueses de cuir*, ou plutôt des demi-bottines lacées. Ils portent de plus un gilet lacé jusqu'à la poitrine, sur lequel est attaché aux culottes le cornet ou tuyau appelé *Doedelein* ou *Hoortjne*, par les Allemands, et *Putse* par les Hollandais. C'était une partie du vêtement destinée à envelopper les génitoires et à faciliter aux hommes le moyen de lâcher l'eau, sans être obligés de défaire entièrement leurs trousses ou culottes [1].

Au reste, Du Clercq a pris la peine de nous transmettre le bulletin des modes de 1467, et on le trouvera à la fin du chap. LXV du liv. V. L'extrait d'une ancienne chronique, inséré dans les *Additions à l'Histoire du roi Louis XI* [2], le donne en

---

1. *Hist. Géorg., Phys., Nat. et Civ. de la Holl.*, T. III, p. 69, 78.

2. Édit. de Com., Brux. 1793, T. III, p. 347. Cette chronique, dit une note, a été augmentée depuis 1461 et continuée jusques en 1476, sur les notes des journaux tenus

termes à peu près semblables. On pourra comparer.

« En ce temps changèrent leurs atours les dames
» et damoiselles, et se mirent à porter bonnets sur
» leurs testes et couvrechiefs si longs, que tels y
» avoient qui touchoient la terre par derrière leurs
« dos ; et elles prirent des ceintures plus larges, et
» de plus riches ferrures que oncques ; mais elles
» laissèrent leur queue à porter ; et au lieu de cela
» elles prirent grandes et riches bordures.

» Les hommes aussi se prirent à se vestir plus
» court que oncques mais ils avoient fait, si qu'on
» voyoit leurs derrières et leurs devants, ainsy
» comme on souloit vestir les singes. Et se mirent
» à porter si longs cheveux, qu'ils leur empê-
» choient les visages et les yeux. De plus ils por-
» toient de hauts bonnets sur leurs testes trop
» mignonement et des souliers à trop longues pou-
» laines. Les valets mesmement à l'imitation des
» maistres, et les petites gens indifféremment por-

---

par les maîtres d'hôtel des ducs de Bourgogne. Il paraîtrait que Du Clercq a puisé aux mêmes sources, si l'on en juge du moins par certaines circonstances parfois exprimées d'une manière identique dans ses mémoires et dans la chronique dont il est question. Le passage transcrit ici est cité comme étant de Commines lui-même par les auteurs de l'*Art de vérifier les dates*, qui ont confondu les additions avec le texte.

» toient des pourpoints de soye ou de velours,
» choses trop vaines et sans doute haineuses à
» Dieu. » Les robes variaient avec les saisons.
Charles d'Orléans, dans une de ses chansons, nous
indique quelles étaient celles d'été et d'hiver :

> Après hault temps, vient vent de bise,
> Après hucques, robes de Frise [1].

Hucques dérive selon toute apparence de notre mot flamand *Huik*, cape que les femmes portaient pardessus leurs habits.

Le même luxe régnait à table. Ici les détails ne manquent point. Legrand d'Aussy, qui se proposait d'écrire l'histoire de la vie privée des Français, n'eut que le loisir de terminer les trois volumes qui concernent l'histoire de la cuisine. Mais comme il semble n'avoir pas connu Du Clercq, il n'a rien pu en tirer. Nous parlerons tout à l'heure de la *fête du Faisan*. Du Clercq en énumère d'autres non moins remarquables par leur pompe. La journée alors ne se divisait pas comme à présent. Si l'on en croit Rabelais, *l'heure canonique* était :

> Lever à cinq, disner à neuf,
> Souper à cinq, coucher à neuf [2].

On restait généralement fidèle à cette règle, au temps dont nous nous occupons. A dix heures, on

---

1. *Poésies*, Paris, 1809, in-12, p. 367.
2 *Pantagr.*, liv. IV, chap. 64.

se mettait à table. On ne voit pas dans les anciens tableaux qui représentent des repas, de fourchettes ni de cuillers, ni même d'assiettes. De petits carreaux d'étoffe et des pains arrondis tenaient lieu de celles-ci; une sorte de dards remplaçaient les fourchettes. Le festin se terminait par des épices. « En la fin, sans laver, feurent portés à la grande
» table, plats pleins d'espices confites [1], comme on
» diroit drageries, très bien faites en fachon de
» cerfs, biches, sangliers, ours, singes, licornes,
» lions, tigres et autres bestes, et en chacun plat
» les armes de ceux que on servoit à icellui dis-
» ner. [2] »

A Paris, le duc de Bourgogne dînait en public. « Il avoit fait faire en sa salle un dreschoir ((buffet)
» carré, et degrés de carrure, de quatre ou cinq de-
» grés de hauteur, lequel il faisoit, quand il man-
» geoit, chargier de vaisselles d'or et d'argent,
» moult riches; et aux quatre cornets du dres-
» choir, à chacun cornet y avoit une licorne qui
» estoit la plus riche chose qu'on avoit oncques

---

[1]. Un fabliau compte parmi ces épices *la cannelle, le gingembre et le citoal*. M. Roquefort pense que le citoal est la cannelle, ce qui ne peut être puisqu'on la distingue; il soupçonne aussi que c'est le zédoaire, graine aromatique qui ressemble au gingembre, mais qui est d'un goût moins âcre et de meilleure odeur.

[2]. L. III, ch. 30,

» veue en Franche, car en Franche n'en y avoit
» qu'une petite, comme on disoit, laquelle estoit
» à Saint-Denys, pour reliques, et l'avoit jadis
» donné un roy [1]. »

Legrand d'Aussy, qui invoque une foule d'auteurs, ne cite point le Cérémonial de la cour de Bourgogne, d'Éléonore, ou Aliénor de Poitiers. Cette dame, dans son quatorzième chapitre, indique *comment on doit couvrir la table d'un prince ou d'une princesse*. Les curieux peuvent y recourir.

Philippe, gourmand, galant et dévot, jeûnait quatre fois par semaine, de la façon la plus austère, sans que cela rendît les impôts moins lourds.

Pour fournir à toutes ces dépenses, et mettre de l'ordre dans les comptes, il y avoit un conseil des finances, qui les examinait. Il était composé de quelques seigneurs et conseillers que le duc ou le chancelier y appelait, du maître de la chambre aux deniers, des intendants des finances, connus, dans les comptes, sous le nom de gouverneurs trésoriers des finances ; du receveur-général, du trésorier des guerres, de l'argentier et de l'audiencier. Les comptes arrêtés, on les portait, selon Olivier de la Marche, au duc qui les signait.

---

1. L. IV, ch. 33.

Les principes réellement conservateurs de l'ordre, consacrés dans nos pactes politiques, étaient déjà connus, s'ils n'étaient déterminés d'une manière nette et précise. Le bon sens, comme la folie, a aussi l'autorité de la vieillesse, et l'on devrait bien lui pardonner par respect pour ce qui a été. « Y a-t-il roy, dit Commines (qu'on ne » soupçonnera pas de carbonarisme), ou seigneur » sur terre qui ait pouvoir, outre son domaine, de » mettre un denier sur ses sujets, sans octroi et » consentements de ceulx qui le doivent payer, » sinon par tyrannie et violence ? » Cette vérité était alors généralement établie parmi nous, et c'est pour l'avoir méconnue que Philippe vit s'élever tant de troubles. En 1464, il convoqua les *trois états de ses pays*, à Bruxelles, et demanda à ceux d'Artois 18,000 francs, dont on ne lui accorda que 14,000 [1]. Ce prince, ami de la magnificence, entouré de courtisans avides, auxquels il n'avait pas la force de rien refuser, était toujours en besoin d'argent. Il n'y avait point alors, proprement, d'économie politique, il fallait de l'or à l'instant, ou l'on s'appliquait à entasser des trésors qu'on aurait pu féconder avec un peu d'habileté. Les Gantois, fiers de leur prospérité, et dont les magis-

---

[1]. L. V, ch. 26.

trats croyaient jouir de l'indépendance, puisqu'ils s'intitulaient seigneurs de Gand [1], refusèrent d'accéder aux demandes de Philippe. Du Clercq retrace ce soulèvement avec vérité. Le peuple était sans frein et traitait directement avec ses maîtres. Voici, à ce propos, un expédient, pour s'assurer de la volonté populaire, qui caractérise une époque de faction, et rappelle la simplicité des temps antiques. Le roi de France devait nécessairement se placer entre son vassal, le comte de Flandre, et ses sujets : c'était le moyen de les dominer l'un par les autres. Aussi Charles VII n'y manqua-t-il pas. Ses ambassadeurs se rendirent à Gand. « Ils feurent
» très honorablement receus; et venus en ladite
» ville, assemblèrent tout le commun sur le mar-
» chié, et illecq leur monstrèrent les sauf-conduits
» qu'ils apportoient du duc de Bourgongne, leur
» seigneur, pour aller devers lui ou son conseil,
» adfin de trouver la paix entre eux et le duc. Lors
» feurent d'accord les Gantois ensemble que touts
» ceux qui voulloient avoir la paix, se tirassent
» d'un lez et costel du marchié, et ceux qui n'en
» voulloient pas, d'un autre lez et costel; et ainsi
» se divisèrent en deux parties, dont il y en olt
» d'úne partie sept mille, lesquels désiroient touts

---

[1]. L. II, ch. 25.

» la paix, et d'autre partie y en avoient douze mille
» qui n'y voulloient entendre ¹. » Voilà une opposition singulièrement manifestée et une délibération bien sage ! Je serais curieux de savoir qui recueillait les avis, et comment on vérifiait ce scrutin : c'eût été une leçon pour les colléges électoraux et les corps appelés à voter sur les affaires publiques; mais c'est ce que Du Clercq ne dit pas.

Malgré l'opulence des habitants des Pays-Bas sous Philippe-le-Bon, et les progrès du commerce, de l'industrie et de la population, malgré la douceur naturelle de ce prince, il existait bien des abus dont personne n'a parlé avec autant de franchise que Du Clercq. Commines regardait la Belgique d'alors comme une terre de promission : mais il ne fallait peut-être pas juger de tout l'état par quelques villes qui savaient se faire une défense de leurs priviléges et de leur force intérieure. En 1453, l'armée du duc de Bourgogne était répandue dans la Picardie, l'Artois, le Boullonois, la Flandre et le Hainaut; « et les tindrent six se-
» maines; durant lequel temps faisoient moult de
» maux. Et n'estoit nul preudhomme ne mar-
» chand qui sans grande doute et péril d'estre des-
» robbé des gens d'armes, osast aller par les cans

---

1. X. II, p. 58.

» (champs) , et mesmement failloit garder
» les bonnes villes des pays du duc à force, et
» faire guet aux portes, comme si les ennemis
» feussent à l'environ; car si les gens d'armes du
» duc y euissent peu entrer fort assez, ils les euis-
» sent pillées; et mesmement se logèrent et pilliè-
» rent plusieurs fauxbourgs des bonnes villes. Et
» tout ce failloit endurer par les gens du plat
» pays et les autres, ja-çoit-ce que lesdits pays
» feussent assez taillés de tailles avecques tout ce que
» ledit duc faisoit payer[1]. » Un peu plus loin, Du
Clercq ajoute : « Après ce que Poucres (Poucques)
» fut desmolie, le duc se retourna à Courtray,
» et illecq séjourna douze jours, durant lesquels
» douze jours touts ses gens d'armes tinrent les
» champs en mangeant et pilliant le plat pays,
» lequel estoit et obéissoit au duc, et mesme les
» villaiges de plusieurs nobles qui estoient avecq
» le duc; et disoit-on que le duc séjournoit à Cour-
» tray en attendant argent, et entre temps laissoit
» ses gens manger tout le plat pays, pourtant qu'ils
» n'estoient point payés; et avecq ce le duc, en
» plusieurs bonnes villes, commencha à faire cons-
» traindre les nobles, marchands et bourgeois des
» lieux lesquels ne le servoient point, de lui pres-

---

[1]. L. II, ch. 43.

» ter certaine somme de deniers, chacun selon
» son estat, nonobstant que pour ce ne laissoient
» point à estre levés par lesdites bonnes villes plu-
» sieurs maltôtes et subsides; desquelles choses les
» riches hommes avecques le peuple, commen-
» choient à murmurer; et n'estoit point le peuple si
» mal content de payer lesdits deniers, car ils apper-
» chevoient bien qu'il en avoit affaire, qu'ils es-
» toient de ce qu'on disoit qu'au prouffit du duc
» n y à sa cognoisance, ne venoit point tout l'argent
» qu'on exigeoit, non pas à peu près la moictié;
» et qu'aucuns receveur et autres, ne sais quels
» officiers affamés, qui estoient autour du duc, en-
» gloutissoient tout. Desquelles choses je ne cer-
» tiffie rien, trop bien que la renommée du peu-
» ple estoit telle, et m'en rapporte à ce qui en
» est [1]. »

Du Clercq, sous l'an 1457, dit encore : « En ce
» temps couroient plusieurs mauvais garnements
» en Artois, en Picardie et ailleurs, lesquels des-
» roboient les pauvres gens; et aucuns prenoient
» et *vendoient* aux Anglois; et sy n'en faisoit-on
» nulle justice; et s'accompagnoient aucunes fois
» avecques ceux de Calais, qui estoient Anglois. Et
» fust prins d'eux, environ ce temps, un gentil-

---

[1]. L. II, ch. 48.

» homme de la comté de Saint-Pol; nommé le
» Brun de Cuincy, en revenant de l'hostel de son
» père, par aucuns Anglois, et mené à Calais;
» mais environ trois mois après, par lettres que le
» duc de Bourgongne feit rescripre, il fust desli-
» vré sans ranchon; mais si lui cousta-t-il en des-
» pens plus de quatre cents couronnes d'or [1]. »

La même année, une femme convola en se-
condes noces le jour de l'enterrement de son mari.
Du Clercq, avec sa bonhomie ordinaire, trouve
cette précipitation excusable; « car en ce temps,
» dit-il, par tout le pays du duc de Bourgogne, si-
» tost qu'il advenoit que aucuns marchands, la-
» bouriers, et aucune fois bourgeois d'une bonne
» ville, ou officier, trespassoit de ce siècle, qui fust
» riche, et il délaissast sa femme riche; tantost le-
» dit duc, son fils et autres de ses pays, voulloient
» marier lesdites vefves à leurs archiers ou autres
» leurs serviteurs; et failloit que lesdites vefves,
» si elles se voulloient marrier, qu'elles espousissent
» ceux que leurs seigneurs leur voulloient bailler,
» ou feissent tant par argent, au moins tant à ceux
» qui les voulloient avoir, comme à ceux qui gouver-
» noient les seigneurs; et aucunes fois aux seigneurs

---

1. L. III, ch. 27.

» mesmes, que ils souffrissent qu'elles se marrias-
» sent à leur gré ; et encoire estoient-elles les plus
» heureuses qui, par forche d'amis et d'argent,
» en pouvoient estre délivrées ; car le plus sou-
» vent, volsissent ou non, si elles se voulloient
» marrier, il falloit qu'elles prenissent ceux que les
» seigneurs leur voulloient bailler ; et pareillement,
» quand ung homme estoit riche, et il avoit une
» fille à marrier, s'il ne la marrioit bien josne, il
» estoit travaillié comme est dit ci-dessus [1]. »

Le récit suivant prouve jusqu'à quel point les gentilshommes poussoient l'audace, et quelquefois la barbarie. « Environ ce temps (1468), ung
» chevallier, nommé le sieur de Roncq (ou Roucq),
» lequel avoit espousé la sœur bastarde du comte
» de Saint-Pol, et lequel estoit l'un de ceux qui
» mectoient à exécution aucuns crisminaux faits
» quand le comte de Saint-Pol les voulloit faire
» faire, c'est à sçavoir, de voye de fait, et de battre
» ou tuer, un compagnon, lequel avoit fiancé une
» josne fille, laquelle ledit sieur de Ronq ne voul-
» loit pas qu'il prinst, pour ce qu'il l'aimoit, feit
» prendre ledit compagnon environ la ville de
» Renty, puis le feit coucher à terre et coupper la
» lachure de son pourpoint, puis coupper les ge-

---

1. L. III, ch. 27.

» nitoires et son membre, puis lui feit fendre le
» ventre et prendre le cœur de son ventre et partir
» en deux, et ainsi mourut [1]. » Cependant, cette
fois le duc voulut faire un exemple; il ordonna
qu'on arrêtât le monstre qui avoit commis ce crime
effroyable; mais il avait pris la fuite pour se dérober à son juste châtiment.

Parmi les gentilshommes qui se faisaient redouter par leurs excès, Du Clercq cite les Habart.
« Ledit sieur de Habart estoit en ce temps fort
» craint en la ville d'Arras et environ, pour tant
» que plusieurs compagons se disoient à lui; les-
» quels avoient fait plusieurs homicides et te-
» noient fillettes, et ne se faisoient tous les jours
» que combattre [2]. » « A vérité dire, observe notre
» auteur, en ce temps on faisoit si peu de justice
» pourquoi on faisoit tant d'occisions et de larcins
» sans nombre. Et n'y avoit homme de pied, la-
» boureur, marchand ni autre, qui osast aller par
» les champs qui ne portast un espieu, hache ou
» autre baston, pour doubte des mauvais garchons;
» et sembloit que chascun fust homme de guerre.
» et quant les manants du pays propre avoient
» desrobbé aucuns de nuict, on disoit que c'estoit
» ceux de la garnion de Calaix; et tout ce se fai-

---

[1]. L. III, ch. 36.
[2]. Ib.

» soit par faute de justice [1]. » Cette remarque, néanmoins, doit s'appliquer plutôt aux provinces frontières qu'à celles de l'intérieur, où il y avait plus d'ordre et de police.

Il serait facile de recueillir d'autres passages de Du Clercq, qui démontrent les vices de l'administration de ce temps. Entre les sentences singulières rendues alors, nous ne rapporterons que celle-ci. Averti que le chevalier Jean de Granson travaillait sourdement à soulever la noblesse du comté de Bourgogne contre lui, et y fomentait des divisions qui troublaient la tranquillité du pays, Philippe fit arrêter l'accusé. Granson, convaincu par les dépositions des témoins, fut condamné par le duc séant en son conseil, à Dole, le 10 octobre 1455, à *être étouffé entre deux matelas;* ce qui fut exécuté secrètement dans les prisons de Poligni, au mois de décembre de cette année [2]. Une pareille condamnation ressemblait assez à celles que prononçaient les francs-juges, qui avaient pénétré jusqu'en Hollande, comme on s'en assure par les lettres que le pape Pie II accorda, en 1463, aux villes de l'Over-Yssel, pour leur servir de sauve-garde contre les tribunaux secrets [1].

---

1. L. III, ch. 36.
2. Dunod, *Nob. du comté de Bourg.*, p. 42. *L'Art de vérifier les dates*, T. XI, p. 88.
3. J. N. E. De Bock. *Hist. du tribunal secret*, p. 47.

Cependant l'état de la Belgique n'avait jamais été aussi prospère. Si les charges étaient pesantes, le commerce avait peu d'entraves, et réparait les fautes de ceux qui gouvernaient. Comme nous avons essayé ailleurs d'esquisser le tableau des manufactures, du commerce, de la navigation et de la population aux Pays-Bas, durant le quinzième siècle, nous nous contenterons de ramasser ici tout ce que marque Du Clercq sur cette matière.

« Les nations de Bruges, dit-il, sont les mar-
» chands tenant les tables de marchandises par
» tout le pays chrestien [1]. » Le dauphin vint à Bruges en 1457 V. S., avec le duc de Bourgogne. « En laquelle ville de Bruges, ains qu'ils en-
» trassent ens. vindrent allencontre d'eux les na-
» tions qui se tenoient à Bruges, chacune nation
» vestue de diverses couleurs, tous en habits de
» soie et de velours; et les bourgeois pareillement;
» et estoient, comme on disoit, bien huict cents
» hommes, tous vestus de soie, sans autres riche-
» ment habilliés; et tout le peuple qui issoit hors la
» ville pour veoir ledit monseigneur le dauphin. Et
» pour certain, monseigneur le dauphin n'avoit onc-
» ques mais veu tant de gens qui issist de la ville ;
» et n'euist point cuidé comme à peu en euist au-

---

1. T. II, ch. 43.

» tant en la comté de Flandres, au moins en la
» pluspart [1]. »

Nos manufactures de tapis jouissaient alors de la plus grande célébrité, et les progrès de la peinture apprenaient aux arts mécaniques à mettre plus de goût dans leurs productions. Durant son séjour à Paris, après le sacre de Louis XI, le duc de Bourgogne « feit tendre en sa salle de son hostel d'Ar-
» tois, et dedans les chambres, la plus noble tapis-
» serie que ceux de Paris avaient oncques veue,
» par espécial celle de l'histoire de Gédéon, que
» ledit duc avoit fait faire toute d'or et de soie,
» pour l'amour de l'ordre du Toison qu'il portoit,
» laquelle Toison Gédéon pria à Nostre-Seigneur
» qu'elle fust mouillée, puis séchée, comme en la
» Bible on le peut plus aisément veoir; et sur icelle
» avoit prins son ordre, et ne l'avoit voullu prendre
» sur la Toison que Jason conquesta en l'isle de
» Colchos, pour ce que Jason mentit sa foi.

» Ledit duc feit aussi tendre l'histoire d'Alexan-
» dre et autres, plusieurs toutes faites d'or et d'ar-
» gent et de soie; et pour la multitude qu'il en
» avoit, les faisoit tendre les unes sur les autres [2]. »

La ville de Dinant était réputée, selon Du Clercq, *la plus riche ville que on sceuist, et la plus*

---

1. L. III, ch. 27.
2. L. IV, ch. 33.

forte [1]. Il affirme ailleurs qu'elle surpassait Liége en force et en richesse, « car oncques n'avoit esté
» prinse ni gagniée, combien que plusieurs em-
» pereurs, roys et ducs y eussent mis plusieurs
» fois le siége, et jusques à dix-sept siéges, à plu-
» sieurs et divers temps. Ceux de Dynant, de tout
» temps avoient pillié leurs voisins, quand guerre
» y estoit, et tout apporté à Dynant; et se y faisoit-
» on les caudrelats et toute fondure de leton et
» de métal de cuivre [2]. »

Lille l'emportait encore : « A ce jour elle estoit
» tenue une des villes du royaume où il y avoit
» plus de riches gens, de richesses et de grandeur;
» et y avoit grand peuple, hommes et femmes,
» moult gentement habilliés et pompeux, aussi dé-
» vots, et ung peuple moult ausmonier [3]. »

Quelques faits laisseront apprécier cette richesse.

On avait alors des intendants à bon marché, si l'on s'en rapporte à Commines : « Ils ont des gou-
» verneurs à qui on parle de leurs affaires, et à eux
» rien : et ceux-là disposent de leursdites affaires;
» et tels seigneurs y a qui n'ont que *treize* livres de
» rente, en argent, qui se glorifient de dire :

---

1. L. V. ch. 61.
2. Ib. ch. 47.
3. Ib. ch. 7.

» *Parlez à mes gens,* cuidants, par cette parole,
» contrefaire les très grands seigneurs ¹. » Le chevalier de Beaufort, véritablement grand seigneur, était riche de 5 à 600 francs de rente. Pierre du Carieuls, appelé *très riche homme,* en avait 4 ou 500, ce qui le fit accuser d'hérésie et de sortilége ². Il est vrai que la fortune d'un particulier consistait en partie dans les redevances en nature, les corvées, et surtout l'argent comptant, dont on ne savait point encore tirer parti.

Dans l'année 1459, le *mencaud* d'avoine, mesure d'Arras, valait 16 ou 17 sous, ce qui faisait, pour la charge d'un cheval, 33 sous; et trois mois après août, la charge d'un cheval coûta 28 sous ³.

En 1460 « bled et avoine renchérirent très fort,
» et valloit, la charge d'un cheval de bled, 40
» sols, monnoye d'Artois, et l'avoine autant;
» mais l'aoust venu, il rabaissa, et ne vallist le bled
» que 24 sols la charge d'ung cheval, et l'avoine
» 16 sols ⁴.

En 1460, « on avoit fait crier de par le roy, à son
» de trompe, parmi la ville de Paris, que nul pour
» la venue du roy ni des seigneurs, sur grande

---

1. Liv, I, ch. X.
2. L. IV, ch. 7.
3. L. III, ch. 45.
4. L. IV, ch. 5.

» amende, ne rencherist les vins, ni ne prinsist plus
« de *deux sols* parisis pour la journée du cheval [1].«

Le franc de France, selon Du Clercq, valait
16 sous, monnaie royale, et 15 francs faisaient
environ 11 couronnes d'or et demie [2]; ailleurs Du
Clercq dit que 6,000 francs d'or font 4,000 couronnes d'or [3]. »

En 1451, 24 gros de Flandre valaient un demi-écu d'or de France [5]; or, les écus d'or, sous
Charles VII, pesaient huit onces, à vingt esterlins par once [4]. Ce qui est d'accord avec les auteurs de *l'Art de vérifier les dates*, qui disent
que l'écu qui avait cours en 1435, et qui s'appelait à la couronne, était d'or fin, et de la
taille de 70 au marc; ainsi les 50,000 écus payés
à Philippe pour les équipages et joyaux qu'on avait
pris à son père, quand on l'assassina, pesaient 714
marcs 2 onces 2 gros, 16 grains; et à raison de
828 liv. 12 sous le marc, donnaient 591,856 livres
6 sous 5 deniers [6].

Le duc Philippe fit compter aux ambassadeurs
du roi de France qui s'étaient interposés entre lui

---

1. L. IV, ch. 33.
2. Ib., ch. 29.
3. L. III, ch. 19.
4. L. II, ch. 1.
5. L. III, ch. 31.
6. *L'Art de vérifier les dates*, T. XI, pag. 84, not.

et les Gantois révoltés, 6,000 *reidders* [1]. « Erat,
» dit Meyer, Philippi nova moneta, pulcherrimi
» nummi, puri et solidi auri, melioris paulô (si pre-
» tium spectes) scutis coronatis ho diernis Gal-
» lorum [2]. »

L'abbé Ghesquière en a assigné la valeur intrin-
sèque; car il s'agit vraisemblablement en cet endroit du *ridre d'or*, appelé aussi *rider* ou *ridre de
Bourgogne*, frappé vers l'an 1436, sous Philippe-
le-Bon, lorsqu'il eut pris le titre de comte de Hollande. Ghesquière l'estime à 6 florins, argent
courant de Brabant, non compris les frais de fabri-
cation, ni le droit de seigneuriage [3].

Lorsque David, bâtard de Bourgogne, eut l'é-
vêché d'Utrecht, grace aux armes de son père, on
régla qu'on paierait pour indemnité à son compéti-
teur, 50,000 *lions d'or*, dont les 56 pesaient *un
marc de huit onces* [4]. Ghesquière pense que le *lion
d'or* de Philippe-le-Bon a été frappé à Malines, et
l'évalue à 6 florins 19 sous 1 denier [5]. Philippe
donna 1,000 lions d'or à celui qui lui annonça la

---

[1]. L. II, ch. 27.
[2]. Ad ann. 1452.
[3]. *Mém. sur trois points intéressants de l'hist. mon. des
P. B.*, p. 142.
[4]. L. III, ch. 19.
[5]. *Mém. sur trois points*, etc. p. 146.

naissance du fils du dauphin, retiré à Genappe [1].

Le comte de Charny étant tombé entre les mains des Français, n'en sortit qu'en payant pour sa rançon 20,000 couronnes d'or [2].

En 1466, lorsque les Liégeois et les Dinantais bravaient le duc, ce prince, qui était affaibli par l'âge, et obligé de s'en remettre à son fils du soin de ses affaires, demanda «aux aucuns seigneurs d'en-
» tour lui, si ses gens d'armes se mectoient fort sus
» en ses pays; auquel on respondit que l'apparence
» estoit petite, et que les nobles et gens de guerre
» avoient, l'année passée, esté si mal payés, que
» chacun reculoit et doubtoit les fraix, et que qui
» voulloit avoir les compagnons de guerre, il fail-
» loit que les hommes d'armes et capitaines les re-
» montassent et habillassent de touts poincts,
» parce qu'ils estoient la pluspart devenus povres,
» et leurs habillements usés et desrompus. Ce oyant,
» le duc, par grande ire, dit qu'il ne avoit point
» tenu à lui, et qu'il en avoit tiré de son thresor
» deux cents mille *couronnes d'or*, et tellement se
» troubla, qu'il trébucha la table et tout ce qui es-
» toit dessus à terre [3]. »

Les villes de la Somme avaient été engagées au

---

1. L. III, ch. 47.
2. L. V, ch. 39.
3. L. V, ch. 59.

duc de Bourgogne pour un capital de 400,000 écus, ou de 4,734,875 livres, au compte des auteurs de *l'Art de vérifier les dates* [1]. Louis XI ayant trouvé le moyen de gagner les seigneurs de Croy, qui possédaient toute la confiance de Philippe, et le gouvernaient à leur gré, remboursa la somme dont elles étaient la caution, et les retira. Quand le duc mourut, malgré ses prodigalités et les guerres qu'il eut à soutenir, on trouva dans ses coffres 400,000 écus d'or et 72,000 marcs d'argent (8,573,335 livres), sans parler de deux millions d'effets précieux. Ces trésors furent dissipés pour renverser Louis XI; et chez des princes où tout était français, on n'entendit bientôt plus que des imprécations et des projets de mort contre la France.

La langue en usage à la cour de Philippe était la Française, qui déjà montrait de la grâce dans quelques fabliaux, de la finesse et de la malignité dans les *Cent Nouvelles nouvelles*, de la rapidité et de la souplesse dans Froissart, Monstrelet, Chastelain; de l'énergie dans Commines. Généralement on regarde la naïveté comme le caractère distinctif des écrivains célèbres de cette époque; mais cette naïveté n'est que relative, et n'existait

---

[1]. T. XI, p. 89, note.

point pour les contemporains comme pour nous. On la reconnaît dans l'emploi d'expressions que le temps a dépouillées de leurs ruses et de leurs mensonges, dans quelques idées qui, étonnant notre délicatesse maniérée, semblent échappées à la candeur, et c'est même cette prévention favorable qui nous ferme les yeux sur les défauts des auteurs gothiques, sur la diffusion, la lâcheté et l'incorrection de leur style. Ce que nos mœurs nous refusent, nous le cherchons dans le passé; nous agissons comme ces princes qui, fatigués de l'étiquette, aiment parfois à causer librement avec le simple habitant des campagnes. Ce qui prouve ce que nous venons d'avancer, c'est que le plus rusé de tous les rois, Louis XI, montre presque toujours dans ses paroles, cette prétendue naïveté dont nous faisons honneur à tant d'écrivains, quoiqu'elle fût moins un trait individuel, que la conséquence de l'état social.

La langue flamande ou teutone, quoique repoussée de la cour, n'était point exilée de la politique; on l'employait dans l'administration des provinces où elle était indigène et même elle avait acquis un degré de perfection, qu'elle n'a guère dépassé depuis, dans le midi de la Belgique, tandis qu'elle n'a cessé de faire des progrès dans le Nord. Elle méritait cependant moins de mépris. Les savants qui s'en occupèrent le plus, s'attachèrent moins à la polir, à lui donner une législation invariable, qu'à démontrer son antiquité. Sans doute les langues ont aussi leurs quartiers de noblesse, et il n'est pas sans intérêt de reconnaître les traces de leur origine ; mais quand ces discussions ne roulent que sur des étymologies forcées, sur des rapprochements bizarres, à quels résultats peuvent-elles conduire ? une question plus importante s'offrait à examiner. Comment est-il arrivé qu'une langue outrageusement dédaignée, et qui n'a point marché avec la civilisation, soit une des plus abondantes de l'Europe ? Cette abondance, dira-t-on, n'est pas de la richesse ; il en est des idiomes comme des systèmes numériques des Romains et des Arabes : l'un a des signes plus nombreux ; avec le second, on peut exécuter des combinaisons plus multipliées, plus heureuses et plus faciles ; or, c'est précisément dans ces combinaisons que se montre le génie de la langue flamande, qui, pleine d'images, est peut-être plus favorable à la poésie et à l'éloquence, qu'aux luttes du raisonnement.

J. Meyer nous a conservé une singulière anecdote, touchant les persécutions dont le flamand a été l'objet [1]. En 1382, les Français entrèrent en

---

1. *Voyez* ce que dit déjà *Locrius*, d'après Du Tillet, sous l'an 876 : « Lingua Teutonica, aliàs Germanica, quæ abs » Pharamundi regis ætate in Gallias penetrarat, sensim

Flandre pour venir au secours du comte Louis de Maele ou Male. A peine eut-on passé la Lys, qu'il fut interdit sous peine de la vie aux Flamands qui suivaient ce prince, de parler leur langue; et à cette occasion, Meyer fait une observation où se trahit encore son aversion pour la France. « Les » Français ne connaissent que leur langue, dont ils » racontent des merveilles, bien qu'elle ne soit » qu'une écume de la langue latine, et ils haïssent » la nôtre, quoique bien plus parfaite, parce qu'ils » auraient de la peine à l'apprendre [1]. » Sans contredit, la défense portée par les Français était injuste et barbare. Jamais la tyrannie n'est plus intolérable que lorsqu'elle nous attaque dans nos habitudes, dans nos affections de tous les instants, et qu'elle nous ravit ainsi ce qui semble nous appartenir le plus.

Nous rapprocherons de ce fait celui-ci tiré du livre III des *Illustrations* de Jean Lemaire de Belges, p. 315. « Et (Octave) establit que les Bel- » giens receussent et gardassent dès lors en avant, » les loix, coustumes et cérémonies des Romains, » et usassent du langage romain, par spécial aux » jugements publics, et que nul ne fust si hardi,

---

» pedem referre, atque infrà *Flandriæ terminos* sese con- » tinere jubetur. » Ferr. Locr. *Chr. Belg.* Atrebati, 1616, in-4°, p. 131.

1. Fol. 188, verso, édit. d'Anvers, 1561.

» sur peine de la teste, de parler l'un à l'autre en
» langue belgienne, au moins des matières qui
» touchoient les affaires de la chose publique. » Il
est triste que Jean Lemaire ne nomme pas ses garants.

Le génie étonnant qui a transporté l'histoire au milieu de la fiction, afin de rendre celle-là plus fidèle et plus vivante, a commis dans un de ses derniers ouvrages, une inexactitude bien surprenante. En mettant en scène, avec un talent admirable, Louis XI, Charles-le-Téméraire, et ce la Marck, surnommé *le Sanglier des Ardennes*, c'est à Liége qu'il choisit son théâtre; et, de cette cité, il fait une ville flamande. La méprise est difficile à concevoir. Bien loin que le flamand eût envahi alors les provinces wallonnes, les auteurs nés en Flandre s'efforçaient souvent de parler comme à la cour. En effet, le besoin le plus pressant de ceux qui écrivent, c'est d'être lus; aussi nos meilleurs annalistes ont-ils eu recours à un idiome qui leur promettait des lecteurs, et plus nombreux et plus illustres. Olivier de la Marche, dans l'introduction de ses Mémoires, s'écrie, en s'adressant à l'archiduc Philippe : « Hélas ! mon prince, mon seigneur
» et mon maistre, je plains et regrette, pour mettre
» ces trois points jusques à vostre cognoissance, ce
» que je suis lai, non clerc, de petit entendement
» et de rude langage, et regrette que je ne puis

« avoir le style et subtil parler de messire George
« Chastellain, trespassé, chevalier de ma cognois-
» sance, natif Flameng, toutesfois mettant par
» écrit en langage françois. »

Les langues modernes étaient entièrement exclues de l'éducation, qui elle-même était fort négligée. En France, suivant Commines, les seigneurs ne « nourrissoient leurs enfants qu'à faire
» les sots en habillements et en paroles. De nulles
» lettres, ajoute-t-il, ils n'ont connoissance. Un
» seul homme sage, on n'entremet à l'entour. Ils
» ont des gouverneurs à qui on parle de leurs af-
» faires, et à eux rien; et ceux-là disposent de
» leursdites affaires [1] etc. » Les grands eussent rougi d'être réputés habiles en *l'art de clergie*, comme on parlait alors : aussi Antoine de Chabannes, comte de Dammartin, ayant à répondre au duc de Bourgogne, ne manque-t-il pas de lui dire dès les premières lignes : « Très haut et très puis-
» sant prince, je crois vos lettres avoir été dictées
» par vostre conseil et très grands clercs, qui sont
» gens à faire lettres mieux que moi; car je n'ai
» point vécu du mestier de la plume. » Ce dédain chevaleresque pour l'instruction prit dans la suite le nom de *ton cavalier*, qui dégénéra dans l'imper-

---

1. Liv. I, ch. 10.

tinence des petits-maîtres. Il avait du moins alors sa source dans une sorte de fierté guerrière qui élevait l'ame, si elle n'ornait point l'esprit. Tout, chez les nobles, était dirigé vers le métier des armes et les pratiques religieuses, plutôt que la religion. On voit par Olivier de la Marche quelle fut la *nourriture* du comte de Charrollois, et quelle était celle des princes, quand on se piquait de la soigner. « Il ne juroit Dieu ne nuls saints; il avoit
» Dieu en grande cremeur et révérence. Il appre-
» noit à l'escole moult bien et retenoit; et s'appli-
» quoit à lire et faire lire devant lui, du commen-
» cement, les joyeux contes et faits de Lancelot
» et de Gauvain; et retenoit ce qu'il avoit ouy mieux
» qu'autre de son age et de sa nature; désiroit la
» mer et les bateaux sur toutes riens. Son passe-
» temps estoit de voler à esmérillons; et chassoit
» moult volontiers, quand il en pouvoit avoir le
» congé. Il jouoit aux échecs mieux qu'autre de
» son temps [1]. Il tiroit de l'arc, et plus fort que nul
» de ceux qui estoient nourris avec lui. Il jouoit
» aux barres à la façon de Picardie, et escouoit les
» autres par terre, et loin de lui [2] etc. » La Marche

---

1. Sanderus cite en MS *le livre de la Moralité des nobles hommes sur le jeu des échez.* Bibl. MS. P. II, p. 4, n 107. *Le jeu des échez moralisé.* Ib., p. 9, n. 425, etc.
2. Liv. 1, ch, 22.

ajoute ailleurs : « Au regard de danses et de mom-
» meries ¹, combien que, de sa complexion, il
» n'estoit point adonné à telles oisivetés, toutesfois
» tenoit compaignie aux grands et petits, à ce
» qu'ils vouloient faire, et dansoit très bien. Il ap-
» prit l'art de musique si perfectement, qu'il met-
» toit sus chansons et motets, et avoit l'art perfec-
» tement en soi. Toujours continuoit le service de
» Dieu, et jeûnoit tous jeûnes commandés pour le
» moins. Jamais ne se couchoit qu'il ne fist lire
» deux heures devant lui; et lisoit souvent devant
» lui le seigneur d'Hymbercourt, qui moult bien
» lisoit et retenoit; et faisoit lors lire des hautes
» histoires de Rome : et prenoit moult grand plai-
» sir ès faicts des Romains ² » Cette éducation, il
faut en convenir, ne ressemble point à celle que
blâme Commines. Déjà dans les jeux de l'enfance
percent ce besoin d'activité, cette fougue et cette
audace qui, plus tard, précipitèrent Charles dans
d'imprudentes entreprises, et la grandeur de Rome,
quoique travestie par les interprètes de l'antiquité,
qui ne tenoient point compte du costume, remplit
sa jeune tête de fumées ambitieuses.

Le fils d'un Germain ne paraissait point dans l'assemblée des braves, avant d'avoir reçu le bouclier

---

1. Mascarades, pantomimes, de *mimus*.
2. Liv. I, ch. 28.

et la framée. Au siècle de Du Clercq, il fallait, pour sortir de l'adolescence, paraître dans un tournoi. Vers la Toussaint, l'an 1452, le comte de Charrolois, âgé de seize à dix-sept ans, fit ses premières armes à Bruxelles. Son père lui avait donné l'ordre de chevalerie, immédiatement après son baptême [1]. On lui choisit pour joûteur le chevalier Jacques de Lalain. Les deux champions furent armés au Parc, en présence du duc et de la duchesse. Nous laisserons parler la Marche, dont le récit, qui d'ordinaire est traînant et embarrassé, a, dans cette occasion, une forme agréable.

« Lances leur furent baillées, et, à cette pre-
» mière course, le comte férit messire Jacques en
» l'escu, et rompit sa lance en plusieurs pièces,
» et messire Jacques courut haut; et sembla au
» duc qu'il avoit son fils espargné, dont il fut mal
» content; et manda audit messire Jacques, que
» s'il vouloit ainsi faire, il ne s'en melast plus. Lan-
» ces leur furent rebaillées, et ledit messire Jacques
» de Lalain laissa courre sur le comte ; et d'autre
» costé vint le comte moult vivement, et se ren-
» contrèrent, tellement qu'ils rompirent leurs lan-
» ces tous deux en tronçons ; et, de ce coup, ne
» fut pas la duchesse contente dudit messire Jac-

---

1. HARÆUS, T. I, p. 428.

» ques, mais le bon duc s'en rioit, et ainsi estoient
» le père et la mère en diverses opinions. L'un dé-
» siroit l'épreuve, et l'autre la seureté. Et à ces
» deux courses, saillit l'essai du noble comte.
» Duquel essai furent les sages moult contents et
» réjouis, pour ce qu'ils virent leur prince à venir
» prendre les armes, et soi monstrer courageux
» et homme pour ensuivir la noble lignée dont
» il estoit issu ; et se passa le temps jusques au jour
» des joustes qui se firent sur le marché de Bruxel-
» les, là où il y eut grande assemblée et grande
» noblesse ; et fut amené le comte Charles sur les
» rangs, et accompaigné par le comte d'Estampes,
» son cousin, et par plusieurs autres princes, che-
» valiers, et nobles hommes ; et le tenoient de
» fort près le seigneur d'Auxy et Jehan de Ro-
» simbos, seigneur de Formelles ; et ces deux l'a-
» voient nourri et gouverné dès son enfance [1]. »
Le moindre détail est à remarquer dans ce petit
drame : chaque personnage y garde son caractère. La duchesse tremble pour son fils ; le duc ne
craint que de voir un chevalier vulgaire dans celui
qui doit lui succéder. Enfin, malgré sa franchise,
Jacques de Lalain est un peu courtisan, et n'oublie qu'il combat le fils de son maître, que lorsque

---

1. Liv. I, ch. 22.

celui-ci le lui ordonne. Mais cette innocente adulation, si même c'en est une, n'est-elle pas naturelle, et Lalain devait-il faire preuve de toute sa vigueur contre un adolescent qui s'essayait à gagner ses éperons? Charles-Quint prit, en quelque sorte, la défense du *gentil chevalier*, lorsque, dans une *passe-d'armes*, Louis Zuniga de Requesens, déchargea sur la tête de Philippe un coup si terrible, qu'il le renversa par terre, évanoui et presque sans vie. *Eh! quoi*, dit l'empereur, *croyez-vous donc, mon fils, que les lances en ce pays soient aussi faciles à rompre qu'en Espagne?* paroles qui ne sont pas moins honorables pour le caractère belge, que pour le prince qui les prononça.

Le comte de Charrolois profita de la leçon de Lalain : « A ce mestier estoit renommé, non pas
» seulement comme un prince ou seigneur, mais
» comme un chevalier dur, puissant et à douter.
» Et certes il fréquentoit les joustes en icelui temps
» et gaignoit bruit et paix; et enduroit le faix et le
» travail, et donnoit et recevoit grands coups sans
» soi espargner, comme si c'euist esté un pauvre
» compagnon qui désiroit son avancement [1]. »

---

[1]. O. DE LA MARCHE, liv. I, ch. 28. Pétrarque écrivant à Hugues, marquis de Ferrare, dit qu'il n'appartient qu'à de simples chevaliers de se trouver aux tournois, parce qu'ils n'ont pas d'autres moyens ni d'autres occasions pour donner des preuves de leur valeur et de leur adresse, et

Au seul mot de tournoi l'imagination se réveille, et l'on oublie l'oppression féodale pour ne s'occuper que de grands coups de lances et des prodiges de la valeur et de la galanterie. Les hourts sont dressés autour de la lice, une foule de jeunes beautés s'y placent. *Lacez, lacez*, s'écrient les hérauts et les poursuivants, pour avertir les tenants de s'armer. Enfin ceux-ci sortent de leurs pavillons, où flottent des banderolles de mille couleurs, entourés d'écuyers qui, chargés d'armoiries, semblent des figures héraldiques. Ils parcourent l'arène sur leurs coursiers, qu'ils font caracoler avec grâce. A leurs bras, sur leur cœur, au cimier de leurs casques, sont attachées de nobles *emprises* qu'ils ont juré de défendre. Les trompettes sonnent; le juge du camp fait aux joûteurs une part équitable du soleil et du vent; ils prennent du champ et se précipitent les uns contre les autres. Terrible est le choc; du premier coup les lances volent fracassées; même un des chevaliers tombe sur l'arène, et son heaume renversé découvre les traits les plus doux. Des hourts s'échappe un cri perçant, c'est le cri de celle qu'il aime : à cette voix chérie, il se relève

---

que leur mort est de petite conséquence; mais que les princes, pouvant faire éclater leur courage en mille autres rencontres, et d'ailleurs leur vie étant importante aux peuples, s'en doivent abstenir.

comme un lion, attaque inopinément son adversaire déjà sûr de la victoire, et, la hache à la main, la tête nue, il parvient à le terrasser, malgré son avantage. Qui sait si le vaincu ne perdra pas la vie? Les juges du camp jettent dans la lice leur baguette blanche; elle vole, tombe; il est sauvé! De nouveau les clairons sonnent, les hérauts répètent: « *Largesse! largesse! honneur à la chevalerie!* » et le vainqueur reçoit le prix de la journée des mains de sa dame, à qui ses rivales portent tout bas envie.

Les femmes ne prenaient pas la part la moins active à ces joûtes. C'étaient elles qui, comme on le voit, récompensaient le triomphe et animaient les preux dans le fort de l'action. Au tournoi célébré à la cour de Bourgogne en 1445, Olivier de la Marche dit que le chevalier qui avait fait « crier les » armes, chargea pour EMPRISE, une manchette de » dame faite d'un délié violet, moult gentiment » brodé; et fit attacher icelle emprise à une aiguil- » lette noire et bleue, richement garnie de dia- » mants, de perles et d'autres pierreries. »

On lit dans le roman de Perceforêt, qu'à la fin d'un tournoi les dames « estoient si denuées de » leurs atours, que la plus grande partie estoit en » pur chef; car elles s'en alloient les cheveux sur » les épaules gissants, plus jaunes que fin or; en » plus leurs cottes sans manches ; car toutes avoient

» donné aux chevaliers, pour eux parer, et guim-
» ples et chaperons, manteaux et camises, man-
» ches et habits; mais quand elles se virent à tel
» point, elles en feurent ainsi toutes honteuses.
» Mais sitôt qu'elles virent que chacune estoit en
» tel point, elles se prirent toutes à rire de leur
» aventure; car elles avoient donné leurs joyaux
» et leurs habits de si grand cœur aux chevaliers,
» qu'elles ne s'appercevoient de leur dénuement
» et devestement. » Ce tableau n'est pas indigne de
l'Arioste.

De quoi se composait donc à cette époque l'éducation d'un chevalier accompli? des observances de piété, des exercices de corps, parmi lesquels la chasse tenait un des premiers rangs; de la musique et de la lecture des livres de chevalerie, auxquels on joignait quelques histoires et divers traités de morale.

La chasse était soumise à des règles sévères et compliquées; le cérémonial y prenait le pas sur le plaisir: véritable récréation de gentilhomme. Aussi d'illustres auteurs ne dédaignèrent pas d'en donner les préceptes, tels que l'empereur Frédéric II, et Mainfroy, roi de Sicile, son fils naturel [1]. Le livre du *roi Modus* et de la *reine Ratio*, qui a été imprimé, mais d'une manière incomplète, et qui

---

[1]. GINGUENÉ. *Hist Litt. d'Italie*, T. 1, p. 345.

se trouve parmi les manuscrits du roi, à Bruxelles, jouissait d'une grande autorité [1].

Silius Italicus vante les chiens que fournissait la Belgique pour la chasse du sanglier. On devait aux abbés de Saint-Hubert la race des chiens noirs, d'où ils furent appellés aussi *chiens de Saint-Hubert* [2].

Dans plusieurs villes de Flandre et de Picardie, qui avaient des canaux, des fossés pleins d'eau ou des étangs, on se plaisait à y nourrir des cygnes. Chacun des différents corps de bourgeoisie en adoptait même, dans ce nombre, une certaine quantité, auxquels il imprimait sa marque, et cette cérémonie devenait une sorte de fête qui avait lieu dans les mois de juillet et d'août. Toute la ville se rendait en bateau à l'endroit où ils séjournaient. Les ecclésiastiques ouvraient la chasse, puis les nobles, et successivement les autres corps, par ordre. Il fallait prendre les cygnes sans les tuer. Si ce malheur arrivait à quelqu'un des chasseurs, il payait à la ville autant de blé qu'il en fallait pour cacher entièrement l'oiseau suspendu par le bec. La chasse durait ordinairement plusieurs jours, durant les-

---

[1]. A la fin se trouve le *Songe de l'auteur de la Pestilente*. Parch. min. 182 ff., in-fol.
[2]. *Hist. de la Vie privée des Français,* nouv. éd., t. I, p. 403, 409.

quels ce n'était, sur la rivière, que festins, musique et illuminations [1].

Le pape Pie II ayant, en 1459, convoqué à Mantoue une assemblée de princes, pour aviser aux moyens d'arrêter les progrès de Mahomet II en Europe, le duc de Bourgongne y envoya des ambassadeurs, à la tête desquels était le duc de Clèves. Mathieu de Coussi, dans la vie de Charles VII [2], décrit fort au long les honneurs que Galéas Visconti, duc de Milan, leur rendit. Entre les divertissements qu'il leur procura, la chasse ne fut point oubliée. « Un jour, dit-il, ils vuidèrent du châ-
» teau et s'en allèrent aux champs par une des
» portes d'icelui, où ils trouvèrent de petits chiens
» courants chassants aux lièvres ; et sitost qu'il s'en
» levoit un, il y avoit trois ou quatre lévriers
» à cheval derrière des hommes, qui sailloient
» et prenoient les lièvres à la course [3]. »

Louis XI s'attira la haine des nobles par ses réglements sur la chasse. « Environ ce temps (1463),
» dit Du Clercq, Loys, roi de Franche, feit, par
» toute l'isle de Franche et environ, brusler tous
» les rets, fillets et engins, qui appartenoient à la
» chasse et vollerie, tant pour prendre grosses

---

1. *Hist. de la Vie priv. des Fr.*, nouv. édit. T. II, p. 22.
2. Tom. XI de Monstrelet, p. 321.
3. V. aussi *Hist. de la Vie priv. des Fr.*, t. 2, p. 423.

» bestes, lièvres, conins (lapins), perdricx, fai-
» seans, et autres bestes et oiseaux; et n'y en euist
» nuls à qui on ne les bruslast, fuissent nobles, che-
» valliers ou barons, réservé à aucunes garennes
» des prinches de Franche. Et pareillement, comme
» on disoit, avoit faire par tout son royaume, et là
» où il avoit esté. Et moi estant à Compiègne, en vis
» plusieurs ardeoir : la cause pourquoy il le faisoit,
» estoit, comme on disoit, que la pluspart de son
» déduict estoit en chasserie et vollerie 1. »

« Encore en cette chasse, écrit Commines, avoit
» quasi autant d'ennui que de plaisir; car il y pre-
» noit grande peine, pour tant qu'il couroit les
» cerfs à force, et se levoit fort matin, et alloit au-
» cunes fois loin, et ne laissoit point cela pour nul
» temps qu'il fist. Et ainsi s'en retournoit aucunes
» fois bien las, et quasi toujours courroucé à quel-
» qu'un, car c'est matière qui n'est pas conduite
» toujours au plaisir de ceux qui la conduisent.
» Toutesfois il s'y cognoissoit mieux que nul homme
» qui ait régné de son temps, selon l'opinion des
» chasseurs. A cette chasse estoit sans cesse, et logé
» par les villages, jusques à ce qu'il venoit quel-
» ques nouvelles de la guerre 2. »

Cette prison fameuse dans laquelle Louis XI

---

1. Liv. V, ch. 1.
2. Liv. V, ch. 13.

confina son despotisme craintif, devait son nom à celui que, dans le moyen âge, on donnait à la clôture des parcs. *Plessiacum, pleisseicium, plesseicium, plexitium, pleisseia, plesses, plessa* [1].

Le faisan que nomme Du Clercq, tenait, ainsi que le paon et le héron un des premiers rangs dans les repas et les banquets solennels. Dans les fabliaux le paon est appelé le *noble oiseau*, la *viande des preux* ou la *nourriture des amants* [2].

A la fête donnée à Lille en 1453, par le duc Philippe, dans un *entremets*, la *Sainte Église*, habillée en religieuse, et montée sur un éléphant conduit par un personnage gigantesque, vint débiter aux assistants une complainte sur les maux que les mécréants la forçaient à souffrir; après quoi le héraut Thoison-d'Or, accompagné de deux demoiselles et de deux chevaliers, s'approcha du duc, tenant en ses mains un faisan vif, orné d'un collier d'or et de pierreries. Alors le prince et ses courtisans, échauffés par le vin et par la bonne chère, firent sur cet oiseau le vœu de combattre les Infidèles ou d'envoyer contre eux leurs vassaux. Le duc Philippe seul, peut-être, en promettant de suivre le roi de France, ou son lieutenant, à la croisade, avait un

---

[1]. Du Cange, Gloss. Ce petit trait d'érudition se retrouve dans le deuxième chapitre de *Quentin Durward*.

[2]. V. dans Legrand d'Aussy, Fabl. T. II, p. 132.

but politique, et ne voulait qu'arracher à ses sujets les moyens de suffire à sa magnificence, ou distraire l'attention de ses desseins. Le seigneur de Pons se distingua par la bizarrerie de son serment. Il jura de ne coucher jamais le samedi dans son lit, pour l'amour de sa dame, jusqu'à ce qu'il eût combattu corps à corps un Sarrasin ou un Turc, avec la permission de *son très redouté seigneur* [1].

Malgré la complaisance avec laquelle il rapporte les moindres détails de ces banquets, Olivier de la Marche et Mathieu de Coussy ne peuvent s'empêcher de les trouver *outrageux* et *déraisonnables*. En effet, il y régnait autant de prodigalité que de mauvais goût, et ce n'est pas peu dire. Du Clerq parle en plusieur endroits, mais avec moins d'étendue, de ces spectacles à machines qu'on appelait *entremets*, parce qu'on les représentait *entre* les différents *mets* ou services du festin.

Nous remarquerons, en passant, une coutume assez singulière ; c'est que si, dans ces réjouissances on présentait une couronne de fleurs appelée *chapelet du banquet*, à l'un des convives, c'était lui faire contracter l'obligation de donner un festin à son tour. Cette présentation avait lieu avec beaucoup de formalités quand il s'agissait d'un personnage illustre. Chez le comte d'Étampes, le *cha-*

---

[1]. Mathieu de Coussy. T. XI de cette collection.

pelet fut présenté au duc Philippe par une enfan[t] de douze ans, qui lui récita ces vers:

> Très excellent, haut prince et redouté,
> A vous venons en toute révérence.
> Pour charge avons que vous soit présenté
> Ce chapelet, lequel est apporté,
> Par la dame que voyez en présence.
> Le comte d'Estampes en son absence
> La vous transmet en ce lieu et envoie;
> Et la nomme on la Princesse de Joie [1].

Parmi les jeux en usage, alors il ne faut pas oublier celui de la paume ou de *l'estuef*, dont un habitant de Bruges, qui ne se nomme pas, et s'annonce comme simple tondeur de draps, s'avisa de tirer des allégories spirituelles, l'an 1435, dans u[n] ouvrage qui existe en manuscrit dans la bibliothèqu[e] de Bourgogne [2], et que Legrand d'Aussy a analysé [3].

On a fixé la naissance des ballets réguliers a[u]

---

1. OLIV. DE LA MARCHE, liv. I, ch. 29.
Sanderus nomme comme appartenant à la Bibl. de Bour[-]gogne, les MS. suivans:
— *Vœux du Paon.... bis.*
— *Vœu du Hairon et la généalogie d'aucuns roys.*
— *Les sept articles de la Foy, les vœux du Hairon e[t] Chroniques de France abrégées.* T. II, de la Bibliothèque de[s] manuscrits Belgique, p. 7 et 11, n°[s] 257, 258, 532, 558.
2. *Le jeu spirituel de la Paume ou de l'Eteuf (Estuef)*, fol. longues lig., 166 feuilles. vél. sans min.
3. *Notices et extraits des MS. de la Bibl. Roy.*, etc T. IV, p. 156.

quinzième siècle, lors de la fête splendide que Ber-
çonce de Botta donna à Tortonne pour le mariage
de Galéas, duc de Milan, avec Isabelle d'Arragon [1]. Cependant on en trouve dans le père Méné-
rier et ailleurs des exemples moins récents. Chacun
se souvient du *Ballet des Sauvages*, qui faillit être si
fatal à Charles VI ; et, pour ne pas sortir de l'é-
poque parcourue par Du Clercq, à la fête du
Vœu du faisan, un ballet fut exécuté par la Grâce-
Dieu, la Foi, la Charité, la Justice, la Raison, la
Prudence, l'*Attemprance*, la Force, la Vérité, la
Diligence, l'Espérance, la Largesse et la Vaillance.
A cette *mommerie* dansèrent le comte de Charrolois, monsieur de Clèves, M. d'Étampes, M. Adolphe de Clèves, M. Jean de Coïmbre, M. le bâtard
de Bourgogne, M. de Buchan, messire Antoine,
bâtard de Brabant, M. Philippe de Lalain et
M. Chrestien de Digoine ; mademoiselle de Bourbon, mademoiselle d'Étampes, madame de Ravestein, madame d'Arcy, madame de Commines,
madame de Santerre, madame des Obeaux, madame du Chasteler, Marguerite, bâtarde de Bourgogne, Antoinette, femme de Jean Boudaul, et Isabeau Constain [2].

---

1. *Mélanges tirés d'une grande bibliothèque*. T. III, p. 354.
2. M. Baron, savant helléniste et homme d'esprit,
dont l'amitié m'est chère, a publié des lettres fort

La danse se mêlait à la plupart des divertissements. Son caractère était grave comme celui de la musique, qui approchait du chant grégorien. Du Clercq, parlant des réjouissances faites à l'occasion de l'ambassade envoyée par Ladislas, roi de Bohême, au roi de France, dit qu'on dansa la *movoisse* : il faut lire, selon toute apparence, la morisque [1].

La musique du duc Jean *sans peur* était composée d'un clerq de musique ou chef d'orchestre, de pages de la musique et de douze ménétriers ou violons. Celle de son successeur s'augmenta de six harpeurs, de hautbois, de trompettes, et d'artistes désignés spécialement sous le nom de musiciens, qui étaient peut-être des chanteurs [2]. Les trompettes, sous Charles-le-Téméraire, sonnaient tous les matins pour réveiller le prince ; elles annonçaient son départ et son retour [3].

L'art de la musique commençait à prendre une sorte de forme entre les mains de Jean-le-Teinturier, né à Nivelles, vers le milieu du quinzième siècle, archi-chapelain de Ferdinand, roi de Na-

---

piquantes sur la danse ancienne et moderne. Paris, Doudey-Dupré.
1. L. III, ch. 30.
2. *Voy.* plus bas l'état de maison du duc Philippe.
3. *Coll. de Mém.* publ. par Perrin, t. IX, p. 347.

ples, et vanté par Trithême comme un homme très savant, profond mathématicien, et grand musicien. On a de lui, entre autres, un livre intitulé : *Terminorum musicæ diffinitorium*, imprimé à Naples, en 1474, et à Trévise, sans date. Simon Van der Eycken, né à Bruxelles dans le courant du quinzième siècle, passa également en Italie, et fut maître de musique de l'église métropolitaine de Saint-Ambroise, à Milan. Il a écrit un traité sur son art, intitulé : *De Gregorianâ et figurativâ et contrapunctâ simplici*, imprimé à Landshut, en 1518. On fait aussi mention d'Auber Ockergan, né en Hainaut, et de Josquin-des-Prez, doyen du chapitre de Saint-Wanegulphe à Condé, qui fut un des premiers restaurateurs de la musique [1].

Des poésies qui se chantaient, nous ne citerons que ces ballades ou vaudevilles inspirés par l'événement du jour [2]. L'histoire de la chanson populaire, ou, si l'on veut, anecdotique, offrirait des recherches curieuses. En tous temps, les habitants des Gaules ont déposé dans des couplets satiriques leur gaieté, leur malice, et même leur colère.

---

[1]. *Mém. Hist. sur la Bibl. dite de Bourg.*, p. 203.
[2]. Mon ami, M. Quetelet, a lu à la société de la *Concorde*, à Bruxelles, des réflexions ingénieuses sur la Romance, enrichies d'imitations de Schiller et d'autres *romanciers*.

Louis XI, qui craignait tout, redoutait cette espèce de vengeance, dont Mazarin ne faisait que rire ; mais les bons mots bravent la tyrannie, et de toutes les espèces de courage (l'intrépidité guerrière à part) dont puisse se vanter le caractère français, celui de la plaisanterie est assurément le plus incontestable. Du Clercq rapporte diverses chansons remarquables par le sens qu'elles renferment autant que par leur forme poétique. Comme on les trouvera en leur lieu [1], nous en rassemblerons quelques autres. Dans une chronique MS., concernant le Brabant et le pays de Liége, on lit que les Brabançons, en retournant dans leur patrie, de l'expédition où les avait menés leur duc Henri le *Guerroyeur*, chantaient gaiement.

> Inter Brabantinos sint flores
> Et inter Leodienses dolores.

C'est du moins la traduction de l'auteur anonyme [2].

Vers le même temps, Ferdinand ou Ferrand,

---

1. L. IV, ch. 16. L. V., ch. 31.
Le second vers de la première ballade n'a pas de rime correspondante :
> Et qu'y fait-on ? rien qu'y vaille.

Peut-être faut-il lire ;
> Et qui fait-on ? rien qui vaille vraiment.

2. *Belg. rer. Prod.*, p. 70. Qui n'a pas ouï parler de la

comte de Flandre, s'étant révolté contre Philippe-Auguste, dont il était feudataire, ce prince marcha contre lui avec une armée formidable, et le fit prisonnier à la bataille de Bovines. Le roi entra en triomphateur dans Paris ; le comte de Flandre parut chargé de chaînes, sur un chariot attelé de quatre chevaux *ferrants*, c'est-à-dire de couleur gris de fer, et le peuple, en le voyant, chantait :

> Quatre ferrans bien ferrez,
> Taînent Ferrant bien enferrez [1].

En 1413, les Armagnacs se rendirent maîtres de Paris, et firent tant « qu'ils orent tous les greigneurs » (plus grands) bourgeois de leur bande, qui par » semblant avant avoient moult amé le duc de Bour- » gogne pour le temps qu'il estoit à Paris ; mais

---

chanson de Roland ? On tenait à grand honneur de la commencer avant de livrer bataille. A celle d'Hastings, en 1066, cette fonction fut remplie par un chevalier nommé Taillefer, doué d'une voix forte et sonore.

Il est rapporté dans les *miracles de S. Benoît*, qu'un parti de Bourguignons ayant formé, en 1095, le projet de piller Châtillon-sur-Loire, ils s'avancèrent si pleins de confiance dans le nombre et la valeur de leur troupe, qu'ils se firent précéder par un bouffon qui chantait sur un instrument de musique, les guerres et les belles actions de leurs ancêtres.

Rec. des Hist. de la Fr., T. XI, p. 489.

1. *Flandria Generosa*, ed Paquot, sup. p. 85. Note sur la *Chron. de S. Magloire* dans les *Fabliaux*, de M. Méon, T. II, p. 221.

» ils se tournèrent tellement contre lui, qu'ils
» eussent mis corps et chevance pour le destruire
» lui et les siens : ne personne, tant fust, grant
» n'osoit de lui parler que on le sceut, qu'il ne
» fust tantost prins et mis en diverses prinsons,
» ou mis à grande finance, ou banni. Et mesmes
» les petits enfants qui chantoient aucunes fois une
» chanson qu'on avoit faitte de lui, où on disoit :
» *Duc de Bourgogne, Dieu te remaint en joye,*
» estoient foullez en la boue et navrés villaine-
» ment [1]. »

Quand Odet d'Aydie, depuis comte de Comminges, ménagea la fuite du duc de Bretagne, sous le prétexte d'une chasse, on chanta :

> Mettez sus chiens et oyseaux,
> Aussy toute gaudiserie,
> Jusqu'à ce que Odet d'Aydie
> Aura remis sus jeux nouveaux,
> Lesquels ne seront trouvés beaux ;
> Mais ils pourroient bien cher coûter :
> Un grand mal est bon à oster.

La disgrâce du cardinal de la Balue inspira ce couplet :

> Maistre Jean Balue
> A perdu la vue
> De ses évechez ;
> Monsieur de Verdun [2]

---

1. *Journal de Paris*, p. 19.
2. Guillaume de Haraucourt fut aussi arrêté.

N'en a plus pas un,
Tous sont despechés!

Lorsque le grand maître Antoine de Chabannes réduisit le pays d'Armagnac sous l'obéissance du roi, on chansonna les vaincus, suivant l'usage :

Canaille d'Armagnac, comme as poyvé (pu) souffrir
La venue de France du comte Dammartin?

Le trait n'est pas piquant; mais il peut encore servir à quelque poëte de circonstance, empressé de célébrer la raison du plus fort.

Le connétable de Saint-Pol fut livré par le duc de Bourgogne à l'amiral de France, bâtard de Bourbon, et aux sieurs de Saint-Pierre et du Bouchage : sur quoi l'on disait à la cour qu'il y avait guerre en paradis, et que Saint-Pierre avait pris Saint-Pol. Après l'exécution, la complainte suivante fut à la mode :

Mil quatre cent, l'année de grâce,
Soixante et quinze, en la grand' place,
A Paris, que l'on nomme Grève,
L'an que fust faite aux Anglois tresve,
Et de décembre le dix-neuf,
Sur un échaffaud fait de neuf
Fust amené le connestable
En compagnie grande et notable,
Comme le veut Dieu et raison,
Pour sa très grande trahison :
Et là il fust descapité
En cette très noble cité.

L'année suivante, Arras fut assiégée par Louis XI

et obligée de se rendre, malgré ces bravades des habitants :

> Quand les rats mangeront les cas
> Le roi sera seigneur d'Arras;
> Quand la mer qui est grande et lée
> Sera à la saint Jean gelée,
> On verra par-dessus la glace
> Sortir ceux d'Arras de leur place.

Quoique le règne des troubadours fût passé, on estimait encore le talent de conter, comme nous l'apprend notre auteur, à propos de cet infortuné qu'on nommait *l'abbé de peu de sens*, et qui fut brûlé comme Vaudois. « Icellui abbé estoit de
» l'âge de soixante ou soixante-dix ans, et estoit
» peintre, et estoit bien venu en plusieurs lieux;
» et pour tant qu'il estoit réthoricien et faisoit
» chant et ballades, et les disoit devant les gens,
» et par espécial avoit fait plusieurs beaux dic-
» tiers et ballades à l'honneur de la glorieuse
» vierge Marie, et par ce plusieurs gens l'avoient
» bien chier [1]. »

Les rimes qui précèdent n'ont rien de remarquable : c'est ainsi qu'on écrivait alors en vers les ouvrages de longue haleine; l'imagination était dans les détails, dans la multiplicité des événements, rarement dans le style, ce que prouvent les espèces de poèmes célèbres alors. La biblio-

---

[1] L. IV, ch. 4.

thèque du duc Philippe en était richement pourvue. Outre les livres qu'il faisait exécuter à grands frais, par des copistes habiles, tels que J. Mielot et David Aubert, et que des artistes connus sous le nom de *rubricatores*, *illuminatores*, *miniatores*, *miniculatores* [1], enrichissaient de fleurons et de miniatures [2], il en recevait souvent des seigneurs de sa cour, instruits du prix qu'il attachait à de pareils présents. Il avait d'ailleurs, en parvenant à la souveraineté des diverses provinces belgiques, trouvé un fonds considérable amassé par ses prédécesseurs, et augmenté encore par le pillage des monastères de France, durant les guerres civiles,

---

1. Le père de notre grand Érasme exerça la profession de copiste, encore lucrative alors, quoique l'imprimerie fut en usage.
2. Il y a dans la bibliothèque de Bruxelles, un manuscrit magnifique de la traduction des Chroniques de Jacques de Guise, traduction qui est à peu près la même que celle qu'on imprima en 1531, mais plus complète. Paquot semble croire que ce manuscrit avait péri en 1731, dans l'incendie du Palais. Le premier volume, terminé en 1461, est orné d'une miniature magnifique, que nous croyons être d'Hemmelinck. Nous saisissons cette occasion d'applaudir à l'entreprise de M. le comte Fortia d'Urban, qui a commencé à donner, pour la première fois, le texte même de J. De Guise, accompagné d'une traduction. L'Académie des Sciences et Belles-Lettres de Brunettes s'est empressée de remercier ce savant du service qu'il rend à l'histoire de Flandre.

sous Charles VI et Charles VII [1]. Ce qui en reste, malgré les pertes nombreuses que nous avons éprouvées, est encore fort considérable. Les livres qui ont été écrits expressément pour le duc Philippe, se distinguent par la grandeur de la lettre, la beauté du parchemin, la correction et la fraîcheur des peintures.

Entrons dans la *librairie* des ducs de Bourgogne, mise sous la surveillance du *garde des joyaux*. Dans une des salles de ce palais, que Philippe embellit en 1452 [2], des armoires en ogives, chargées d'ornements gothiques, renferment quelques centaines de volumes magnifiquement reliés et enrichis de lourds fermoirs et de clous d'argent. Ils sont couchés sur le plat, la tranche en dehors; plusieurs portent les armes des Croy, ces favoris puissants, qui, du moins, faisaient la cour d'une manière délicate à leur maître, en caressant son goût pour les lettres. D'énormes pupitres, quelques fauteuils semblables aux siéges des chanoines dans les églises, sont les principaux meubles qui décorent cet appartement. Approchons-nous, et

---

[1]. *Et en église prenoient-ils livres, et toute autre chose qu'ils pouvoient happer; et en abbayes de dames autour de Paris, prindrent-ils messel, breviaires, etc.* Journal de Paris, p. 34.

[2]. *Suppl. aux Troph. de Brab.*, t. I, p. 3.

feuilletons quelques-uns des ouvrages conservés dans ce riche dépôt.

Voici des livres de piété, le livre d'oraisons de Philippe-le-Hardi, des Bibles traduites en flammand, un Traité, in-folio, sur la Salutation angélique, l'Encyclopédie de Glanvil, le Trésor de Brunetto Latini, l'Image du monde, d'Omons [1].

---

1. Nous en avons consulté cinq manuscrits qui sont à la Bibl. de Bourgogne.

I. In-4°, vélin, difficile à lire, contient :

1° Un calendrier.
2° Des vers pieux.
3°. Le Doctrinal.
4° Un dialogue satyrique et en vers sur les différentes professions.
5° L'image du monde.
6° *Ci commence la Bible en français, qui parole des choses qui furent jadis avenues et qui à avenir sont selon les autorités des apostres.*
7° Des sept péchés capitaux.
8° Le lucidaire.
9° L'ame contre le corps, en vers.
10° Pronostics d'Ézéchiel, en vers.
11° Explication du Pater.

Tous ces morceaux sont de différentes mains et peu lisibles.

II. In-4° vélin, 2 col., 49 feuill., mal écrit. *Cil livre de clergie qui est appele lymage du monde, en roumans, contient p tout LV capitres et XVIII san (v. n° IV) figures sans quoi li livres ne poiroit estre legierement entendus, ki est divisez en III parties.*

III. In-4° vélin. 2 coll. 58 ff très lisibles.

Le dernier livre mérite une attention paticulière ; l'auteur, qui vivait dans le treizième siècle, traite du ciel et de la terre, de Dieu et de l'homme, de la géographie, de l'astronomie, de l'histoire naturelle, et autres sciences connues de son temps, qu'il divise en sept branches, comme Martianus Capella l'avait fait au septième siècle, Alcuin au huitième.

« Un passage fort curieux de ce manuscrit, dit
» M. Degerando [1], personnifie la nature comme
» l'agent intermédiaire employé par le Créateur,
» à la manière des nouveaux platoniciens, et avec
» des attributs semblables à ceux que nous a déjà
» offerts, dans l'âge précédent, le poème d'Alain
» de l'Isle. » Suivant Omons, quand Dieu créa la matière, il la fit brute, et ne lui donna aucune forme, mais il créa en même temps la nature, à qui il confia le soin de lui en donner une, et de la

---

IV. Id. id., 56 ff. *Ci livres, de clergies, en roumans, ki est apieles lymage du monde. Sont contenut LV capitle et XXVIII figures ; sans coi li livres ne poroit iestre legierement entendus, ki est devises par III parties.* A la fin est indiquée une figure de mappemonde qui ne s'y trouve pas. Du reste ce MS est bien conservé ; il porte à la dernière page la date de 1245, comme le n° III et le n° I. Le n° II porte 1333.

V. Fol. obl., à une seule col. 70 feuill., aussi daté de 1245.

1. *Hist. comparée des Systèmes de Phil.*, 2ᵉ édit., t. IV, pag. 551.

lui conserver. Il définit la nature *ce qui donne naissance et durée à toutes choses ;* Dieu seul en connaît l'essence, il la forma pour tout accomplir et parfaire; cependant, quand il créa l'homme, il se réserva l'entière exécution de ce bel ouvrage [1].

Ce qui suit confirme combien les écrivains classiques étaient peu connus. Virgile, que l'auteur fait petit et bossu, opéra plusieurs merveilles: telles furent, entre beaucoup d'autres, une lampe inextinguible, un pont très long qui se soutenait sans être appuyé dans aucune de ses parties, une tête parlante qui prononçait des oracles et répondait aux questions qu'on lui faisait, un jardin impénétrable, et qui cependant n'était fermé que par un mur d'air; une mouche d'airain qui, quand il se trouvait dans l'appartement une autre mouche vivante, volait sur elle et la tuait; un cheval de même matière, et dont la vertu était telle, que les chevaux malades qui le regardaient étaient guéris; enfin un œuf sur lequel était bâtie une très grande ville qui crouloit tout entière quand on remuait l'œuf, mais qui, l'instant d'après, se rétablissait d'elle-même. L'auteur ajoute que la mouche, le cheval et la boîte de l'œuf se voyaient encore de son temps à Naples.

---

[1]. *Notice des MS. de la Bibl. du Roi*, t. IV, p. 246, 247. L'article est de Legrand d'Aussy, *Man. du Lib.*, t. II, p. 361.

DES MERVEILLES QUE VIRGILLES FIST PAR L'ASTRONOMIÉ.

> Devant Jésus-Christ fust Virgilles
> Qui les ars ne tint pas à guiles [1],
> Ains i usa toute sa vie,
> Tant qu'il fist par astronomie
> Maintes grant merveilles à plain;
> Il fist une mouche de arain :
> Quant la drechoit en une plache ;
> Si faisoit des autres tel cache
> Que nule autre mouche qui fust
> Vers lui approchier ne peust.
> . . . .
> Si refist d'arain un cheval
> Qui garissoit de cascun mal
> Les chevaux qui malade estoient
> Maintenant que veu l'avoient [2].

On eut long-temps sur Virgile des idées singulières. Au quinzième siècle, dit l'abbé Bettinelli, dans son *Discours sur l'état des lettres et des arts, à Mantoue*, 1775, in-4°, on avait coutume de chanter à Mantoue, à la messe de Saint-Paul, un hymne en l'honneur de Virgile ; on y supposait que l'apôtre des nations arrivant à Naples, tourna ses regards vers le mont Pausilippe, où reposent les cendres de Virgile, et qu'il regretta de n'avoir pu le connaître pendant sa vie, afin d'en faire un prosélyte ; ce qu'exprime la strophe suivante :

> Ad Maronis mausoleum
> Ductus, fudit super eum

---

1. Qui les arts ne tint pas à viles.
2. Fol. 49 du MS, n° III.

Piæ rorem lacrimæ:
« Quem te, inquit, reddidissem,
» Si te vivum invenissem,
» Poetarum maxime¹! »

Cependant, si l'on s'en fie à Omons, Virgile était Vaudois, et n'eût pas été bien traité à Arras.

Nous avons donné plus haut, d'après un trouvère, une distribution assez burlesque des divers ordres de la société. En voici une plus sérieuse : Omons divise le peuple en trois classes : le clergé, qui doit enseigner les deux autres ; les chevaliers les défendre, et les villains, qui doivent travailler pour fournir aux deux premières de quoi vivre honnêtement.

A la fin d'un exemplaire du Trésor de Brunetto Latini, cité par Legrand d'Aussy, et écrit en 1438, par Jean de Stavelo, moine de Saint-Laurent, à Liége, on trouve la liste de tous les manuscrits qu'il avait copiés depuis trente-quatre ans : ils montent au nombre de soixante-huit, mais la plupart concernent son monastère, et, à l'exception de quelques chroniques ou histoires, Legrand n'y a rien vu qui fût digne de remarque.

Un autre copiste déjà nommé, Jeh. Mielot, a fait des additions aux gloses sur l'Épître d'Othea, déesse de Prudence, à Hector, par Christine de

---

1. GABR. PEIGNOT, *Manuel du Bibliophile*, T. I, pag. 69.

Pisan, et que l'abbé Sallier a fait connaître dans le tome xv de l'*Académie des Inscriptions*. La bibliothèque de Bourgogne en possède un exemplaire orné d'une foule de miniatures fort bien exécutées, et précieuses pour l'histoire des mœurs, attendu que tout y est moderne [1]. Achille à Scyros est vêtu en religieuse ainsi que ses compagnes, qui se jettent sur des scapulaires et des *agnus dei*, tandis que le fils de Pélée se trousse bravement pour ramasser une épée. Pendant que les Grecs donnent un assaut à la ville de Troie, Cassandre prie pour les assiégés au pied d'un crucifix, et ainsi du reste. Ce MS. a appartenu aux jésuites de Mons, qui en auront sans doute effacé les nudités, car il n'y avait que la pudeur de ces chastes pères qui pût s'alarmer d'innocentes peintures.

Mielot termine ce livre en ces termes :

« Pource que souvent briefveté rend les materes
» obscures aux liseurs, et afin que les cent gloses
» dessus escriptes des cent auctorités de lepitre que
» Othea, la deesse de Prudence, envoya jadis au
» preu et tres vaillant Hector de Troye, lorsqu'il
» estoit en son flourissant eage de xv ans, soient
» egales les unes aux autres comme sont les quatre
» lignes de texte desdites cent auctorités [2], par le

---

[1]. In-fol. vélin, longues lignes, 104 feuill., 102 miniatures.

[2]. Tout l'ouvrage est composé de préceptes allégoriques

» commandement et ordonnance de très haut, très
» puissant et mon très redoubté seigneur et prince
» Philippe, par la grace de Dieu duc de Bour-
» gongne, de Lothier, de Brabant et de Lembourg,
» conte de Flandres, d'Artois, de Bourgogne, pal-
» latin de Haynaut, de Hollande, de Zeelande et
» de Namur, marquis du Saint Empire, seigneur
» de Frise, de Salins et de Malines, a été faitte et
» composée de nouvel une addition ou declaration
» par Jeh. Mielot, prestre, comme indigne cha-
» noine de Lille et le moindre des secretaires d'i-
» cellui très redoubté seigneur et prince, en les
» extraiant du livre Jehan Boccace, qu'il fist de la
» généalogie des dieux des payens; de l'histoire de
» Troye de Virgile en son livre de Eneydos, de
» metamorphose que fist Ovide, et plusieurs au-
» tres poètes philosophes et orateurs. C'est toujours
» ladite addition assise en la fin de la greigneur
» (majeure) part des plus briefves gloses de la
» dessusditte epitre mise en fourme, comme il ap-
» pert cy-dessus soubz rubrice après ce mot *de ce*
» *mesmes*, afin tant seulement de rendre lesdittes
» gloses et allégories de ce livre dune mesmes
» quantite descripture les unes aux autres, ainsi
» que sont lesdittes quatre lignes de chacun texte

---

sur les devoirs de la chevalerie, contenus dans une suite de quatrains fortifiés d'une *glose* en vile prose.

» comme dit est. Fait a Lille, lan de grace mi
» quatre cent cinquante-cinq, Pius le second es-
» tant pape de Rome, Phédéric, empereur Da-
» lemaigne, Charles VII, roy de Franche, et mon-
» dit très redoubté prince Philippe, duc de Bour-
» gongne et de Brabant. »

La morale de Christine de Pisan n'était pas extrêmement sévère. On en jugera par cette leçon qu'elle tire de la fable d'Hermaphrodite :

> Ne soyes dur a ottroyer
> Ce que tu pues bien employer.
> A Hermofroditus te mire
> A qui mal prist pour esconduire.

L'histoire nous apprend que le comte de Charolois, dans sa jeunesse, imitant l'exemple de son père, *n'était pas dur à ottroyer*. C'était le ton de la cour. L'arrivée du dauphin y introduisit plus de liberté encore. Ce prince avait établi à sa table l'usage des récits obscènes ; et *celuy qui lui faisoit*, dit Brantôme, *le plus lascif conte des filles de joye, il estoit le mieux venu et festoyé*. C'est ce qui donna naissance aux *Cent Nouvelles nouvelles*, ouvrage qui rappelle la manière de Boccace, et qui est un témoignage piquant du style de la bonne compagnie au quinzième siècle ; ce sont des histoires galantes et licencieuses, racontées par différents seigneurs et officiers de la cour, tels que *Monseigneur de la Roche* (Antoine, bâtard de Bourgogne),

Philippe de Laon, l'Aman de Bruxelles, les sires de Lannoy et de Créquy, Philippe Vignier, les seigneurs de Conversan, de Fiennes, de St.-Yon, de Loquessoles, de Beauvoir, de la Barde, de Villiers, de Saint-Pol, Michault de Changy, Meriadech ou Meriadet, écuyer du duc, *Monseigneur* le prévôt de Wastenes, Chrétien Digoine, *Monseigneur* de *Thalemas*, le marquis de Rothelin, *Monseigneur* de Thianges, etc. Et enfin, par le dauphin et le duc de Bourgogne eux-mêmes.

Le plus mauvais de ces contes est sans contredit celui d'Antoine De la Sale, sur un jeune homme qui vouloit *violer sa grand'mère*. La forme est digne du sujet. Aussi est-il difficile de se persuader que le joli roman du *Petit Jehan de Saintré* soit sorti de la même plume. La bibliothèque de Bourgogne possède deux autres ouvrages du même auteur, *la Salade* [1] et *la Sale*. Après une vie assez agitée, il fut attaché à Louis de Luxembourg, comte de Saint-Pol, qui, voulant faire un pélerinage à Saint-Jacques de Compostelle, lui confia l'éducation de ses trois fils Jean, Pierre et Antoine. Ce comte de Saint-Pol est celui qui, peu d'années

---

1. Imprimée à Paris en 1521.

M. Van Wyn, archiviste du royaume, songeait dernièrement à en publier une nouvelle édition, pour laquelle il a même consulté le MS de Bruxelles qu'il garde encore entre les mains.

après, joua un rôle important dans la guerre du bien public, et qui, en 1475, ayant trahi à la fois le duc de Bourgogne et Louis XI, fut livré par le premier au second, et eut la tête tranchée à Paris.

Quant au livre intitulé *la Sale*, c'est un mauvais traité de morale divisé en chapitres, où sont compilés sans goût des traits de l'Histoire et de la Fable, des exemples tirés de l'antiquité, et des maximes triviales [1].

L'exemplaire de Bruxelles [2], très bien exécuté, montre, dans la première miniature, l'auteur, qui, un genou en terre, selon l'étiquette, présente son livre à Louis de Luxembourg. Le fou de ce prince, habillé à peu près comme le *Wamba* d'*Ivanhoe*, a l'air de décocher à l'écrivain un trait plaisant. Les miniatures, autres que le frontispice, sont peintes en grisaille avec des ornements d'or. A la fin, on lit ces mots, qui, ainsi que la lettre, semblent indiquer que cette copie a été faite pour le duc de Bourgogne : « Et chy donrai fin ad ce dernier cha-
» pitre et conclusion de ce présent livre, dit la
» Salle (*sic*), achevé et parfait en *vostre ville de*
» *Bruxelles*, la premier jour de juing, l'an de
» Nostre-Seigneur mil quatre cent soixante et un. »

---

1. *Notice des MS. de la Bibl du Roi*, T. V, p. 592.
2. In-fol. vélin, l. l. 335 ff. 39 min.

Une autre copie, sur papier grand in-4°, se termine ainsi, et se rapporte à Louis de Luxembourg :

« Achevé et parfeit en vostre chastel du Chastel-
» let, le vingtième jour du mois d'octobre, l'an de
» Nostre-Seigneur mil quatre cent cinquante et
» ung [1]. »

Plus loin, nous apercevrons les romans : voilà celui de Charlemagne, rempli de magnifiques peintures, et à côté le père des romans de la Table Ronde, ou le *Saint-Gréal*. L'ordre qu'il faut observer dans le classement de ces ouvrages est indiqué dès le début d'une traduction en prose du St.-Gréal : « Cy commence Joseph d'Arimathie, qui est
» le commencement de toute la Table Ronde, et
» puis vient toute la vie Merlin, après et com-
» ment le roy Artus fust né, et puis tout le romant
» de Lancelot du Lac, et comment il fust né, et
» toutes les merveilles de la Table Ronde et du
» siege périlleux, et ce que il signiffie, et puis toute
» lhystoire juques à la mort du roy Artus [2]. »

Le premier chapitre nous avertit que le grail (graal, gréal), est l'histoire de toutes les histoires. Le graal, à proprement parler, était *l'es-*

---

1. Ce MS. contient 205 ff.
2. MS. in-fol. vélin, 2 coll. 182 ff. sans le prologue, dont on a enlevé vraisemblablement le frontispice peint ; 51 miniatures.

cuelle ou le *saint vaisselle*, dans lequel Jésus mangea quand il fit la cène. Écoutons l'auteur lui-même : « Quand Joseph vit celuy en croix qu'il
» croyoit au filz Dieu, il ne fut pas esbay ne re-
» creant ne mescreant pour ce qu'il le vit morir,
» mais attendoit et creoit certainement sa résur-
» rection ; et pour ce qu'il ne le povoit avoir vif,
» si s'apenssa qu'il feroit tant qu'il aroit des choses
» à quy il avoit touchié corporellement en sa vie.
» Lors s'en vint en la maison ou Jhus avoit tenue la
» cène où il mengia laignel de pasques avec ses
» disciples; et quant il vint, il demanda le lieu où
» il avoit mengié, et len luy monstra ung lieu quy
» estoit estably pour mengier, et estoit le plus haut
» estage de la maison. Illec trouva Joseph *lescuelle*
» où le fils Dieu avoit mangié soy treiziesme de-
» vant qu'il donnast aux onze disciples sa char et
» son sang à user ; et quant il la tiend il en fust
» moult joyeux et lemporta en sa maison, et la
» mist en un moult honneste lieu et moult bel [1]. »
M. Roquefort a rapporté d'autres passages qui diffèrent peu de celui-ci ; [2] il donne même la description du Saint-Gréal de Gênes, d'après Jehan d'Autun. Ménage s'est donc trompé en voyant *sang réal* dans Saint-Gréal. Les auteurs de la *Biblio-*

---

1. Fol. 8, verso.
2. Gloss., T. I, p. 702 et seqq.

thèque des romans ont également mal rendu ce mot par *Sainte portion*.

Joseph d'Arimathie, qui figure aussi dans le roman de Tristan de Léonnais, est, comme on sait, celui qui eut l'honneur d'ensevelir le corps de Jésus-Christ. Suivant une tradition absurde et fabuleuse, il passa les mers et vint dans la Grande-Bretagne pour convertir les habitants à la foi chrétienne [1].

Le nouveau rédacteur du Saint-Gréal, parle ainsi lui-même dans le MS. cité : « L'an de grâce, Nostre-
» Seigneur, mil quatre cent quatre-vingt, au mois
» de octobre, vers la fin, m'a este commandé par
» mon très haut et redoubté seigneur Jehan Loys
» de Savoie, évesque de Genève, à moi Guille de
» la Pierre, son tres humble obéissant et petit ser-
» viteur, de escripre en la fourme que vous voyez,
» toute l'histoire de la Table Ronde, et mettre par
» volupmes autant de livres qu'il sen pourront trou-
» ver touchant icelle matere. Et pour ce qu'ils sont
» écrits en langage ancien, et le plus en langue
» picarde, m'a commandé le mettre en françois,
» et poursuivir toute icelle matere tant qu'il s'en
» puisse trouver la fin. »

---

1. *Biblioth. des Romans*, août 1775, p. 88.
OEuvres choisies de Tressan, T. VII, p. 22.; *Mém. hist. sur la Bibl. de Bourg.*, p. 5.

La bibliothèque de Bourgogne a deux autres copies du Saint-Gréal [1] : l'une, qui a appartenu à un prince de Nassau, contient au bas de ses armes et sur le premier feuillet, cet avis bizarre : « Ce livre » appartient au gentil chevalier Engelbert [2] le » Vert quisquis le trouvera il le rendra, ou le » feu saint Anthoine l'ardra. Ce sera moi Nassou. » Engelbert de Nassau, fils de Jean, fut fait chevalier de la Toison-d'Or, par Charles-le-Hardi; gouverneur de Flandre, par Maximilien; et capitaine général de tous les Pays-Bas, par Philippe-le-Beau, lorsque ce prince alla en Espagne. Nous en ferons encore mention plus loin.

Parmi les monuments littéraires de la bibliothèque de Bourgogne, telle qu'elle est aujourd'hui, on regrette de ne rencontrer aucun vestige de l'histoire de notre théâtre. Du Clercq fait souvent mention de *Mystères* et autres *Jeux*, soit pantomimes, soit dialogués. A l'entrée du duc de Bourgogne à Arras, en 1454 (V. S.), il

---

1. I. In-fol. vél. 2 coll. 112 feuill. détérioré, mais restauré à Paris.

II. Le Saint-Gréal et l'histoire de Tristan de Léonais, 2 vol. fol. pap. 2 coll. Le relieur a interverti l'ordre des volumes. C'est cet exemplaire qui a appartenu à Engelbert de Nassau.

2. Ou peut-être Philibert : ce serait alors Philibert de Châlons, qui transmit son héritage à René de Nassau, fils de sa sœur, auquel les derniers mots auraient rapport.

» trouva tout du long de la taillerie et du petit
» marcie (marché), faite sur hours (échafauds,
» théâtres), moult richement habilliés, toute la
» vie de Gedeon, en personnages de gens en vie,
» lesquels ne parloient point ; ains ne faisoient
» que les signes de ladite *Mistère*, qui estoit la plus
» riche chose que on avoit veu pieça, et moult
» bien fait au vif ; et disoit-on que ce avoit cousté
» plus de mille couronnes d'or [1]. » On voit dans
le journal de comptabilité d'Arnheim, que cette
ville régla, l'an 1442, *Even Nettenboef* et un autre garçon, qui dialoguait devant la table, d'une
mesure (queuk) de vin [2]. On donnait la dénomination de *Nettenboef* aux acteurs, parce qu'ils
avoient la coutume de se couvrir le visage d'un
filet, et quelquefois, en dessous, d'un masque. Dans
un tableau de Breugel le *drôle*, lequel est à Louvain, ce peintre a représenté un farceur sans
masque, mais avec un filet ; il a un plateau de bois
pour coiffure, au cou un collier de coques d'œufs,
et un balai sur l'épaule.

Il arrivoit même que ces Mystères se jouaient
dans les églises. Tel étoit celui qu'on représenta
le jour de Pâques de l'an 1401, devant Albert de
Bavière, et dont le sujet était la Résurrection de

---

1. L. III, ch. 17.
2. *Algemt. Kunst en letterbode*, Jan. 1819.

Notre-Seigneur (ons Heeren verriserenisse) [1]. Les troubles suscités par les factions des Hoeks et des Kabeljaauws [2] firent naître ou du moins multiplièrent une espèce de versificateurs nommés *Rederykers*, qui chansonnaient le parti opposé au leur. Sans doute qu'ils étoient payés par les chefs des différentes factions, qui cherchaient à animer le peuple contre leurs ennemis. En effet, dans le siècle suivant, on les employa pour préparer le peuple à la réforme qu'on vouloit introduire [3]. Philippe défendit sagement de chanter ou de déclamer les vaudevilles satiriques des *Rederykers*, quelques années avant que Louis XI, moins sensé, s'effrayant d'un autre genre de satire, se fît apporter tous les oiseaux de Paris qui avoient appris à chanter, et qui auraient été tentés de lui rappeler sa malencontreuse aventure de Péronne. L'ordre fut donné à Henri Perdriel, dit une chronique, « de prendre en ladite » ville de Paris, toutes pies, jays et chouettes, es- » tants en caiges ou autrement, et estants privées,

---

1. Van Wyn, *Hist. Avondst.* bl. 356 N. G. Van Kampen, *verhandeling over de vraag. Welk is het onderscheidend verschil tusschen de klassiche poezy*, etc. bl. 69.

2. Vid. H. W. Tydeman. *Over de Hoeksche en Kabeljauwsche partyschappen.* Leyd. 1815, in-8°. — J. C. Dejonge. *Over de oorsprong der Hoeksche en Kabeljauwsche twisten.* Ald. 1817, in-8°.

3. A. M. Cérisier, *Tableau de l'Hist. Gén. des Prov. Anc.*, T. II, p. 146.

» pour toutes les porter devers le roy ; et estoit es-
» crit et enregistré le lieu où avoient esté prins
» lesdits oiseaux, et aussi tout ce qu'ils savoient
» dire, comme *larron ; paillart ; fils de putain ; va
» dehors, va ; Perrette, donne-moi à boire ;* et plu-
» sieurs autres beaux mots que iceux oiseaux sa-
» voient bien dire [1]. » Ces pauvres volatiles devaient
être bien surprises de se voir transformées en criminels d'état.

Nos trouvères ne se bornaient pas à la satire ; ils célébraient aussi les belles actions, les traits honorables pour la patrie. La bibliothèque de Bruxelles garde un morceau précieux en ce genre, c'est la *bataille de Woeringe*, indiquée dans le catalogue de Verdussen, sous le titre de *Stryd van Woerone* [2]. L'original de ce fameux poëme ayant péri, à ce que l'on croit, dans l'incendie du palais de Bruxelles, les copies en sont recherchées selon leur plus ou moins d'ancienneté. Celle dont il s'agit, au sentiment de M. Des Roches, dans un rapport à l'académie, ne remonte pas au-delà du XVe siècle, mais elle est aussi correcte qu'on la peut désirer. Qu'on ne juge pas du mérite de ce manuscrit par le peu d'argent qu'il a coûté,

---

[1]. B. de Montfaucon, *Les Monuments de la Mon. Fr.*; T. III, p. 363, 304.
[2]. P. 212, n° 42.

(12 florins de change en 1776), il avait ésté mal annoncé ; il fallait le connaître d'avance pour savoir que c'était le poème de Jehan de Helu ou Heelu [1], qui assista lui-même à la bataille de Woeringe, en 1288, bataille mémorable, puisqu'elle mit le duché de Limbourg dans la maison de Brabant. Personne n'ignore que ce poème a été traduit en vers latins par Henri-Charles Dongelberge. Mirabeau parle de l'original, dans un ouvrage qui se ressent de l'époque malheureuse où vivait l'auteur, mais où il découvre une connaissance étendue de notre littérature nationale [2].

M. Jean-Baptiste Lesbroussart, dont la mémoire est chère aux lettres, a inséré dans les Mémoires de l'académie, l'extrait d'un poème qu'il attribue à Jean Molinet, avec MM. La Cerna et Gérard, et qui contient l'apothéose de Philippe-le-Bon. L'habile professeur termine cette analyse en déclarant qu'abstraction faite de la fable qui forme la contexture du poème, les louanges données à celui qui en est le héros, ne vont presque jamais au-delà de la vérité, et que, de toutes les vertus que

---

1. Le *Suppl.* aux trophées de Brabant, le fait chevalier de l'ordre Teutonique et commandeur de Beckefort, ce que ne rapportent ni Foppens, ni Paquot. *Suppl.*, T. I, p. 146
2. *Aux Bataves sur le Stathouderat*, 1788, in-8°, p. 13 des notes et pièces justificatives.

le poète célèbre, il n'en est aucune que l'histoire ne reconnaisse dans Philippe-le-Bon, qui fut sans contredit le premier prince de son siècle, par l'éclat dont il releva toutes ses actions, par la vénération qu'il sut imprimer pour son nom et pour sa puissance [1]. On est forcé de convenir que Philippe, en éblouissant par sa splendeur, gagnait les cœurs plutôt par la dignité ou l'agrément de ses manières, je dirai presque par sa bonne mine, que par la sagesse et la rectitude de ses actions; en accordant aux lettres cette protection qui porte le protecteur à l'immortalité, il a étouffé les plaintes contemporaines; la voix des écrivains a triomphé de celle des peuples qui, d'ailleurs, trouvaient dans leur maître des vertus relatives que les autres princes leur rendaient précieuses. Le franciscain Brugman donna à l'éloquence de la chaire quelque noblesse. Henri Arnauld de Zwoll cultiva la médecine, l'astronomie, les mathématiques, et s'occupa du mécanisme des horloges. Monstrelet, Edmond de Dinter, Philippes de Commines, Olivier de la Marche, Vander Heyden (*à Thymo*), écrivirent, pour ainsi dire, à l'ombre de son palais. De grands monuments s'élevèrent sous son règne, les richesses se multiplièrent, les mœurs s'adoucirent plutôt par

---

[1]. *Nouveaux Mémoires de l'Académie royale des Sciences et Belles-Lettres.* T. I, p. 311.

la force des choses, qu'à cause des institutions nouvelles. Au lieu de modifier celles-ci d'une manière avantageuse pour la nation, il tenta de les dénaturer afin d'augmenter sa propre autorité et sa politique barbare. Il favorisa la licence des factions, pour étendre sa prérogative. Doux, bienveillant par caractère, il se laissait aller à tous les excès de la cruauté lorsqu'il était dominé par son orgueil ou par ces préjugés pour ainsi dire naturalisés en France, où les princes sont placés en dehors de l'humanité. Jacqueline de Bavière, sa cousine, fut persécutée par lui ; il dépouilla son pupille, le jeune comte de Nevers; imposa son bâtard aux Trajectins ; saccagea Dinant et Liége ; et fut appelé *le Bon*, comme Louis XIV, *le Grand ;* et Louis XV, *le bien-aimé*. Cela n'empêche point l'auteur de son apothéose, de dire à son successeur :

> A toi, duc resplendissant,
> Mon ouvrage te présente,
> Ou ton père tout puissant
> A gloire très excellente.
> Prends des vertus telle sente [1].
> Qu'avec lui ton guerdonneur [2]
> Te donist le trosne d'honneur.

Molinet, s'il est véritablement l'auteur de ces vers, n'y fournit pas une grande preuve de la justesse de

---

1. Sentier.
2. Rémunérateur.

son jugement ni de l'indépendance de ses idées. On estime à meilleur droit ses chroniques, dont Miræus a fait un abrégé qui est au dépôt littéraire de Bruxelles.

Telles sont les principales richesses que possède encore l'ancienne *librairie* des ducs de Bourgogne [1]. Philippe légua à son fils naturel, Raphaël de Marcatellis [2], le goût qu'il avait pour les livres.

Nous terminerons ici cet aperçu de l'ancienne *librairie* de nos princes, et, après avoir parlé de l'éducation particulière du comte de Charolois, nous toucherons un mot de l'éducation publique.

L'université de Louvain avait été fondée par le duc de Brabant, Jean IV, à la sollicitation d'Engelbert de Nassau [3], qui appartient à une famille à laquelle la Belgique doit aujourd'hui le système d'instruction le plus sage et le plus libéral qu'il y ait peut-être en Europe, système qui confie la surveillance des études à une représentation des pères de famille, et qui, laissant toute liberté pour

---

[1]. V. *La Danse aux Aveugles et autres poésies du XVe siècle, extraites de la Bibl. des ducs de Bourg.* Lille, 1748. On y lit, p. 208, le *Traittiet du malheur de France*, dont le Disc. prél. de Wander-Winckt contient un extrait.

[2]. SANDERUS, *Fland. illust.* T. 1, p. 303. DOM PLANCHER, *Hist. de Bourg.* T. IV, p. 351.

[3]. Il était l'aïeul de celui dont il est question plus haut.

le bien, est assez fort pour réprimer, sans secousse et sans scandale, les moindres tentatives de la licence. Philippe-le-Bon fit peu de chose en faveur de cette université, si ce n'est qu'il obtint d'Eugène IV, qu'on y enseignerait la théologie, et qu'il ratifia les lettres-patentes de son prédécesseur, en y ajoutant la défense, à toutes personnes, d'acheter ou de prendre à gage aucun livre ou ustensile des écoliers, sans le consentement du recteur [1]. Celui-ci jouissait d'une considération égale à son pouvoir; il avait même le droit de commuer la peine de mort contre ses justiciables; de plus, il prenait le pas sur les prélats et les princes, et l'on prétend même que l'empereur Charles-Quint donna la droite au recteur Ravestein; ce qui rappelle que le modeste Rollin se regardoit comme obligé, pour l'honneur des lettres, à disputer la préséance au premier président du parlement de Paris. Parmi ceux qui furent revêtus de la dignité de recteur, à Louvain, on distingue Denys de Montmorency, Nicolas Everaerts, père de Jean Second, Jean de Groesbeck, et le pape Adrien VI [2].

Dans les occasions difficiles, les princes aimaient à s'éclairer des lumières de ce corps savant, ou à revêtir leurs actes de son suffrage. Lorsque les pour-

---

1. Val. And. *Fasti Acad.*, p. 15.
4. *Suppl. aux Trophées de Brab.* T. II, p. 586.

suites dirigées contre les Vaudois d'Arras indignaient tous les honnêtes gens, on chercha à justifier ces cruautés en les scellant de l'approbation des docteurs; une députation se rendit à Bruxelles aux dépens des prisonniers. Le duc « envoya en
» la ville de Louvain, en Brabant, où il y a uni-
» versité très renommée et de très notables clercqs,
» quérir tous les plus grands clercqs qui y fuissent,
» et leur commanda de venir à Bruxelles [1]; »
D'autres personnes réputées instruites, leur furent adjointes. « De ce qu'ils convenoient ni de leurs
» opinions, je ne peux rien savoir, avoue Du
» Clercq, car, comme on disoit, ils ne furent pas
» bien unis ensemble. » C'est assez l'habitude des savants; mais il faut ajouter, pour leur honneur, qu'il y en eut qui révoquèrent en doute la réalité des accusations dont les Vaudois étaient l'objet [2]. Ce jugement, qui nous paraît si naturel, était alors un prodige de raison.

Ce fut un Belge, Jean Wesselus Gransfortius, de Groningue, qui réforma l'université de Paris, sous Louis XI. Ce cordélier s'était acquis la connaissance d'Aristote et de quelques auteurs grecs, par ses voyages au Levant; il fit publier l'édit con-

---

1. L. IV, ch. 2.
2. Id.   Id.

k.

tre les nominaux [1], qui semblent avoir saisi le point de vue autothétique ou transcendental de la philosophie, et avoir pressenti les doctrines allemandes modernes. L'édit contre les nominaux ou *terministes* ne fait pas honneur à la philosophie de Wesselus, quoiqu'on le surnommât la *Lumière du monde*, et qu'il ait mérité d'être appelé par Oudin *le précurseur de Luther* [2].

Comme nous avons traité ailleurs des livres classiques en usage à cette époque, ainsi que des écoles les plus célèbres, nous éviterons de fastidieuses répétitions.

Il est temps, d'ailleurs, de mettre fin à ce discours préliminaire déjà trop prolixe. Nous le ferons en tirant de ce qui précède une nouvelle conclusion en faveur de ce *bon siècle de fer*. Qu'on nous permette d'emprunter les paroles de Montesquieu: « Platon remerciait le Ciel de ce qu'il était
» né du temps de Socrate; et moi je lui rends grâce
» de ce qu'il m'a fait naître dans le gouvernement
» où je vis, et de ce qu'il a voulu que j'obéisse à
» ceux qu'il m'a fait aimer. »

---

1. *Add. à l'hist. de Louis XI*, éd. de Commines, Brux. 1723, t. III, p. 91.
2. Saxii *Onomast*. T. II, p. 451.

ÉTAT

DES OFFICIERS ET DOMESTIQUES

DE

PHILIPPE, DIT LE BON, DUC DE BOURGOGNE.

CONFESSEUR.

Frère Laurent Pignon, de l'ordre de Saint-Dominique, évêque de Bethléem, ensuite d'Auxerre, conseiller et confesseur du duc.

CHAPELLE.

Chapelains.

Martin Toulouse. — Jean Jamais. — Guillaume Jobelin. — Étienne Blancourt. — Étienne de Montchany.

Six clercs de chapelle.

Jean Charruet, clerc de chapelle.

Garde des joyaux de la chapelle.

Jean de l'Eschenal, dit Boulogne.

Six sommeliers de chapelle. Un fourrier de chapelle. Six valets de chapelle. Six chartiers de chapelle. Six valets de chartiers de chapelle.

AUMÔNIERS DU DUC.

Jean des Forges, premier aumônier du duc.

Aumôniers ordinaires.

Forteguerre de Placente ou Plaisance. — Messire Mathé de Bracic ou Bracie.

Deux clercs d'aumônes. Un fourrier d'aumônes. Valet du fourrier d'aumônes. Six valets d'aumônes.

CHANCELLERIE.
Chanceliers.

Monseigneur Jean de Thoisy, évêque d'Auxerre, puis de Tournay, fut fait chancelier par lettres du 7 décembre 1419, aux gages ordinaires de 200 francs, la moitié en monnaie royale, et l'autre moitié en monnaie de Flandre, avec les profits ordinaires des sceaux. Outre ses gages, il avait 2,000 liv. de pension. — Messire Nicolas Raolin, chevalier, seigneur d'Autume, créé chancelier par lettres du duc de Bourgogne, données à Lille, le 5 décembre 1422, aux gages et pension de 2,000 francs par an, et 8 francs par jour lorsqu'il travaillait aux affaires du duc, hors de son hôtel. — Messire Pierre de Goux, seigneur de Goux, de Contrecœur et de Wedargrate, chevalier, chambellan de M. le duc, fut fait chancelier de Bourgogne, par lettres du 26 octobre 1465, aux gages et pension de 2,000 francs par an, et de 8 francs par jour, lorsqu'il vaquait aux affaires du duc. Il mourut le 5 avril, avant pâques, 1470.

Gouverneurs de la chancellerie en Bourgogne.

Maître Lambert de Saulx, clerc, licencié en lois et en décret, gouverneur de la chancellerie, avait 120 francs de gages. — Maître Pierre Berbis, commis par monseigneur le duc au gouvernement de la chancellerie, depuis le 2 mai 1431, jusqu'au 15 mars suivant. — Maître Claude de Roichette, conseiller, gouverneur de la chancellerie, par lettres données à Dole, le 14 février

1421, à la nomination de M. le chancelier, aux gages de 120 francs. — Maître Jean Moreau, conseiller, gouverneur de la chancellerie, aux gages de 120 francs. — Maître Etienne Armenier, gouverneur de la chancellerie, par lettres données à Bruxelles, le 19 décembre 1438. — Maître Jean Boussaut, gouverneur de la chancellerie. — Maître Jean Jacquelin, conseiller, maître des requêtes, gouverneur de la chancellerie.

Secrétaire audiencier du duc et de la chancellerie.

Maître Thomas Bouesseau, secrétaire audiencier du duc et de la chancellerie. — Maître Jean Gros l'aîné, secrétaire audiencier du duc et du chancelier.

Clerc de l'audiencier. Lieutenants de la chancellerie au siége de Dijon.

Maître Regnault Joly, clerc, licencié en lois, conseiller du duc, lieutenant du chancelier au siége de Dijon, aux gages de 100 francs, 1419. — Maître Pierre Berbis, licencié en lois, lieutenant du chancelier au siége de Dijon. — Maître Girard Jaquelin, lieutenant du chancelier à Beaune, 1423.

Lieutenants au siége d'Autun.

Maître Jean Quartier, licencié en lois, conseiller, lieutenant du duc au siége d'Autun. — Maître Jean Raolin, bourgeois d'Autun, conseiller du duc, lieutenant du chancelier au siége d'Autun, et garde des sceaux audit siége, 1423. — Maître Perrin Berthier, conseiller, lieutenant du chancelier au siége d'Autun, 1425. — Maître Regnault de Thoisy, écuyer, conseiller et lieutenant du chancelier au siége d'Autun, 1437.

Lieutenants au siége de Châlons.

Maître Étienne Guedon, sage en droit, conseiller,

lieutenant aux siéges de Châlons et de Saint-Laurent, 1419. — Maître Étienne de Goux, licencié en lois et en décret, conseiller, maître des requêtes de l'hôtel du duc, lieutenant aux siéges de Châlons et de Saint-Laurent, 1466.

Lieutenants aux siéges d'Auxois.

Maître Jean Brandin, retenu lieutenant du chancelier au siége de Semur, par lettres-patentes données à Dijon, le 29 juin 1420. Il était aussi garde-des-sceaux audit siége. — Honorable homme Maître Jean Pierrot, lieutenant du chancelier au siége de Semur, 1465. — Maître Pierre Claireaul (ou Chaireaul), lieutenant du chancelier au siége de Semur, 1466.

Lieutenants au siége de la Montagne.

Maître Pierre de la Jaisse, écuyer, lieutenant au siége de la Montagne, 1419. — Maître Jean de Clerevaulx, lieutenant au siége de la Montagne, 1432. — Maître Jean Remond, licencié en lois, lieutenant de la Montagne, 1463.

Greffiers de la chancellerie. Secrétaires notaires de la chancellerie.

Chauffe-cire de la chancellerie.

Maître Roland de la Croix, chauffe-cire de la chancellerie, 1422.

Contrôleur des droits et profits de l'audience de la chancellerie.

Cet office fut aboli par lettres-patentes de monseigneur le duc, données à Bruxelles, le 3 août 1446, avec ordre de mettre en son épargne les deniers desdits profits, et défense de passer en compte les gages dudit contrôleur, ni autre dépense, sinon celle de cire, soies, gages ordinaires du chauffe-cire.

Huissiers ou Sergents de la Chancellerie.

DE PHILIPPE-LE-BON. clvij

CONSEILS.

Conseillers du conseil étroit.

Monseigneur l'évêque de Tournay, chancelier. — Messire Philibert de Saint-Légier. — Messire Guillaume de Champdivers. — Monseigneur de Thoulongeon, maréchal de Bourgogne. — Monseigneur le doyen d'Autun. — Monseigneur le doyen de la Chapelle. — Monseigneur de Saint-George. — Le sire de Commarien. — Le sire de la Roche. — Le sire de Villarnoul, écuyer, chambellan du duc. — Le sire de Châteauvillain. — Maître Richard de Chancey. — Maître Regnault Joly. — Monseigneur l'évêque et duc de Langres. — Messire Guy Armenier. — Le seigneur de Robois. — Le seigneur de Villers, chevalier, chambellan. — Le sieur Lourdin de Saligny. — Oudard de l'Espinace, seigneur de Champlement, écuyer. — Le sire Jean Chousat. — Guiot Bourgoin, écuyer, maître-d'hôtel. — Monseigneur l'évêque de Châlons. — Le comte de Fribourg, gouverneur de Bourgogne. — Monseigneur l'abbé de Saint-Bénigne de Dijon.

GRAND CONSEIL.

Il est à observer que, selon un compte de la chambre de Bourgogne, le duc établit à Dijon une chambre du conseil pour les affaires du prince, en juillet 1422. Lettres-patentes du duc, données au chastel de Montbar, le 24 juillet 1422, par lesquelles il établit une chambre du conseil de Dijon, pour pourvoir à toutes les affaires des duchés, comtés de Bourgogne et Charrolois; en donner avis audit duc; seoir et tenir cour et jurisdiction; ouir et connoistre de toutes querelles, complaintes et clameurs; recevoir toutes requêtes, et y pourvoir; connoistre de tous cas criminels et civils, ou autrement et extraordinairement, et de toutes causes d'appellations qui sont ou seront émises ès cours des parlements de Dole, de Beaune et de Saint-Laurent, et icelles évoquer devant eux; instruire les procès et appellations jusqu'à sentence définitive exclusivement; élire entre eux quatre des conseillers, ou en tel nombre que bon leur semblera, pour tenir les jours des auditeurs des causes d'appeaulx du duché et ressort d'icelui à Beaune; juger les procès et causes qui sont à juger et déterminer en ceux jours, et y faire toutes autres choses que au temps passé les auditeurs y avoient accoutumé de faire; pourvoir à tous attentats, abus de justice, et autres cas touchant réformation; faire provision à tous ceux qu'il appartiendra ès dits cas, comme en matières possessoires et autres; connoistre de tous affranchissements faits par les sujets; et des nouveaux acquests faits par gens d'église, par donnations, testaments, ou autrement, par quelque manière ou traité que ce soit, sans avoir obtenu amortissement dudit duc, ou de ses prédécesseurs, de tous les fiefs ou arrière-fiefs vendus ou aliénés sans le consentement dudit duc, ou ses prédécesseurs, afin de les mettre entre ses mains; punir et corriger tous malfaiteurs, tant de peines corporelles que pécuniaires; faire mettre à exécution les adjugés, tant criminels que civils, et généralement faire toutes autres et singulières choses qui à chambre du conseil appartiennent. Ce conseil fut supprimé en 1431. Dans un compte de Mathieu Regnault, receveur-général de Bourgogne, finissant le 31 décembre 1423, il est dit que monsieur le duc abolit et supprima, en 1431, la chambre du conseil établie à Dijon et à Dole. En 1446, sur les plaintes qu'on lui avait faites, il érigea un conseil qui devait connoistre de toutes les affaires, même de ses finances.

ÉRECTION D'UN NOUVEAU CONSEIL.

Phelippe, par la grace de Dieu, duc de Bourgogne, de Lothier, de Brabant et de Lembourg, comte de Flandres, d'Artois, de Bourgogne, palatin de Hainaut, de Hollande, de Zélande, de Namur, marquis du Saint-Empire, seigneur de Frise, de Salins et de Malines : à tous ceux qui ces présentes lettres verront, salut. Comme nous ayons esté advertis que pour le bien de nous et de nos pays et subjets, et afin que iceux de nos pays qui sont amples, et en la plus grande partie pays de peuple et de commun, soient gouvernés en bonne justice et police, comme le désirons, il est de nécessité de convenablement et à grande et meure délibération pourveoir aux offices et estats de justice de nosdits pays, et y commettre gens notables, prudents, et aimants le bien de justice, afin que par icelle justice, qui est la chose principale, à quoi tous princes vertueux qui sont débiteurs de justice à leurs subjets, doivent avoir l'œil, comme celle par laquelle ils règnent et acquièrent gloire et notable renommée, et par quoi aussi toutes choses prospèrent et demeurent fermes et stables, et au contraire, par faulte d'icelles, défaillent et déchéent, la chose publique de nos pays avant dits se puisse conduire et croistre en prospérité de bien en mieux, au bien et profit de nous et de nosdits subjets; et d'autre part, qu'il est expédient, voire nécessaire, pour la conduite, tant dudit fait de justice, comme de nos finances et autres grandes et pesantes matières, qui journellement nous surviennent et peuvent survenir, avoir de lez nous un conseil notable de gens sages, experts, preudhommes et feables, qui continuellement soient tous, ou la plus grande partie, résidants devers nous, et par lesquels les besognes et affaires qui nous surviendront, soient veues, advisées et digérées, avant que par nous en soit ordonné; et combien que par ci-devant ayons eu, et ayons encore de présent grand, nombre de conseillers de nostre retenue, tant maîtres de nos requestes, que autres gens notables et de grande discrétion; toutes voies les plusieurs d'eux ont été et sont souvent absents, occupés en leurs affaires et autrement; par quoi est advenu souvent de fois que nos affaires ne se sont pas si bien conduites ne si seurement que la chose le requéroit et besoin estoit; sçavoir faisons que nous, considérées les choses dessusdites, avons, par grand advis et meure délibération, voulu, ordonné et establi, voulons, ordonnons et establissons par la teneur de ces présentes, sans toutes voies décharger ne dépourter ceux qui sont de nostre conseil en nostre hostel, de leurs états et offices, un conseil estre et résider devers nous, auquel commettrons avec notre chancelier certain nombre de gens notables, sages et experts, qui le plus continuellement seront et feront résidence devers nous, où que soyons; au moins en y aura toujours quatre ou cinq présents et au-dessus, sauf que à la fois et mesmement quant il nous conviendroit absenter et aller de l'un de nos pays en l'autre, les laisserons, ou une partie d'eux, selon que le cas le requerra, pour en nostre absence avoir le gouvernement d'iceux nos pays, dont serions absents; lesquels chascun jour s'assembleront devers nostre chancelier, quand il y sera; et en son absence devers le chief de nostre conseil à telles heures, et par tant de fois le jour qu'il sera advisé et ordonné; et avec iceux chancelier et chief du conseil, auront advis entre eux sur la conduite des matières et affaires pesants qui surviendront, tant des nostres que de ceux de nos subjets, et autres touchant nous et iceux nos subjets, et mesmement sur le fait de pourveoir aux offices de nos pays dès maintenant, et toutes et quantes fois que ci-après vaqueront, tant offices de justice comme de recepte; et quels gens pourront et devront commettre à l'exercite d'iceux; et aussi pour ce que avons esté advertis qu'il y a plusieurs membres d'officiers particuliers, tant de justice que de recepte, lesquels légèrement se pourront exercer et gouverner à moins de gens et à moindre salaire et frais, auront aussi advis nosdits conseillers que les offices on pourra abolir, diminuer et restreindre; et avec ce auront aussi advis sur la conduite et distribution d'icelles; et de ce que ainsi auront advisé et délibéré entre eux, nous feront rapport et advertiront et informeront bien au long, toutes et quantes fois que le cas le requerra, pour au surplus par nous en estre fait, ordonné et conclu à nostre plaisir. Et déclarons dès maintenant que en icelles matières ne ferons ou ordonnerons aucunes choses que premièrement elles n'ayent esté délibérées et traitées en nostre conseil; et que y ayons eu leur avis et délibération; et à cette fin, voulons et entendons toutes requestes qui doresnavant nous seront faites, soit de bouche ou par escript, touchant les matières dessusdites, estre renvoyées à nostredit conseil; et se, par inadvertance, importunité de requérants ou autrement, avions rien fait ou ordonné en icelle matière, sans premièrement y avoir eu l'advis de notre dit conseil, nous ne voulons ne entendons point qu'il soit exécuté, ne sortisse effet; et deffendons à tous nos subjets que aultrement ne fassent requeste ou poursuite aucune devers nous : auquel conseil aussi ordonnerons un greffier, homme notable et expert, qui sera présent au démené desdites matières, et enregistrera tout ce qui par ledit conseil sera délibéré, et que par icelui conseil sera à lui ordonné et commandé d'enregistrer, et de ce

fera un registre en papier pour la seurté des matières :
et après qu'il aura les choses enregistrées, montrera ledit registre audit conseil, pour sçavoir s'il les a bien enregistrées, et afin de corriger ledit registre si besoing estoit. En outre, pour ce que avons esté adverti qu'il n'est pas grant nécessité d'avoir office de contrôleur et gouverneur de nos finances, nous avons aboli et adnullé, abolissons et adnullons, et mettons à néant par cesdites présentes, les offices de gouverneur et contrôleur des finances, ensemble les gages que à cause d'iceux offfices se payoient à nostre charge, et ordonnons que plus n'y aura de gouverneur ne contrôleur de cy en avant ; avec ce qu'aussi par ci-devant, par importunité de requérants, avons donné plusieurs et divers membres de nostre domaine et héritage perpétuel, à vie et à nostre rappel, tant de nostre domaine ancien comme du domaine à nous advenu et escheu par confiscation, et après appliqué à nostre domaine ancien par nos prédécesseurs et nous, par quoi nos revenus en sont grandement diminués, et encore sommes journellement requis d'en donner, nous ordonnons et déclarons que d'icelui nostre domaine ne ferons plus aucuns dons à toujours, à vie, à rappel ne aultrement, en quelque manière que ce soit, et faisons défense expresse à tous nos subjets de nostre domaine ou autre, à nous escheu par confiscation, ou appliqué à icelui nostre domaine ancien, ils ne nous demandent de cy en avant aucune chose, ne en facent ou facent faire aucune requeste ou poursuite devers nous, ne nostre conseil, sur tant qu'ils doubtent, et peuvent mesprendre envers nous ; et afin de réintégrer nostredit domaine, nous abolissons et mettons au néant par cestes, tous dons par nous faits d'icelui nostre domaine à nostre rappel à quelques personnes et pour quelques causes que ce soit, ensemble

toutes lettres qu'ils ont eu ou peuvent avoir de nous, sous quelconques formes de paroles qu'elles soient ou puissent être faites ne causées ; et appliquons et remettons par cestes à nostre domaine ancien, tout ce qui par nous en a esté donné, en deffendant à tous nos officiers que ce regarde, que de tels dons à rappel ils ne souffrent de cy en avant ceux qui les avoient plus en joir ; ains reçoivent chacun d'iceux nos officiers qui recevoir le doibvent, et ont accoustumé paravant, lesdits dons, et en rendre compte à nostre profit, comme il appartiendra, et ce ne laisse, sur peine de recouvrer sur chascun d'eux autant qu'il en cherroit en sa recepte ; et au regard des autres dons faits de nostredit domaine à rachapt ou à vie, nous ordonnons que après le rachapt fait ou le trespas de ceux qui ont aucuns d'iceux dons à vie, ce qu'ils tiennent d'icellui nostre domaine, soit, après le décès de chascun, successivement que le cas écherra, appliqué et réuni à nostredit domaine ancien, et dès maintenant, pour lors et dès lors, les y appliquons par cestes ; et pareillement au regard des clergies, berlens, sergenteries et autres offices que autrefois avons ordonné estre appliqués à nostre domaine, nous, en suivant quant à ce icelles nos autres ordonnances ; voulons et ordonnons de nouvel, en tant que mestier est, que doresnavant, touttes les fois que les clergies, berlens, sergenteries et autres offices vacqueront, soit par mort ou par résignation de ceux qui les tiennent, incontinent le cas advenu, soient appliquées et unies à nostredit domaine, non estre plus impétrables, en deffendant à tous nos subjets que doresnavant ne nous facent requeste ou poursuite au contraire, sur la peine dessusdite ; et au surplus, pour certaines causes à ce nous mouvants, nous appliquons à nostre espargne tous les deniers qui viendront et escherront doresnavant à nostre profit des choses ci-après déclarées ; c'est assavoir, de toutes sentences et condemnations faites par nous ou en nostre conseil lez nous, pour quelque cas que ce soit, de finances taxées et à nous dues à cause d'amortissement, annoblissement, légitimation, ou autres octroyes quelconques par nous faits ; d'amendes civiles taxées par nous ou nostredit conseil, et qui nous seront payées à cause de rémissions et pardons d'aucuns cas ; et voulons et ordonnons que tous lesdits deniers soient de cy en avant payés, baillés et délivrés à la garde d'icellui nostre espargne, qui ores est, et pour le temps à venir sera tenu d'en bailler sa lettre de recepte, et en rendre compte à nostre profit, ensemble et ainsi que des autres deniers de nostredite espargne, dont il a et aura la garde, et que en nos lettres qui sur ces choses et chascune d'icelles seront faites par nos secrétaires, auxquels mandons ainsi le faire, soit expressément contenu et déclaré que iceux deniers debvront estre et soient payés et délivrés à nostredit garde pour en faire ce, et ainsi que dit est, en prenant sadite lettre de recepte ; lesquelles nos lettres ne voulons sortir effet, ne à icelles estre obéi, jusqu'après ce qu'il sera apparu par ladite lettre de recepte lesdits deniers ainsi avoir esté payés à icelle nostre garde ; et avec ce appliquons aussi à nostredit espargne tous les deniers venants des droits et émoluments de nostre grand séel et de nostre séel de secret, de nostre séel de Brabant, de nostre séel dont l'on use en nostre chambre du conseil, à Gand, et de nostre séel dont l'on use en nostre conseil de Hollande, Zélande et Frise, à nous appartenant ; et voulons et ordonnons que pareillement tous lesdits deniers soient par nos audienciers, greffiers et autres commis, de par nous aller recevoir, payés, baillés et délivrés à nostredite garde de nostre espargne présent et advenir, pour en faire ainsi comme des autres deniers dessus déclarés, en prenant lettres de recepte comme dessus; et abolissons et mettons à néant l'office de contrôle, qui depuis aucun temps en çà et de nouvel a esté mis en l'audience de nostre chancellerie; ensemble les gages ou pensions que le contrôleur prenoit sur les droits et émoluments de nosdits grand séel et séel de secret, à cause dudit contrôle; laquelle ordonnance, au regard desdits droits et émoluments de nos séels, voulons commencer et estre gardée et entretenue, selon que par nos autres lettres ordonnerons et déclarerons. Et afin que ceste nostre ordonnance soit mieux gardée, entretenue et exécutée, nous ordonnons que ces présentes, au *vidimus* desquels, fait sous séel authentique, voulons foy estre adjoutée comme à l'original...... Es chambres de nos conseils de Brabant, de Flandres et de Hollande, et de nos comptes à Dijon, à Lille, à Bruxelles et en Hollande, et en chascune d'icelle, en tesmoin de ce, nous avons fait mettre nostre séel à ces présentes. Donné en nostre ville de Bruxelles, le 6 août 1446, signé par monseigneur le duc et G. de la Mandre.

Conseillers du grand conseil.

Monseigneur le chancelier, chef de tous les conseils du duc de Bourgogne. — Messire Guillaume de Champdivers, chevalier, conseiller et chambellan, retenu bailli d'Aval, au comté de Bourgogne, par lettres du duc données à Lille le 23 janvier 1419. — Maître Jean de Saulx, conseiller, secrétaire. — Régnault de Thoisy, retenu conseiller de monseigneur le duc, par lettres-patentes données le 29 octobre 1419. — Messire Antoine, seigneur de Croy et de Renty, chevalier, conseiller. — Maître Jean Liatot, conseiller de M. le duc, avait

100 francs de pension par an, 1419. — Guillaume le Changeur, conseiller, maître des requêtes de l'hôtel, avait 100 francs de pension, 1419. — Messire Antoine de Vergy, conseiller, chambellan. — Maître Guillaume de Chaisseau, conseiller, par lettres-patentes données le 31 mai 1420. — R. P. en Dieu, frère Jean de Blaisy, abbé de Saint-Seine, conseiller.— Maître Régnault Joly, retenu conseiller du duc par ses lettres-patentes données à Troyes le 20 avril après Pâques 1420, aux gages de 50 francs. — Messire Jacques de Courtjambles, chevalier, conseiller, chambellan, par lettres du 4 juin 1420. — Maître Thomas d'Auxonne, conseiller, aux gages de 40 liv., par lettres du 26 aoust 1420.— Maître Jean de Noident, conseiller du duc, 1420. — Maître Jean Fraignot, conseiller, 1420. — Maître Guy Armenier, seigneur de Montigny-les-Arbois, docteur en lois, conseiller. — Maître Richart de Chancey, conseiller. — Messire Jacques de Villers, chevalier, chambellan, conseiller.— Messire Philibert de Chantemerle, écuyer, conseiller et chambellan du duc. — Messire Guy d'Amenge, chevalier, conseiller, chambellan. — Messire Jean de Cottebrune, chevalier, conseiller, chambellan. — Henri de Gredhals, doyen de Liége. — Maître Jean Chousat, conseiller du duc. — Maître Jean de Pressy, conseiller. — Messire Jean, sire de Thoulongeon, chevalier, conseiller, chambellan. — Régnault de Thoisy, conseiller. — Messire Guy de Bar, chevalier, conseiller, chambellan. — Messire Jean de Luxembourg, seigneur de Beaurevoir, retenu conseiller et chambellan, aux gages de 200 francs par mois. — Monseigneur l'évêque de Bethléem, 200 francs par an. — Maître Bartholomin Morin, doyen de l'église de Nostre-Dame de Baune, conseiller, par lettres de M. le duc données à Dijon le 4 juillet 1420. — Jacques, seigneur de Busseul,

conseiller, chambellan, premier maître-d'hôtel, 400 francs par an. — Messire David de Brimeu, seigneur d'Humbercourt, chevalier, conseiller, chambellan, maître-d'hôtel, 240 francs. — Messire Hue de Lannoy, chevalier, conseiller, chambellan, 200 francs. — Messire Roland d'Utkerke, chevalier, conseiller, chambellan. — Maître Raoul le Maire, prevôt de l'église de Saint-Donat de Bruges, conseiller, 300 francs par an. — Messire Jean, seigneur de Commines, chevalier, conseiller, chambellan, 80 francs par mois. — Messire Antoine de Haveskerke, seigneur de Fontaine et de Flechin, conseiller, chambellan, 240 francs par an. — Messire Athis de Brimeu, chevalier, conseiller, chambellan. — Messire Gauthier de Ruppes, seigneur de Soye et de Trichâtel, conseiller, chambellan. — Messire Jean de Melles, seigneur d'Olchain, chevalier, conseiller. — Maître Pierre de Marigny, conseiller. — Messire Guillaume de Vienne, seigneur de Buxy, chevalier, conseiller, chambellan. — Maître Raoul le Maire, conseiller, maître des requêtes. — Philippe Raponde, conseiller. — Monseigneur Jean de Villers, seigneur de l'Isle-Adam, maréchal de France, conseiller et chambellan du duc. — Maître Quentin le Blond. — Messire Antoine, seigneur de Croy et de Renty, chevalier, conseiller, chambellan. — Messire Jacques de Harcourt, chevalier, chambellan, conseiller. — Maître Jean Bonfeau. — Messire André de Valins, chevalier, conseiller, chambellan. — Maître Robert de Saulx, vidame de Reims, doyen de la chapelle de Dijon. — Maître Étienne Guedon. — Le sire de la Chapelle, chevalier. — Maître Jean de la Kaytulle. — Jacques de la Viefville, chevalier, conseiller, chambellan, seigneur de Norran. — Maître Jean d'Espoulettes. — R. P. en Dieu, maître Philibert de Montjeu, élu évêque d'Amiens. — Messire Guillebin de Lannoy, chevalier, conseiller, chambellan. — Maître Raolin, conseiller et maître des requêtes de l'hôtel du duc, par lettres du 14 janvier, 1421. — Messire Gauvin de la Viefville, chevalier, conseiller, chambellan. — Maître Jean Peluchot, conseiller, auditeur d'appeaulx. — Maître Marc Guiderhon. — Maître Jean Mercier. — Messire Antoine de Thoulongeon, seigneur de Buxy, chevalier, conseiller, chambellan. — Messire Thierry Le Roy, conseiller, maître des requêtes de l'hôtel du duc, bailli de Lens. — Maître Étienne de Sens. — Monseigneur Charles de Poitiers, évêque et duc de Langres. — Maître Jean de Terrant. — Maître Claude Roichette, conseiller; il assista au parlement de Beaune tenu en 1427. — Messire Henri Valée, chevalier, conseiller, chambellan. — Maître Jean Haguenin. — Maître Richart Bazan. — Maître Jean Sadon. — Jean de Quillant, écuyer, conseiller, maître-d'hôtel. — Maître Hugues Du Bois, chevalier, conseiller, chambellan. — Maître Richard de Ganay. — Guiot de Jaucourt, seigneur de Villarnoul, conseiller, chambellan. — Maître Lambert de Saulx, conseiller, gouverneur de la chancellerie. — Maître Jean de Raye, seigneur de Balençon, chevalier, conseiller, chambellan. — Messire Lupart de Velu, chevalier, conseiller, chambellan. — Maître Jean de Saulx. — Maître Jean de Maroilles, conseiller, chantre de la chapelle de Dijon. — Maître Guy Gelinier. — Maître Jean Perrier. — Messire Regnier Pot, chevalier, conseiller, chambellan. — R. P. en Dieu frère Simon de Torchenay, abbé de Bèze, conseiller, chambellan, par lettres-patentes données le 19 février 1430. — Messire Jacques de Villers, conseiller, chambellan. — Jacques le Hongre, écuyer, seigneur de Villeneufve. — Maître Jean Moreau. —

Maître Nicolas Bastier. — Maître Guy Berbisey. — Maître Guy Bertrand. — Maître Pierre Baudot. — Maître Pierre Brandin. — Maître Guillaume Courtot. — Jean de Velery. — Jean Gueniot. — Jean de Salive. — Guillaume Bourrelier. — Philippe de Courcelles, seigneur de Bousselange, écuyer. — Mathieu Regnault. — Philibert de Vaudrey, écuyer, conseiller, chambellon. — Maître Odot Le Bedict. — Messire Remond de Marlieu, docteur en lois. — Maître Jean Jacquelin. — Messire Jacques de Chassey. — Maître Gauthier de la Mandre. — Messire Philibert Andrenet, chevalier, conseiller, chambellan. — Messire Lourdin de Saligny. chevalier, conseiller, chambellan. — Messire Robert, seigneur de Mamines, chevalier, conseiller, chambellan. — Maître Henry Uthenhove. — M. de Cohem, chevalier, conseiller, chambellan. — Maître Étienne Bazan, clerc licencié en lois. — Messire Jean de la Trimouille, seigneur de Jonvelle, chevalier, conseiller, chambellan, aux gages de 120 francs par mois, par lettres données à Amiens, le 2 mars 1423. — Messire Pierre de Dyo, chevalier, conseiller, chambellan. — Jean Raolin. — Messire Claude Chastelus, conseiller, chambellan. — Messire Mille de Paillart, chevalier, conseiller, chambellan. — Maître Henri de Clugny, conseiller, avocat fiscal du duc, seigneur de Conforgien et de Jossanval. — Messire Jean de Digoine, chevalier, conseiller, chambellan. — Pierre le Verrat, écuyer, seigneur de Crosne. — Messire Émart Bouton, chevalier, conseiller, chambellan. — Messire Jacques Pot, seigneur de Bourguignon et de Néelles, chevalier, conseiller, chambellan. — Messire Jacques, seigneur de Villers-la-Faye, conseiller, chambellan. — Messire Jean d'Argento, licencié en lois et en décret. — Messire Jean Bouton, seigneur de Fay et de Courbeton, conseiller, chambellan. — Jean de Martigny. — Lancelot de Lureul, écuyer. — Guillaume de la Tournelle, seigneur d'Origny, chevalier. — Messire Jean de Puligny, dit Chapelain, chevalier, seigneur de la Mothe de Tilly, conseiller, chambellan. — Guillaume Boisseran. — Maître Jean Germain, conseiller, évêque de Nevers; il avoit 300 livres de pension par lettres du 21 février 1431. — Poly de Terrant, conseiller, trésorier de Dole. — Messire Pierre Saint-Amour, chevalier.— Philippe, seigneur de Ternant, chevalier. — Messire Guillaume de Beauffremont, seigneur de Cey, chevalier. — Messire Girard, seigneur de la Guiche, chevalier. — Philibert, seigneur de Rye et de Charrin, écuyer. — Philibert de Jaucourt. — Girard de Bourbon, seigneur de la Boulaye. — Maître Pierre Berbis. — Messire Jean de la Baulme, chevalier. — Jean Carondelet. — Maître Jean de Saulx, dit le Jeune, conseiller. — Maître Antoine de Noyers, archidiacre d'Autun. — Maître Jean Fruin, trésorier de l'église de Besançon. — Maître Jean de Dinteville, seigneur d'Eschanez, chevalier. — Messire Jean Chevrot, évêque de Tournay, chef du conseil. — Guillebaut, conseiller, gouverneur-général de toutes les finances de M. le duc, et trésorier de son ordre de la Toison-d'Or. — Messire Humbert de Saint-Amour, seigneur de Vinzelles, chevalier. — Messire Olivier de Longvy, seigneur de Fontaine-Françoise, chevalier. — Maître Perrin Berthier, conseiller. — Maître Jean de Clugny, licencié en lois, official de l'église d'Autun. — Messire Girart Raolin, chevalier. — Maître Jean Cotereau. — Maître Philibert Royer. — Maître Jean Abonnel, dit Le Gros. — Pierre de Longueil, licencié en décret, conseiller, aux gages de 100 francs. — Thibault, seigneur de Rougemont et de Ruffey, écuyer. — Bertrand de la

Broquière, conseiller, premier écuyer tranchant. — Messire Jean de Neufchastel, seigneur de Vaulmarcoul, chevalier. — Messire Guillaume de Saulx, chevalier. — Messire François de la Palu, seigneur de Montfort et de Beaumont sur Vigenne, dit Varembon, chevalier. — Messire Antoine de la Marche, chevalier, seigneur de Château-Regnault. — Maître Nicolas Jaül, conseiller du duc. — Guillaume d'Oyseley, écuyer. — Maître Girard Vyon. — Jean Reignier, écuyer, conseiller du duc. — Messire Jean d'Occors, chevalier, seigneur de Tray et de Corbèche. — R. P. en Dieu frère Pierre Brenot, abbé de Saint-Bénigne de Dijon. — Messire Pierre de Goux, chevalier. — Messire Jean de Vienne, seigneur de Roland, chevalier. — Messire Charles de Vergy, seigneur d'Autrey, chevalier. — Antoine de Rochebaron, écuyer. — Pierre de Vaudrey, écuyer. — Humbert de Plaine, conseiller-général des monnaies. — Maître Simon de Goux. — Maître Gerard de Plaine. — Maître Étienne Berbisey, clerc licencié en lois. — Maître Jean de Vandenesse. — Messire Jacques de Lalain, chevalier. — Messire Pierre Varth, chevalier. — Maître Oudart Chapperel, conseiller, maître des requêtes. — Jean de Clugny, conseiller, maître des requêtes. — Antoine de Vaudrey. — Guillaume de Clugny, conseiller, maître des requêtes. — Guillaume de Vaudrey, écuyer, seigneur de Corlaon. — Maître Étienne de Goux, conseiller, maître des requêtes et avocat fiscal au bailliage de Châlons. — Guillaume de Poupet. — Maître Étienne Armenier, seigneur de Vonrourt, conseiller et bailli d'Aval en Comté. — Maître Jean Vincent, conseiller, maître des requêtes. — Messire Jean Sean Joüart, docteur en lois et en décret. — Michaut de Chaugy, chevalier. — Maître Pierre l'Esvoley. — Jean Bourgeois, écuyer. — Maître Jean Poinsot. —

Maître Jacques de Visth, chevalier des comtes de Saint-Martin. — Messire Simon de Lalain, chevalier, seigneur de Montigny. — Jean Mairet, écuyer, seigneur de Chastel-Regnault. — Jean de Mazilles, écuyer. — Amblart de Neufville, chevalier, seigneur de Chavigny. — Maître Pierre Naulot, clerc, licencié en lois. — Geoffroy de Thoisy, seigneur de Mimeures. — Maître Jean de Salins. — Messire Ferry de Clugny, docteur en lois et en décret. — Messire Philippe Pot, chevalier. — Guillemot, chambellan. — Maître Martin Besançon, conseiller, receveur de Beaune. — Guiot du Champ. — Maître Jean Esperonnot, *alias* du Chemin. — Messire Amé Rabutin, chevalier, conseiller, seigneur d'Épiry. — Nicolas Fourneret. — Messire François Surienne, dit l'Arragonois, seigneur de Pisy, chevalier. — Messire Guillaume de Saint-Siége. — Messire Pierre de Vinaux, chevalier. — Maître Thomas Penasset. — Noble homme Jean Vignier, écuyer, conseiller, aux gages de 100 francs, par lettres données à Bruxelles, le 7 octobre 1459. — Maître Guillaume de Vandenesse, licencié en lois. — Maître Jean Le Lièvre, licencié en lois. — Messire Valeran de Soissons, chevalier, seigneur de Moreul. — Le seigneur de Crèvecœur, conseiller, chambellan. — Maître Jean Postel, maître des requêtes de l'hôtel. — Maître Jean Chapuis. — Maître Andrieu Fastonnel. — Maître Aubert de Belvoir, licencié en lois. — Messire Girard de Vurry, docteur en lois et en décret, conseiller et maître des requêtes de l'hôtel. — Messire Guillaume le Josne, seigneur de Contay, chevalier. — Claude de Toulongeon. — Tristan de Toulongeon. — Maître Jean de Chaurey, licencié en lois. — Humbert de Lureul, seigneur du Bourg Saint-Christophe, chevalier. — Maître Jean Joly, licencié en lois. — Messire Guillaume Raolin, seigneur d'Orricourt et de Bissey, chevalier. — Maître Hugues Noblet, licencié en lois. — Chrétien de Digoine, chevalier. — Pierre Mariot. — Maître Jacques Borthechoux, licencié en lois. — Regnault d'Aubenton. — Maître Pierre le Carbonier. — Messire Bauduin, bâtard de Bourgogne, chevalier. — Maître Henri Bouchet, licencié en lois, conseiller, lieutenant du bailli d'Aval en Comté. — Maître Jean Pontevillers, licencié en lois et en décret. — Messire Jean, seigneur de Rupt et d'Otricourt, chevalier. — Messire Claude de Montagu, seigneur de Couches, chevalier. — Henri de Neufchastel, seigneur d'Héricourt. — Maître Germain Trouvé.

Procureurs-généraux du conseil.

Maître Gérard Vyon. — Maître Guillaume Bourrelier. — Maître Pierre l'Esvoley.

Greffiers du conseil.

Maître Jean Gros. — Maître Girart Margotet. — Mongin Contault. — Maître Gérart Sappel.

Huissiers du conseil.

Quatre huissiers de la chambre du conseil.

Maîtres des requêtes.

Maître Nicolas Raolin, maître des requêtes. — Maître Guillaume Le Changeur. — Maître Jean Le Mercier. — Maître Raoul Le Maire. — Maître Thierry Le Roy. — Maître Jean Raolin, conseiller. — Maître Jean de Terrant, avait 200 francs de gages. — Maître Pierre Brandin. — Maître Jean Fruyn. — Maître Antoine de Noyers. — Maître Pierre de Goux. — Maître Gérard de Plaine. — Maître Oudart Chapperel. — Maître Jean Vincent. — Maître Pierre Baudot. — Maître Jean de Clugny. Messire Ferry de Clugny, docteurs en lois et en décret. — Guillaume de Clugny. — Maître Jean

Postel. — Messire Girard Vurry, docteur en lois et en décret. — Maître Jean de Neufvillette. — Maître Étienne de Goux. — Maître Claude Roichette. — Maître Jean Boussaut, licencié en décret, et bachelier en lois. — Maître Guy Gelinier. — Maître Guy Armenier. — Maître Jean de la Kaytulle. — Maître Jacques de la Templeuve. — Maître Philippe de Nanterre. — Maître Guillaume de Vandenesse. — Maître Jean Poupet. — Maître Antoine Raolin. — Maître Jean Jacquelin. — Maître Jean Jouart. — Maître Guy Margueron. — Maître Pierre Clémence. — Maître Jacques Jacquelin, licencié en lois. — Maître Jean George, licencié en lois et en décret. — Maître Jean Simon.

Secrétaires du duc.

Maître Quentin Menart, secrétaire. — Maître Thomas Bouesseau. — Maître Guillaume Le Bois. — Maître Jean de Saulx. — Maître Baudes des Bordes. — Maître Guillaume Gent. — Maître Pierre Macé. — Maître Jean de Gand. — Maître Jean Seguinat. — Maître Regnault Joudrier, secrétaire et solliciteur des affaires du duc à Paris. — Maître Jean Carbonnier. — Maître Antoine Gaudri. — Maître Guy Serrurier. — Maître Lancelot Savarre. — Maître Jean Humbert. — Maître Jean de Troncon. — Maître Jean Hibert. — Maître Simon Le Fournier. — Maître Louis Dormessent. — Maître Jean de Molesmes. — Maître Mongin (Dominique) Contault. — Maître Pierre Tondeur. — Maître Gauthier de la Mandre. — Maître Jean Margueron. — Maître Nicolas le Bourguignon. — Maître Jean de Maubeuge. — Maître Jean Milet. — Maître Pierre Milet. — Maître Jean Sappel. — Maître Jean Gros. — Maître Guillaume Vignier. — Maître Michel Garnier. — Maître Guillaume Boisscrant. — Maître Jean de

Saulx. — Maître Guillaume Bourrelier. — Maître Étienne Lombart. — Maître Étienne de Goux. — Maître Guillaume Poulot. — Maître Geoffroy d'Ostende. — Maître Laurent des Bordes. — Maître Laurent Le Bar. — Maître George Le Marc. — Maître Jean Chappuis. — Maître Pierre Varnier. — Maître Drüe d'Eschenon. — Maître Pierre Chrestien. — Maître N. Porte. — Maître Humbert Le Watier.

Clerc des secrétaires du duc.

CONSEIL DE GUERRE.

FINANCES.

Conseil des finances.

Ce conseil fut érigé par M. le duc en 1425.

Monseigneur le comte de Fribourg, conseiller des finances. — Le seigneur de Croy. — Le seigneur de Ternant. — Le seigneur d'Utkerke. — Messire Hue de Lannoy, seigneur de Santes. — Le seigneur de Crèvecœur. — Philibert Andrenet. — Jean de Hornes. — Quentin Menart, prévôt de Saint-Omer.

Outre ces conseillers, les intendants des finances, le maître de la chambre aux deniers, l'argentier, les receveurs généraux, le trésorier de la guerre, le contrôleur des finances, avaient entrée audit conseil.

Intendants des finances, ou Gouverneurs généraux.

Messire Jean de Pressy, chevalier, seigneur de Maisgny, gouverneur général de toutes les finances de Bourgogne. — Jean de Noident, conseiller, trésorier et gouverneur général des finances. — Guy Guillebaut, conseiller, trésorier, gouverneur général des finances, gouverneur général de la dépense ordinaire et extraordinaire du duc. Jean Rigolet était son secrétaire.

OFFICIERS ET DOMESTIQUES

Maîtres de la chambre aux deniers.

Jean de Laiscotte. — Mahiet Regnault. — Jean Marlette. — Simon Le Fournier. — Richart Juif.

Ils ont exercé cette charge l'un après l'autre.

Argentier.

Mahiet Regnault. — Clerc de l'argentier.

Receveurs généraux.

Jean Fraignot, conseiller, receveur général de toutes les finances, par lettres données à Troyes, 12 avril 1420. — Guy Guillebaut, conseiller. — Mathieu Regnault, conseiller. — Jean Abonel, dit Le Gros, conseiller. — Jean de Visen : il avait 500 francs de gages. — Guillaume de Poupet. — Louis de Visen, receveur général, au lieu de Mathieu Regnault. Martin Corville. — Richart Juif. — Guiot du Champ. — Robert de la Bouvrie. — Gilbert de Ruples. — Hugues de Faletants. — Pierre Le Carbonnier. — Jean Drouet, receveur général des finances en Bourgogne, Charrollois et Mâconnois, par lettres-patentes données à Lille, le 20 janvier 1464.

Trésorier des guerres. — Contrôleur général des finances.

Guillaume le Muet, contrôleur général des finances.

Receveur de l'épargne.

Simon Philibert, receveur de l'épargne du duc.

Garde de l'épargne.

Maître Gauthier de la Mandre, garde de l'épargne du duc.

Maîtres généraux des monnaies du duché.

Jean de Noident, maître général des monnaies. — Maître Étienne de Sens, maître général des monnaies, par lettres-patentes données à Montbar, le 24 juillet 1422, aux gages de 100 francs, et autres profits accoutumés. — Jean de Plaine, conseiller. — Humbert de Plaine. — Pierre Mariot, conseiller, maître général des monnaies, par lettres données à Bruxelles, le 4 janvier 1459

Ils ont exercé cette charge l'un après l'autre.

Sénéchal de Bourgogne.

Messire Jean de Vergy, seigneur de Fouvans et de Vignory.

Il est à remarquer que la charge de sénéchal étoit héréditaire dans la maison de Vergy, et qu'ils percevaient tous les ans, en qualité de sénéchaux, la somme de 200 francs, sur les marcs de Dijon.

Maréchaux de Bourgogne.

Messire Jean, seigneur de Cottebrune, chevalier, conseiller, chambellan, fait maréchal par feu le duc de Bourgogne, fut confirmé dans ladite charge de maréchal de Bourgogne par le duc Philippe, dit le Bon, par lettres-patentes données à Troyes, le 9 avril après Pâques 1420. — Messire Jean de Toulongeon, seigneur de Senecey, chevalier, conseiller, chambellan, fait maréchal de Bourgogne après le décès de messire Jean, seigneur de Cottebrune, par lettres datées du 21 février 1422, et fut mis en possession de ladite charge par monseigneur le chancelier, le 15 avril suivant. Outre ses gages ordinaires de 200 francs, il avait 8 fr. par jour lorsqu'il vaquait aux affaires du duc. Il avait épousé dame Catherine de Rossillon, dame de Toulongeon et de Senecey. Il mourut le 9 juillet 1427. — Messire Antoine de Toulongeon, seigneur de Trayes et de la Bastie, fut fait maréchal de Bourgogne, par lettres de monseigneur le duc, données à Bruges le

12 août 1427; et gouverneur général des pays de Bourgogne et de Charollois. Il avait épousé Catherine de Bourbon, dame de Digoine et de Clessey; il mourut le 29 de septembre 1432, à une heure après midi. — Messire Jean, comte de Fribourg, seigneur de Neufchastel et de Champlite, maréchal de Bourgogne, par lettres-patentes données à Hesdin, le 6 mai 1440; de laquelle charge il prêta le serment entre les mains du duc, le 20 septembre 1440, qui l'en investit en lui mettant en main le bâton comme à son maréchal, aux gages ordinaires de 200 francs. — Thibault de Neufchastel, seigneur de Blammont et de Chastel sur Mozelle, fils de Thibault de Neufchastel, fut honoré par le duc de Bourgogne de la charge de maréchal; les lettres en furent données à Dijon, le 11 août 1443, aux gages de 200 liv., et de 2,000 francs de pension.

Prévôt des maréchaux.

AMIRAL DE FLANDRE.

Capitaine général des vaisseaux et galères.

Le seigneur de Vaurin, chef, capitaine, gouverneur général. — Geoffroy de Thoisy, gouverneur des vaisseaux et galères. — Jacot de Thoisy, gouverneur des vaisseaux et galères du duc.

CHAMBELLANS DU DUC.

Premiers chambellans.

Messire Jean de la Tremoille, seigneur de Jonvelle. — Messire Jean de Roubais, seigneur de Herzelles, chevalier. — Messire Antoine de Croy, comte de Porcien.

Chambellans ordinaires.

Messire Antoine de Vergy, chevalier, conseiller, chambellan, seigneur de Champlite et de Rigny. — Messire Jacques de Courtjambles, seigneur de Commarien, chevalier, retenu conseiller, chambellan, par lettres du 4 juin 1420 : il avait 400 francs de pension par an. — Messire Jacques de Villers, chevalier, conseiller. — Mille, sire de Paillart, chevalier, chambellan, seigneur de Muresault, gouverneur du Nivernois. — Messire Jean, seigneur de Toulongeon, chevalier, conseiller. — Messire Guy de Bar, chevalier, conseiller et chambellan, bailly d'Auxois, seigneur de Praelles. — Messire Jean de Luxembourg, seigneur de Beaurevoir; retenu conseiller et chambellan de M. le duc, aux gages de 200 francs par mois : il était gouverneur d'Artois en 1420. — Jacques, seigneur de Busseul, écuyer, conseiller, chambellan, premier maître-d'hôtel : il avait 400 francs par an de pension; il était bailli d'Autun et de Montcenis, par lettres du 23 octobre 1419. — Messire Guillaume de Vienne, seigneur de Buxy, chevalier, conseiller. — Messire David de Brimeu, seigneur d'Humbercourt, chevalier, conseiller, chambellan, et maître-d'hôtel : il avait 240 liv. de pension par an. — Messire Hue de Lannoy, chevalier, conseiller et chambellan du duc, gouverneur de Lille, avait 200 francs par an, monnaie royale. — Messire Roland d'Utkerke, chevalier, conseiller, chambellan, avait 80 francs par an, par lettres données à Arras le 4 décembre 1419. — Messire Jean, seigneur de Commines, chevalier, conseiller, chambellan, aux gages de 80 fr. par mois. — Messire Antoine de Haveskerke, seigneur de Fontaine et de Flechin, conseiller, chambellan, avait 240 francs de pension. — Messire Athis de Brimeu, chevalier, conseiller. — Messire Gauthier de Ruppes, seigneur de Soye et de Trichastel, conseiller. — Messire Jean de Melles, seigneur d'Olchain, chevalier, conseiller. — Messire Antoine, seigneur de Croy et de Renty, chevalier, conseiller, chambellan : il avait

120 francs tous les mois, par lettres datées du 13 octobre 1423. — Messire Jean de Villers, seigneur de l'Isle-Adam, maréchal de France, conseiller et chambellan du duc, lequel lui donna 200 francs. — Messire Baudot de Noyelles, chevalier. — Messire Jacques de Harcourt, chevalier, conseiller. — Messire Jacques de Villers, chevalier, conseiller. — André de Valins, chevalier, conseiller. — Messire Guillaume, seigneur de Champdivers, chevalier, conseiller, chambellan et bailli d'Aval, au comté de Bourgogne, par lettres du 23 janvier 1419. — Jacques de la Viefville, seigneur de Norran et de Samesson, chevalier, conseiller, chambellan et bailli de Dijon. — Messire Mauroy de Saint-Legier, chevalier. — Messire Guillebin de Lannoi, chevalier, conseiller et chambellan, seigneur de Villerval. — Messire Gauvain de la Viefville, chevalier, conseiller, chambellan, auparavant écuyer, échanson. — Messire Jean de Mespar, chevalier. — Messire Andrieu de Roiches, seigneur de Darbonnay, chevalier. — Messire Jean de Hornes, seigneur de Baussignies, chevalier. — Messire Philibert Andrenet, chevalier, conseiller : il avait 80 francs de gages par mois, par lettres du 26 juillet 1424. — Messire Regnier Pot, chevalier, conseiller, chambelan, seigneur de la Roche, proche Nolay : il était chevalier de la Toison-d'Or. — Messire Lourdin de Saligny, chevalier, conseiller, chambellan, seigneur de la Mothe-Saint-Jean : il avait 500 francs de pension. — Messire Robert, seigneur de Mamisne, chevalier, conseiller, chambellan : il avait 80 francs de pension par mois. — M. de Cohem, chevalier, conseiller, chambellan, gouverneur de la ville de Rue. — Guiot de Jaucourt, seigneur de Villarnoul, conseiller, chambellan, aux gages et pension de 400 fr., par lettres du 12 janvier 1423. — Messire Guillaume

de Vienne, seigneur de Saint-George et de Sainte-Croix, chevalier, conseiller.— Messire Pierre de Dyo, chevalier, conseiller.—Messire Jean de Digoine, chevalier, chambellan et bailli d'Auxois en 1424.—Messire Pierre de Bauffremont, chevalier, chambellan, seigneur de Charny. — Messire Antoine de Toulongeon, seigneur de Traves et de la Bastie, chevalier, conseiller, chambellan. M. le duc lui donna 500 liv.— Messire Henri Valée, chevalier, seigneur de Velle, conseiller, chambellan et bailli d'Aval, au comté de Bourgogne.—Messire Guillaume de Saint-Trivier, seigneur de Branges, chevalier. — Messire Claude de Beauvoir, seigneur de Chastelus, chevalier, conseiller, chambellan, seigneur du Mont-Saint-Jehan. — Messire Émart Bouton, chevalier, conseiller.—Messire Lupart de Velu, chevalier, conseiller, chambellan, gouverneur des terres de Champagne et de la capitainerie de Juilly, appartenant à M. le duc, comme ayant le bail et gouvernement de messeigneurs Charles et Jean, comtes de Nevers et de Rethel. — Messire Jacques Pot, seigneur de Bourguignon et de Neelles, chevalier, conseiller. — Messire Jacques, seigneur de Villers-la-Faye. — Messire Jean Bouton, seigneur du Fay et de Courbeton, conseiller, chambellan et bailli de Dole. — Messire Jean de Rye, seigneur de Balençon et de Saubertier, conseiller, chambellan du duc, capitaine des châtel et ville de Montbar. — Lancelot de Lureul, écuyer, conseiller, chambellan du duc, et son bailli de Mâcon, seigneur de Beaufort. — Messire Guy, seigneur d'Amenges, chevalier, conseiller, chambellan, bailli d'Amont, au comté de Bourgogne. — Messire Jean de Puligny, dit Chapelain, seigneur de la Motte de Tilly, chevalier, conseiller. — Messire Louis de la Chapelle, chevalier. — Messire Pierre de Saint-Amour, chevalier, conseiller.

— Philippe, seigneur de Ternant et de la Motte de Thoisy, chevalier, conseiller. — Messire Guillaume de Bauffremont, seigneur de Cey, chevalier, conseiller. — Messire Girard, seigneur de la Guiche, chevalier et conseiller. — Philibert, seigneur de Rye et de Charrin, écuyer, conseiller. — Messire Guillaume de Rochefort, chevalier, conseiller. — Philibert de Jaucourt, écuyer, conseiller. — Messire Pierre de Chavigny, chevalier, seigneur de Tanlay. — Thibault de Rougemont, seigneur de Ruffey, écuyer. — Pierre de Montat, seigneur de Saint-Phale, chevalier. — Messire Hugues du Bois, chevalier, conseiller, chambellan, bailli de Charollois, seigneur d'Ausserain. — Messire Jean de Dinteville, seigneur d'Eschanez, chevalier, chambellan, gouverneur et bailli de Bar-sur-Seine. — Messire Jean de la Baulme, seigneur de Seulles, chevalier. — Philibert de Vaudrey, écuyer, conseiller, chambellan, bailli d'Amont, au comté de Bourgogne. — Messire Andrieu de Toulongeon, seigneur de Mornay, chevalier, chambellan. Il mourut en 1432. — Messire Jean de Salins, seigneur de Vincelles, chevalier, conseiller. — Messire François de la Palu, seigneur de Varembon, chevalier. — Lancelot de la Viefville, écuyer. — Messire Jacques Bouton, seigneur de Courbeton, chevalier. — Messire Guy de Bar, seigneur de Praelles, chevalier, conseiller. — Guillaume, seigneur de Montcenis, chevalier. — Humbert de Saint-Amour, seigneur de Vinzelles, chevalier, conseiller. — Messire Olivier de Longvy, seigneur de Fontaine-Françoise, chevalier, conseiller. — Messire Guy de Pontallier, chevalier, seigneur de Talemay, chambelan, chevalier de la Toison-d'Or. — Messire Girard Raolin, chevalier, conseiller, chambellan et bailli de Mâcon, par lettres données à Arras, le 7 octobre 1435. — Messire Jean de Poitiers, seigneur d'Arcy, chevalier, conseiller. — Messire Jean de Neufchastel, seigneur de Vaulmarcoul, chevalier, conseiller. — Messire Guillaume de Saulx, chevalier, conseiller. — Messire Guy de Talemay, chevalier, conseiller. — Guillaume d'Oiselar, ou d'Oiselay, écuyer, seigneur de Villeneufve. — Messire Antoine de la Marche, chevalier, seigneur de Château-Renault, conseiller. — Messire Jean d'Occors, chevalier, seigneur de Tray et de Corbeche, conseiller. — Messire Jean de Vienne, seigneur de Rolans, chevalier, conseiller. — Messire Charles de Vergy, seigneur d'Autrey, chevalier, conseiller. — Antoine de Rochebaron, chevalier, seigneur de Bersey, conseiller. — Jean de Neufchastel, seigneur de Montagu et de Renel, conseiller. — Messire Pierre de Vinault, seigneur de Goubertin, chevalier. — Antoine de Vaudrey, conseiller. — Messire Jacques de Lalain, chevalier, conseiller. — Pierre Varsth, chevalier, conseiller. — Guillaume de Vaudrey, écuyer, seigneur de Corlaon, conseiller, chambellan et bailli d'Aval, au comté de Bourgogne. — M. d'Aumon, conseiller. — Messire Jacques de Visth, ou Visque, chevalier, des comtes de Saint-Martin, conseiller. — Messire Louis Moreau, conseiller. — Messire Simon de Lalain, chevalier, seigneur de Montigny, conseiller, chambellan et gouverneur de l'Écluse. — Jean Mairet, écuyer, seigneur de Mavoilly, conseiller, chambellan et bailli du Charollois. — Messire Claude de Toulongeon, chevalier, chambellan, seigneur de la Bastic. — Messire Tristan de Toulongeon, chevalier. — Amblart de Neufville, chevalier, seigneur de Savigny, conseiller. — Messire Geoffroy de Thoisy, seigneur de Mimeures, chevalier, conseiller. — Messire Philippe Pot, chevalier, conseiller, chambellan, seigneur de la Roche. — Messire François de Menton, chevalier, conseiller, chambellan et bailli d'Aval, au comté de Bourgogne. — Messire Amé Rabutin, chevalier, seigneur d'Épiry, conseiller. — Messire François Surienne, dit l'Arragonnois, seigneur de Pisy, chevalier, conseiller, chambelan, maître de l'artillerie du duc, et bailli de la Montagne, par lettres du 21 août 1457. — Noble homme Louis, seigneur de Chantemerle et de la Clayette, conseiller, chambellan et bailli de Mâcon. — Messire Waleran de Soissons, chevalier, seigneur de Moreul, conseiller, chambellan du duc, et son bailli d'Amiens. — Messire Michel de Changy, chevalier, conseiller. — Messire Jean de Croy, chevalier, conseiller. — Messire Philippe de Lalain, chevalier. — messire Guillaume le Josne, seigneur de Contay, chevalier, conseiller, chambellan, premier maître-d'hôtel du duc. — Messire Guillaume Raolin, seigneur d'Oricourt et de Rissey, chevalier, conseiller. — Messire Pierre, seigneur de Goux, chevalier, conseiller. — Messire Humbert de Lureul, seigneur du bourg Saint-Christophe, chevalier. — Chrétien de Digoine, chevalier, conseiller. — Le marquis de Ferrare. — Messire Philippe de Courcelles, seigneur de Poullans et d'Anvillars, conseiller, chambellan, bailli de Dijon. — Messire Bauduin, bâtard de Bourgogne, chevalier, conseiller. — Messire Jean, seigneur de Rupt et d'Otricourt, chevalier, conseiller. — Messire Claude de Montagu, seigneur de Couches, chevalier, conseiller. — Henri de Neufchastel, seigneur d'Hericourt, conseiller. — M. de Longueval, chevalier, conseiller. — Messire Henri de Champdivers. — Messire Pierre de Ponguère. — Messire Pierre de Paillard. — Messire Jean de Bourbon, seigneur de Montperoux, chevalier, conseiller. — Messire Guillaume de Colombier, chevalier. — Jean d'Ayne. — Guillaume, seigneur de Bonnières, chambellan, gouverneur d'Arras. — Le seigneur Roland de Carque, chevalier. — Jean de Saint-Hilaire, seigneur d'Auvillars. — Jean de Ruppes. — Messire Jean du Mez, seigneur de Croy, chevalier, conseiller, chambellan, bailli de Lille.—Messire Philibert, seigneur de Saint-Léger, chevalier, conseiller. — Jacques, seigneur de Lor et de Vartigny. — Jacques Mont, seigneur de Chappes. — [1] Geoffroy de Loisy.— Fiacre l'Arragonnois.—Guillaume, bâtard de Brabant, chevalier de Saint-Jean de Jérusalem. — Le seigneur de Haubourdin. — Odart de L'Espinace, écuyer, conseiller. — Jean d'Avelus. — Geoffroy de Villers. — Messire Lancelot, seigneur de Puysieux et de Beaufort. — Le seigneur de Crèvecœur, chevalier, conseiller. — Guillaume, seigneur d'Estrabonne et de Nolay, chevalier. — Messire Bauduin d'Oingnies, seigneur d'Estrées, chevalier, conseiller, gouverneur de Lille. — Messire Jean de Tenarre, seigneur de Jauly, conseiller. — Girard de Pontailler, conseiller. — Messire Antoine de Wisot, seigneur de Tannay, chevalier, conseiller. — Messire Guillaume de la Tournelle, seigneur d'Origny, chevalier, conseiller, chambellan, bailli de la Montagne. — Messire Bernard de Châtelvillain, seigneur de Thil et de Marigny, chevalier, conseiller. — Messire Claude de Tonnerre, seigneur de Verchisy, d'Armey et de Plancy, chevalier, conseiller, chambellan, bailli de Charollois.—Me Jean Perron, seigneur de Mypont, chevalier, conseiller. — Messire Jean de Damas, chevalier, seigneur de Cleissey et de Saint-Amour, chevalier, conseiller, chambellan et bailli de Mâcon, par lettres du 20 janvier 1466. — Messire Claude de Din-

---

[1]. Je crois que Geoffroi de Loisy et Fiacre l'Arragonnois sont les mêmes que Geoffroi de Thoisy et Fr. de Surienne.

teville, seigneur d'Eschanez et de Commarien, chevalier, conseiller, chambellan, bailli de Bar-sur-Seine, par lettres du 11 décembre 1466. — Messire Jean de Longvy, seigneur de Givry et de Paigny, chevalier, conseiller.

Garde.

Il est rapporté dans un compte de Guy Guillebaut, receveur général de Bourgogne, fini le 3 octobre 1420, que le duc avait 24 archers pour sa garde, et qu'il fit faire un étendart de bougran noir pour la conduite de ses 24 archers, en allant trouver le roi. Dans un compte de Mathieu Regnault, receveur général, fini le 31 décembre 1433; il est dit que le duc habilla les 24 archers de sa garde, le jour de Saint-André 1433. Les robes étaient moitié noires, moitié grises et doublées de *blanchet*, garnies de paillettes d'argent, avec les devises du duc, et découpées sur les manches.

Capitaine des gardes. Vingt-quatre archers de la garde.

Jacot de Roussay, archer du corps.

Chevaliers du corps ou d'honneur.

Messire Antoine de Haveskerke, seigneur de Fontaine et de Flechin. — Pierre de Saint-Julien.

Ecuyers du corps et d'honneur.

Messire Guyot, bâtard de Bourgogne. — Guillaume de Neufville. — Bertrand de Remeneville. — Philippe de Courcelles, écuyer du duc.

Grand-maître d'hôtel.

Messire Jean de la Tremoille, seigneur de Jonvelle.

Outre le grand-maître d'hôtel, selon les comptes de la Chambre, il y avait des maîtres-d'hôtel qualifiés premiers maîtres-d'hôtel.

DE PHILIPPE-LE-BON.

Premiers maîtres d'hôtel.

Messire Jacques de Busseuil[1], écuyer, conseiller, chambellan, premier maître-d'hôtel, seigneur de Molins, bailli d'Autun, par lettre du 23 octobre 1419. — Guillaume le Josne, seigneur de Contay, chevalier, conseiller, chambellan. — Michaud de Changy, seigneur de Chissey, chevalier, conseiller, chambellan. — Guillaume du Bois, écuyer, conseiller.

Maîtres-d'hôtel ordinaires.

Messire Robert de Maligny, chevalier. — Messire David de Brimeu, seigneur d'Humbercourt, chevalier, maître-d'hôtel, conseiller, chambellan. — Erart de Villey. — Jean de Busseuil, écuyer, maître-d'hôtel du duc, et son gruyer des bailliages d'Autun, Montcenis et Charrollois, seigneur de Martinet. — Jean de Noident, conseiller et maître-d'hôtel, bailli de Dijon. — Lancelot de la Viefville. — Jean de Masilles, écuyer, conseiller, maître-d'hôtel et gruyer des bailliages de Dijon, Auxois et la Montagne, avait 150 livres de gages. — Guillaume de Poupet. — Guillaume Potin, écuyer. — Guillaume Sanguin, conseiller. — Jean de Quillant, écuyer, conseiller. — Messire Bauduin d'Oingnies, seigneur d'Estrées, gouverneur de Lille, chambellan.

Contrôleurs généraux de l'hôtel.

Le seigneur de Chappes. — Jean Abonel, dit le Gros : ils se sont succédé.

Contrôleur de la dépense ordinaire.

Jean Rigolet.

---

1. Ou *Brisseul*.

OFFICIERS ET DOMESTIQUES

Clercs des officiers.

Robin Merlette. — Joanin Beauvalet. — Guillemin Fyot. — Hanotin Martelle. — Benoist Colinet. — Jean Bouveal. — Jean Pape. — Jean Bouredun.

SOMMELIERS.

Premiers sommeliers de corps.

Jean Marten. — Jean Coustain.

Six sommeliers de corps.

Humbert Coustain. — Jean Coustain, écuyer.
Six sommeliers de chambre.

Quatre fourriers de chambre.

Jacot Coussin, fourrier. — Huguenin Guichard, fourrier, valet de chambre et portier de la chambre des comptes.

Quatre fourriers de cabinet. Quatre fourriers de salle. Six aides de fourriers.

Valet de la fourrerie.

Germain Le Baul.

Huit huissiers de cabinet. Huit huissiers de salle. Huit huissiers de chambre.

Écuyers huissiers d'armes.

Jean le Grand. — Huguenin, bâtard de Chissey. — Jean Bernard. — Pierre, bâtard de Chantemerle. — Huguenin Le Camus. — Léon de Gand. — Étienne Vauchin. — Jean Le Clerc. — Le Begue de Beguignes [1]. — Jacques Charivary. — Jean Vignier. — Amyot Clerambault. — Martin Matin. — Jean Jossequin. —

---

1. *Beguignies.*

— Jacques Galois. — Jean de Gray, — Germain de Givry. — Jean d'Andelot. — Louis Moreau.

Sergents d'armes.

Roi des ribauds de l'hôtel.

Colin Boute.

Pages de la chambre. Huit pages de la chambre. Valets de chambre. Douze valets de chambre.

Colin d'Enfer, valet de chambre. — Jean Lanternier, valet de chambre. — Perrenet Le Clerc. — Humbert Constain, valet de chambre, sommelier de corps. — Jacot Causin : il étoit fourrier. — Philippe Vignier. — Charles de Visen, écuyer, valet de chambre. — Jean Vignier, valet de chambre, huissier d'armes. — Jean Coustain, valet de chambre, premier sommelier de corps. — Philippe Machefoing. — Berthelot Lambin. — Jean Martin. — Huguenin Guichard. — Jacques Fichet. — Jacquot Michel. — Pierre de Longuejouhe.

Douze valets de torches.

Renaudot Jacquinot, dit Rifflart, valet de torches.

Douze valets servants.

Claude de Rochebaron, dit Montarchies, valet servant du duc. — Pierre de Saubicy, écuyer.

Douze valets servants de salle.

Douze chartiers pour la chambre; douze valets de chartiers. Douze chartiers pour la salle; douze valets. Douze chartiers pour le Cabinet; douze valets.

GARDE-ROBE.

Maître de la garde-robe. Huit valets de la garde-robe; douze chartiers de la garde-robe et douze valets. Tapissiers et leurs valets. Six gardes de tapisserie; douze valets desdits gardes.

Gardes des joyaux.

Amiot Noppe, garde des joyaux. — Philippe Machefoing. — Jacob Bregille. — Jean Martin. — Monot Machefoing. — Tous ces officiers se sont succédés.

Aide du garde des joyaux.

Philippe du Metz.

Sommelier des joyaux. Un chartier pour les joyaux, et un valet de chartier.

Médecins.

Jean Costerau, médecin. — Jean L'Avantage. — Jean Hedar. — Viennot Gettet. — Simon de Roches. — M. Philippe Bauduyn, conseiller, médecin du duc. — Gandessalve de Verges, prevôt de l'église de Furnes, médecin du duc, de madame la duchesse, et de feu madame de Charollois.

Chirurgiens.

Six aides de chirurgiens. Six barbiers. Six aides de barbiers.

MUSIQUE.

Clerc de musique. Musiciens. Pages de la musique. Douze ménétriers, ou violons. Six harpeurs, c'est-à-dire, joueurs de harpes, hautbois, trompettes.

PANETERIE.

Premier ou grand panetier.

Jean de Masilles, écuyer; conseiller, premier panetier du duc. — Huguenin de Nagu, écuyer, conseiller, premier panetier.

Écuyers-panetiers ordinaires.

Henri de Sally, écuyer, panetier du duc. — Colinet de Brimeu. — Jean de Quillant. — Pierre de Luxi, bâtard d'Ove, seigneur du palais. — Jean de Moisy. — Bertrand de Remeneul. — Pierre Vidal. — Jean Mairet. — Jean de Belay. — Philippe de Montault. — Perrenet Grasset. — Simon du Pin. — Philippe Fermault. — Jean de Nieukerke. — Philippot Copin. — Jean de Tinteville. — Jean Regnier, conseiller, seigneur de Garchi. — Philibert de Jaucourt. — Guillaume d'Auricourt. — Joachim de Montleon — Gilles de Masoucles. — Huguenin de Neufville, dit le Moine. — Geoffroy de Thoisy. — Huguenin de Digoine. — Benetru de Chasal. — Jean de Champuans. — Philibert de Corcelles. — Pierre de Livron. — Jean de Hornes. — Olivier de la Marche. — Pierre de Vautravers. — Jacques de Montmartin. — Pierre de Cressy. — Étienne de Saint-Moris.

Douze sommeliers de la paneterie. Six gardes-linge. Porte-nappes. Oublieur. Lavandier.

Boulangers du pain de bouche et leur garçons. Boulangers du pain de table et leurs garçons. Boulangers du pain du commun et leurs garçons.

ÉCHANSONNERIE.

Premier échanson, écuyers, échansons ordinaires.

Jean de Pouquère, écuyer, échanson. — Louis de Chantemerle. — Pierre de Montbleric ou Montbleru, dit le Bègue. — J. de Busseul. — Pierre de Vaudrey, écuyer, conseiller, échanson. — Gauvin de la Viefville. — Le bâtard d'Oye. — Jean de Quillant. — Jean Mairet. — Geoffroy de Vaugrineuse. — Jean Circocq. — Oudot de Bran. — J. de Thoisy. — Garnot de St.-Yon. — Dedric L'Allemant. — Alardin la Griselle. — Simon d'Orsan. — Guillaume de Saulf, écuyer, échanson. Le duc lui donna 100 francs. — Louis de Gruthuse. — Jean de Villers. — Jacques de Faletans. — Laurent de Thoisy, écuyer, échanson, aux gages de 120 francs, à compter le franc pour 12 gros, et le gros pour 20 deniers. — Jacques de Clugny. — Jean de Croy. — Jean, seigneur de Villiers-la-Faye, écuyer, échanson de la dépense du duc. — Jean de Salins. —

— Guillaume d'Oiselaye, seigneur de Saxe-Fontaine. — Gilles de Mazondes. — Antoine de Vaudrey, écuyer, conseiller du duc et son échanson. — Guillaume de Vichy. — Jean de Brimeu. — Claude, seigneur de Colvier. — Jean de Courtenay. — Claude de Rochebaron. — Guyot Pot. — Philippe Pot. — Benetru de Chasal. — Emart Bouton.

Maître ou gouverneur des celliers.

Aymé d'Eschenon, maître des celliers du duc.

Douze sommeliers de l'échansonnerie.

Jean Pleuvot, sommelier de l'échansonnerie. — Jacques Naulot, ou Naulet. — Jean Faucoult. — Jacques de la Court.

Six aides de bouche de l'échansonnerie. Six gardes de la vaisselle de l'échansonnerie. Gardes de huches. Barilliers. Douze porte-barils. Portier de cave.

Premiers écuyers tranchants.

Jean Proche, premier écuyer tranchant; dans quelques comptes, il est appelé Pioche. — Bertrand de la Broquière.

Écuyers tranchants ordinaires.

Guiot de Nagu, écuyer tranchant. — Antoine de Lornay. — Jean de Nagu. — Guillaume de Sercey. — Jean de Vaudrey. — Philippe de Courcelles, seigneur de Bousselanges, de Poullans, et d'Auvillers, conseiller. — André de Toulongeon. — Amblart de Neufville. — Jean de Breuil. — Antoine du Bois. — Guillaume de Courcelles. — Étienne de Faletans. — Bernard de Gère. — Michel de Changy. — Emart de Busseul. — — Jean de Lornay.

Six valets tranchants.

DE PHILIPPE-LE-BON.

OFFICIERS DE CUISINE.

Queux de Bouche.

Guillaume Le Grand, queux de bouche de M. le duc.

Écuyers de cuisine.

Joachim de Montléon, écuyer de cuisine. — Perrin d'Auxanges. — Bocquet de Lattre. — Nicolas de Neufville.

Hâteurs de cuisine. Aides des hâteurs. — Douze gardes de rôts, piqueurs de viande. — Quatre potagers de cuisine. — Douze porteurs de potages. — Pourvoyeurs. — Quatre gardes de bouche de cuisine. — Douze gardes des vaisseaux de cuisine. — Tourneurs de broches. — Souffleurs de cuisine. — Vingt-quatre enfants de cuisine. — Bûchers de cuisine. — Bussiers. — Douze gardes-manger. — Poulaillers. Valets de Poulaillers. — Sauciers. Aides de sauciers. Six valets sauciers.

Bouchers pour la maison du duc.

Jean Yvert, boucher de l'hôtel du duc. — Jean Machico.

Six bouchers de cuisine. Douze valets de chaudières.
Douze serviteurs pour la fourniture de l'eau.

Guilleminot Fourneret, serf de l'eau pour l'hôtel du duc.

Douze lavandiers. Six portiers de cuisine. Hoppeloppins, ou Galopins.

FRUITERIE.

Six fruitiers. Six valets de fruitiers.
Six sommeliers de la fruiterie.

ÉPICERIE.

Épiciers. Aides des épiciers.

Jean Remond, épicier. — Jacquot Michel, épicier et valet de chambre du duc.

Confiseurs. Aides des confiseurs.
Douze chartiers pour la cuisine, et douze valets de chartiers.

OFFICERS ET DOMESTIQUES

ÉCURIE.

Premier ou grand écuyer

Messire Antoine de Villers, seigneur de Cissey et de Boncourt, premier écuyer d'écurie.

Écuyers d'écurie ordinaires.

Girard de Bourbon, seigneur de la Boulaye, écuyer d'écurie de M. le duc. — Guillaume de Neufville, dit le Moine. — Jean de Fretori. — Pierre Lambart, écuyer du pays de Gueldre. — Huguenin du Blé, écuyer d'écurie. Il avait 160 francs de pension. — Jacques de l'Aubepin. — Jean de Fretin. — Girard Raolin, écuyer d'écurie du duc. — Jean de Fosseux. — Aymé Bourgeois. — Philibert de Billey. — Jean de Boischet. — François Pelerin. — Jean de Vaultravers. — André de Thoulongeon. — Jean Le Goix. — Philibert de Vaudrey, écuyer d'écurie, seigneur de Mons. — Jacques de Vaultravers. — Jean de Baissey. — Huguenin, sire de Chippre. — S. Le Moine. — Alvaro de Brito, Portugais. — François de Menton. — Louis Morel. — Guillaume de Loosue. — Pierre Pelerin. — Pierre de Livron. — Philippe de la Marche. — Josserant Thiart. — Guillaume de Grenant. — Jean Baudault. — Remonnet Bourg de Jardres. — Guillaume de Tarnay. — Jean de Champmargy. — Philippot Coppin. — Jean d'Andelot. — Nicolas de Cressy. — Perrenot d'Arento. — Jean de Blaisy. — Latin Coninglant. — Guiot de Savigny. — Jean Martel. — Jean, bâtard de Mirabel. — Huguenin du Bois. — Jean de Buxeul. — Pierre de Hauteville. — Guillaume de la Tournelle. — Bertrand Melin. — Latin de Marcadel. — Robinet de Rebetongues. — Henri de la Tour. — Jean de Causmenil. — Jean de Cressy. — Guillaume, seigneur de

Sarcy et de Digornay, conseiller. — Georges Gausset; il étoit Allemand. — Philibert de Molan. — Gauthier de Faletans — Pierre de Thoisy, seigneur de Gamay et de Pancières. — Bernard de Gère.

Vingt-quatre pages de l'écurie. Valets des pages.

Trente-six chevaucheurs de l'écurie.

Pierre Vignier, chevaucheur. — Jean Viard. — Jean Bergerot. — Martin Baillet. — Viennot Gettet. — Jean Maillart. — Huguenin de Longchamp.

Aides des chevaucheurs.

Premier palefrenier. Palefreniers ordinaires. Laquais valets. Valets de pied. Armuriers. Gardes des armures et leur valets. Douze maréchaux. Douze valets de forges. Vingt-quatre valets de chevaux de corps. Vingt-quatre valets de grands chevaux. Vingt-quatre valets de chevaux de secours. Six cochers de corps. Six autres cochers. Douze postillons. Soixante et onze valets d'écurie. Douze chartiers pour les tentes. Douze valets de chartiers.

Roi d'armes du duc.

Toison-d'Or, roi d'armes de la Toison-d'Or.

Cet officier avait 50 nobles de gages, valant 141 fr. 8 gros, et 50 francs pour ses habits; il entrait au conseil de guerre.

Hérauts d'armes. Deux hérauts de Bourgogne. Deux hérauts de Flandre. Deux hérauts d'Artois. Un héraut de Charollois.

Beaumont, héraut. — Salins, héraut.

Poursuivants d'armes.

Fusiz. — Germoles. — Montreal. — François Pelerin. — Étienneau Maître, dit Persévérance. — Talant. — Noyers.

TROMPETTES DE GUERRE DU DUC.

Six trompettes de guerre du duc.

André Jean, trompette de guerre du duc. — Collin de Tournay, trompette de guerre du duc.

Il est dit dans un compte de Guy Guillebaut, receveur général de Bourgogne, finissant le 3 octobre 1420, fol. 138, que le duc fit faire au mois de novembre 1419, deux mille penonceaux noirs, un étendart noir de sept aunes de long, frangé de soie noire, quatre cottes d'armes armoyées aux armes dudit duc, les deux justes et les autres volants, six grandes bannières de trompettes armoyées et frangées de soie noire, deux grandes bannières armoyées et frangées comme les autres, deux grands penons contenant sept aunes chacun, armoyés et dorés de fin or, frangés comme les autres, tout à l'huile, et fit ôter les lambeaux d'un grand penon contenant sept aunes.

Au même compte, il est dit que le duc fit faire au mois de février 1419, cent bannerettes de bougran bleu, peintes et armoyées de ses armes, dix penons d'une aune et demie de long de bougran bleu, armoyés comme les bannerettes, au bout desquels et à la pointe de chacun étoient les enseignes de ses officiers. Il fit noircir son chariot; le tout pour le voyage que lors il entendoit faire à Troye devers le roi.

Au compte du même, finissant le 3 octobre 1421, fol. 163, il est dit que le duc fit acheter une aune et demie de fin blanchet pour faire des enseignes ou croix Saint-Andrieu; d'où l'on peut conclure que l'on n'a pas toujours fait cette croix de rouge. Fol. 177, il est rapporté que le duc fit faire quatre étendarts contenant chacun huit aunes, deux de satin, et les deux autres de bougran noir, semés de plusieurs fusils, de cailloux et de pierres telles qu'il y appartient, entre lesquels fusils il y avoit plusieurs flammes et petites, selon sa devise, et nuées de rouge clair, en manière de feu; et un, un peu plus grand que les autres, où il y avoit un grand fusil et la pierre qui y appartient, garnie de plusieurs flammes, raies et étincelles, et au bout des queues dudit étendart une grande flamme en manière de feu.

Item, six bannières de trompettes sur *tiercelin* bleu, armoyées aux armes dudit duc, bordées de tiercelin vermeil et frangées de soie vermeille, peintes de battures dorées de fin or et argent.

Item, quatre cottes d'armes pour mondit seigneur le duc, armoyées à ses armes, peintes de battures détrempées, dorées, brodées et frangées comme lesdites bannières de trompettes.

Item, neuf cent cinquante penonceaux de lances peints et argentés à la devise pareille auxdits étendarts.

ARTILLERIE.

Phelippe, par la grâce de Dieu, duc de Bourgongne, de Lothier, etc. A nos amés et féaulx les gens des comptes à Dijon, à Lille et à Bruxelles, aux gens de nos finances, au receveur et controlleur de notre artillerie, et à touts autres nos justiciers et officiers que ce peut et pourra toucher et regarder, salut et dilection. Comme nous ayons dès pieçà ordonné que certains droits du vingtiesme denier, que prenoient nostre premier escuier d'écurie, et le maître de nostre artillerie, sur les achapts qu'ils faisoient pour le fait de nostre escurie et de nostre artillerie, seroient abolis, et il soit venu à nostre cognoissance que nostredite ordonnance, en tant qu'il touche nostredite artillerie, n'a pas été jusques à ores entretenue si bien comme il appartient, savoir vous faisons que nous, voulants à ce pourveoir, et afin que ladite ordonnance soit entretenue pour le temps à venir, et que ladite abolition sortisse effet sans infraction quelconque, avons aujourd'hui de nouve: ordonné, et ordonnons par ces présentes, que de touts paiements qui se feront doresnavant des deniers de nos finances pour parties d'artillerie qui auront esté acheptées pour nous, on soit tenu de rapporter certifications bonnes et souffisantes, tant des marchands qui auront vendu lesdittes parties d'artillerie, comme des receveur et controlleur de nostreditte artillerie, par quoy appert que les marchiés en ayent esté faits le plus prouffitablement pour nous que faire se pourra, sans promesse, paction ou fraudes quelconques; et mesmement sans ce que aucune chose ayt esté payée ou promise dudit vingtiesme par lesdits marchands vendeurs, ne receue par le maître de nostre artillerie qui sera pour le temps; et que les parties de dépense qui auront esté payées pour lesdittes parties d'artillerie que l'on aura ainsi acheptées pour nous, ne soient aucunement admises, passées ne receues, ne aussi allouées ès comptes, s'il n'appert, par certifications telles que dit est ci-dessus, que ledit vingtiesme n'ayt point esté payé ne receu, et que les marchiés ayent esté faits selon que cy-dessus est dit. Si vous ordonnons, mandons, commandons et expressément enjoignons que ceste nostre présente ordonnance vous gardés et entretenés, ou faites entretenir et garder, chacun de vous en son endroit, sans aller ne souffrir aller à l'encontre, comment ne en quelque manière que ce soit, car ainsi nous plaist-il et le voulons. Et en outre, voulons et ordonnons, que se cya-près il estoit trouvé que depuis le temps que feu messire François l'Arragonois fut institué en l'office de maistre de nostre artillerie, aucunes lettres eussent esté obtenues et impétrées de nous ou préjudice de nostredite ordonnance et de ladite abolition du vingtiesme qui fut faitte de son temps, icelles lettres ne sortissent aucun effet, mais soient et demeurent nulles, et de nulle valeur. Donné en nostre ville de Bruxelles, le 10 février 1465. Signé par monseigneur le duc.   P. MILET.

Maîtres de l'artillerie.

Germain de Givry, écuyer, maître de l'artillerie du duc. — Jean de Rochefort, écuyer, maître de l'artillerie. — Philibert de Molan, écuyer, maître de l'artillerie. — Philibert de Vaudray, écuyer, conseiller, chambellan, maître de l'artillerie, par le décès de Jean de Rochefort, sur lettres patentes données à Dijon, le 25 octobre 1422, aux gages de 100 francs par an. — François de Surienne, dit l'Arragonnois, seigneur de Pisy, chevalier, conseiller, chambellan et maître de l'artillerie.

Contrôleurs de l'artillerie.

Guillaume Moisson. — Berthelot Lambin, valet de chambre, contrôleur de l'artillerie.

Canonniers.

Gardes de l'artillerie.

Germain de Givry, écuyer, garde de l'artillerie de M. le duc. — Guillaume de Tarnay, écuyer, garde de l'artillerie.

Maître des engins nommés coulars.

Jean de Lorraine. — Il est dit dans un compte de la chambre de Dijon, qu'on fit faire à Dijon des échelles pour surprendre les places, lesquelles se mettoient dans des sachets de cuir, et étoient portées à cheval.

Intendants des fortifications et bâtiments.

Jean de Saulx, conseiller, intendant des fortifications, aux gages de 100 francs. — Jacot Vurry, intendant, aux gages de 100 francs.

Maîtres des œuvres de maçonnerie.

Pierre Herendel.

Maitre des œuvres de charpenterie.

Pierre Arondelle, aux gages de 100 florins du Rhin. — Perrenot de Chassigny, par lettres données à Troyes, le 24 avril 1420.

Sculpteur.

Claux de Verne, sculpteur.

Peintre.

Henri Bellechose, peintre de M. le duc, aux gages de huit gros par jour, par lettres datées du 5 avril avant Pâques 1419.

VÉNERIE DU DUC.

Le duc Philippe-le-Bon fit à Dijon des ordonnances pour régler sa vénerie.

Ordonnance de Philippe-le-Bon, duc de Bourgogne, sur sa vénerie.

Phelippe, duc de Bourgongne, comte de Flandres, d'Artois et de Bourgongne, Palatin, seigneur de Salins et de Malines, à nostre amé et féal conseiller et receveur général de Bourgongne, Mathieu Reguault, salut et dilection. Comme nous ayons ordonné prendre et avoir de nous chacun an, tant qu'il nous plaira, sur nostre recepte générale de Bourgongne, aux gens de nostre vénerie la somme de 2,000 francs, pour les causes et en la maniere cy-après déclarée : c'est assavoir, pour le vivre de cinquante chiens courants, cinq limiers et trente levriers qui sont en tout quatre-vingt-quinze chiens que avons ordonné et ordonnons ordinairement estre en nostre vénerie, pour le vivre desquels chiens voulons et ordonnons par ces présentes estre par vous baillé et délivré chacun an deux cents émines de grains, mesure de Dijon, tant fromant comme orge, au clerc de nostredite vénerie, présent et advenir, dont il baillera sa lettre de recepte à celuy ou ceulx de qui par nostre ordonnance il recevra lesdits grains, et en sera tenu de rendre compte en la chambre de nos comptes à Dijon, ainsi qu'il appartiendra, lesquels grains pourront valoir par commune année environ 483 francs.

Item, voulons et ordonnons prendre et avoir de nous par vos mains chacun an auxdits gens de nostre vénerie, tant pour leurs gages ordinaires et pour leurs robes, comme pour chevaux et cordes, la somme de 1,517 francs. C'est assavoir, à notre amé Jehan de Foissy, maistre de nostre vénerie, pour ses gages ordinaires, 140 francs, pour sa robe 10 francs, et pour chevaux 32 francs, qui font 180 francs. A Huguenin de Gissey, nostre véneur, pour ses gages ordinaires 100 francs, pour sa robe 8 francs, et pour chevaux 20 francs : tout 128 francs. A Guyot de Saint-Anthoc, pour semblable, 128 francs. A Jehan de la Caille, pour semblable, 128 francs. A Jehan Mouton, pour semblable, 128 francs. A Guyot Benoist, clerc de nostredite vénerie, pour ses gages ordinaires, 55 francs, pour sa robe 8 francs, et pour chevaux 20 francs, qui font 73 francs. A Guyot Picquet, aide de nostredite vénerie, pour semblable, 73 francs. A Jehan Drouhot, varlet de nos chiens, pour ses gages ordinaires, 36 fr., et pour sa robe 7 francs, qui font 43 francs. A Robert Bajole, pour semblable, 43 francs. A dit Le Garnement, et à Jehan Godenaire, à chacun 43 francs, font 86 fr. A Hennequin Arguet, pour semblable, 43 francs. A Jehan Picquet, paige de nos chiens, pour semblable, 43 francs. A Huet Colin, pour semblable, 43 francs. A Billequot Laboquoy, pour semblable, 43 francs.

A Constantin le Juge, pour semblable, 43 francs. A Chrestien Picquet, pour semblable, 43 francs. A Jehan Fournier, varlet de lévriers, pour semblable, 43 fr. A Drouot David, pour semblable, 43 francs. A Richard Lieubert, pour semblable, 43 francs. A Laurent Eussemet, paige de nos lévriers, aussi 43 francs. A Jehan Vivient, dit Marguet, fournier, pour ses gages ordinaires, 30 francs, et pour sa robe 7 francs : font 37 fr. A deux soubs-paiges de nosdits chiens, à chacun 5 fr. pour une robe seulement, font 10 francs, et pour cordes à faire couples, pour litière, et pour les frais et missions de charroier le pain desdits chiens de lieu en autre, qui se livre au clerc de nostredite vénerie, qui en tiendra le compte, 30 francs. Ainsi montent toutes les dessusdites parties à ladite somme de 2,000 fr.

Item, voulons et ordonnons, parmi ce, que nosdits gens de nostredite vénerie ne ayent sur nostre peuple aucune prinse de bleds, ne d'autres vivres, foing, feurre, ne autres choses quelconques, en quelque manière que ce soit, sinon en payant raisonnablement et compétamment tout ce que pourroient valoir lesdits vivres et autres choses quelconques, sur la foi et serment qu'ils ont à nous.

Item, semblablement voulons et ordonnons que le clerc de nostredite vénerie, présent et advenir, compte chacun an en notredite chambre des comptes à Dijon, de tout ce qu'il recevra, tant pour le vivre de nosdits chiens, comme de 30 francs ordonnés pour cordes, dont dessus est faite mention, et autrement à ceste occasion, en prenant et rapportant pour son acquit dudit Jehan de Feissy nostre maistre veneur, certiffication de la quantité du bled qui sera délivré loyalement et sans fraude pour la dépense de nosdits chiens, jusques à la valeur desdits deux cents émines et au-dessous ; ensemble certiffication dudit maistre véneur sur la délivrance desdits grains, et aussi certification dudit maistre véneur sur le payement des gages des gens d'icelle nostre vénerie, du temps qu'ils auront servi, afin que celui ou ceux qui ne serviront ne soient payés et satisfaits, sinon du temps qu'ils auront servi seulement, comme raison est. Et en outre, ordonnons que doresnavant n'y ait plus autre personne qui tienne aucun compte de ce que dit est, fors seulement en la manière sus déclarée.

Item, voulons et ordonnons que les robes de nosdits véneurs soient faites chacun an de nostre livrée, toutes pareilles, d'une couleur et livrée, selon nostre bon plaisir, et qu'il sera advisé par ledit maistre véneur.

Item, voulons et ordonnons que ou cas que le nombre des chiens dessus déclaré ne sera en ladite vénerie, que l'on ne délivre des grains que au prix et à la valeur, et selon ce qu'il y aura de chiens seulement, dont il apperra par certiffication dudit maistre véneur, tant sur le nombre desdits chiens, comme sur la quantité dudit bled nécessaire pour le vivre desdits chiens, au-dessous de la quantité par nous ci-dessus advisée, et de ce comptera le clerc de nostredite vénerie, par certiffication dudit maistre véneur, comme il appartiendra.

Item, voulons et ordonnons auxdits gens de nostre vénerie, que soyons bien et diligemment servis de plusieurs manières de vénoisons, et par espécial, quand nous serons en nosdits pays de Bourgogne et ès lieux environ.

Item, voulons et ordonnons que ceste présente ordonnance commence le premier jour de ce présent mois de janvier 1427. Si voulons et expressément vous mandons que des deniers de votre récepte vous payés, baillés, délivrés et appointés lesdites sommes d'argent et de grains, tant audit Guyot Benoist, comme audit maistre véneur, et autres dessus nommés ; c'est assavoir, à chacun d'eux, comme il appartient pour l'an que dessus, finissant au dernier jour de décembre ensuivant 1428, et doresnavant chacun an en la manière ci-dessus déclarée, tant comme il nous plaira, et par rapportant pour une et la première fois ces présentes coppies d'icelles fait sous scel autentique, ou collationnée par l'un de nos secrétaires ou en la chambre de nos comptes à Dijon, et les lettres, quittances, et certiffications requises et nécessaires à rapporter ; tant seulement, tout ce qui à ceste cause sera par vous payé, sera alloué en la dépense de vos comptes et rabattu de vostre recepte par nos amés et féaux les gens de nosdits comptes à Dijon, auxquels nous mandons que ainsi le facent sans aucun contredit ou difficulté, selon et par la manière dessus déclarée, nonobstant quelconques ordonnances ou deffenses à ce contraires. Donné à Dijon, le vingtième jour de janvier, l'an de grâce 1427. *Signé* par monseigneur le duc, à la relation du conseil, ouquel vous, plusieurs des gens du conseil, les gens des comptes à Dijon estiez.   T. BOUESSEAU.

Ordonnance et restriction, selon laquelle monseigneur le duc de Bourgogne veut que la vénerie de ses pays de Bourgogne soit doresnavant gouvernée et conduite.

Premièrement, messire Jacques de Montmartin, chevalier, maistre véneur de ladite vénerie, qui souloit prendre de mondit seigneur par chascun an pour gages, cheval et robe, la somme de 180 francs royaux, aura seulement pour toutes choses chacun an, 130 fr. royaux.

Item, veut mondit seigneur qu'il ait en ladite vénerie trois véneurs gentilshommes ; c'est assavoir : Simon de Damas, Perro d'Arento, et Guillaume de Fussy, lesquelles souloient avoir pour la cause devant dite, chacun 128 francs par an, mondit seigneur les réduit et restreinct chacun à 80 francs par an, qui font la somme de 240 francs.

Item, et au regard de Jehan de Gand, qui souloit estre véneur en ladite vénerie, pour restreindre et éviter l'excessive dépense et nombre de gens qui estoit en icelle, mondit seigneur l'en décharge et déporte, et veut qu'il n'y ait que les trois véneurs avant dits.

Item, au lieu de deux aides qu'il avoit en ladite vénerie, lesquels souloient prendre pour chacun d'eux 83 francs par an, tant pour gages, chevaux, que pour robes, etc., mondit seigneur veut et ordonne qu'il n'y ait qu'un aide seulement, nommé Antoine Oudart, qui aura 50 francs par an : et au regard de Richard Duret, qui souloit estre aide en ladite vénerie, mondit seigneur l'en décharge. Pour ce ici 50 francs.

Item, veut et ordonne mondit seigneur, que au lieu de cinq varlets de limiers, qui souloient estre en ladite vénerie, lesquels avoient chacun, tant pour gages que pour robes, 43 francs par an, n'y aura que quatre varlets de limiers seulement, qui auront chacun d'eux 30 fr. par an, font 120 ; et au regard du cinquiesme, mondit seigneur l'abolit.

Item, ordonne mondit seigneur que en lieu de cinq paiges de chiens, qui souloient estre en ladite vénerie, lesquels prenoient semblablement par chacun an, tant pour gages que pour robes, 43 francs, n'y aura que quatre paiges de chiens seulement, qui auront chacun d'eux 27 francs par an : et au regard du cinquiesme, mondit seigneur l'abolit. Pour ce ici 108 francs.

Item, veut et ordonne mondit seigneur qu'il y ait

quatre varlets de lévriers, lesquels souloient prendre par an chacun d'eux 43 francs, auront seulement chacun 27 francs par an : font 108 francs.

Item, le fournier de ladite vénerie, qui souloit prendre par an 37 francs, aura seulement par chacun an 20 francs.

Item, aura en la vénerie deux soubs-paiges; assavoir: l'un pour les chiens courants, et l'autre pour les lévriers, qui auront chacun par an 5 francs: font 10 fr.

Item, veut et ordonne mondit seigneur qu'il y ait en ladite vénerie soixante chiens courants, et cinq limiers pour les deux saisons, et trente lévriers, qui font pour tout quatre-vingt-quinze chiens; pour le gouvernement desquels, tant pour pain, hostellaiges, littières, charriaige de pain, coliers de lévriers, bois, charbon, aussi pour nourrir les cayaux des chiens courants, et toutes autres choses nécessaires appartenants à ladite vénerie, et aussi pour le molaige du bled, pour le vivre desdits chiens, et le fournaige d'icelui, ledit messire Jacques de Montmartin aura pour la conduite, entretenement et gouvernement des choses dessusdites par chacun an la somme de 414 livres.

Ces ordonnances sont du mois de mars 1467.

Maîtres de la vénerie.

Il faut observer que, selon plusieurs comptes, les maîtres de la vénerie, ou maîtres véneurs, avaient de gages 140 francs, 10 francs pour le droit de robes, et 30 francs pour leur cheval. Les véneurs avaient 100 fr. de gages, 8 francs pour leur robe, et 20 francs pour leur cheval; les aides de vénerie avaient 55 francs de gages, 8 francs pour leur robe, et 20 francs pour leur cheval. Le clerc de la vénerie avait de gages 55 fr., 8 francs pour sa robe, et 20 francs pour son cheval.

Messire Guillaume de Foissy, chevalier.—Huguenin, bâtard de Cissey. — Jacques de Montmartin, écuyer, panetier, et maître de la vénerie. — Jean de Foissy, maître de la vénerie du duc.

Vingt-quatre véneurs.

Guiot de Saint-Anthoc. — Jean de Foissy, dit le Jeune. — Thibault de Gand, écuyer, véneur de monsieur le duc, par lettres-patentes données à Bruges le 21 février 1440, aux gages de 100 francs, outre ses droits de robes et cheval. — Jean Mouton. — Guiot de Vaulx, véneur, par lettre donnée à Saint-Omer, le 30 octobre 1440.—Huguenin de Gissey. — Simon de Damas.—Jean La Caille.

Douze aides de vénerie.

Guiot Picquet.—Jean Godenaire, l'aîné; il avait les gages ordinaires, qui étaient de 55 francs, 20 francs pour son cheval, et pour sa robe 8 francs. — Richard Duret, écuyer, seigneur de Quemigny. — Antoine Oudart, mêmes gages.

Vingt-quatre valets de véneurs.

Les comptes ne parlent point de leurs gages.

Clerc de la vénerie.

Guiot Benoist.—Guillaume Froment.—N. Briflault. Ces trois se sont succédés.

Douze pages. Six pages de chiens courants. Six pages de lévriers.

Les pages de chiens, selon les comptes, avaient 43 fr. de gages. — Jean Picquet, page de chiens. — Huet Colin, page. — Billequot Laboquoy, page.—Constantin-le-Juge, page.—Chrétien Picquet, page.—Laurent Eussemet, page.

OFFICIERS ET DOMESTIQUES

Douze sous-pages de chiens.

Le duc Philippe, comme il paraît par son ordonnance, réduisit le nombre de sous-pages de la vénerie. Avant cette ordonnance, il y en avait douze, comme il conste par un ancien état de maison du même duc.

Six gouverneurs de valets de chiens. Six valets de chiens limiers. Six valets de lévriers. Six valets d'épagneuls. Six valets de petits chiens.

Les valets de lévriers et les autres valets de chiens avaient 43 francs pour leurs gages et pour leurs robes. — Jean Fournier, valet de lévriers. — Druot David, valet de lévriers. — Richart Lieubert, valet de lévriers. — Jean Drouhot, valet de chiens. — Robert Bajole, valet de chiens. — N. dit Le Garnement, valet de chiens. — Hennequin Arguet, valet de chiens. — Jean Godenaire, valet de chiens : il avait les gages ordinaires, qui étaient de 43 francs. — Jacquot Godenaire, le jeune, valet de chiens ; mêmes gages. — Huguenin Ferrant, valet de chiens. — Hugues Laboquet, valet de chiens. (*Laboquoy?*)

Fournier (Fourrier?) de la vénerie.

Jean Vivien, dit Marguet, fournier pour la vénerie ; il avait pour ses gages 30 francs, et pour sa robe 7 fr.

Dans un compte de 1457, il est dit que les gages des pages, sous-pages, valets de chiens, fournier et clerc de la vénerie, montaient à 1969 livres onze gros.

FAUCONNERIE.

Maître fauconnier et des tendues du duc.

Messire Jacques de Villers, chevalier, maître fauconnier et des tendues du duc. — Les comptes ne font aucune mention des officiers de la fauconnerie.

Vingt-quatre fauconniers. Douze aides de fauconniers. Vingt-quatre valets de fauconniers. Douze valets de faucons. Six tondeurs d'oiseaux de proie. Douze valets de rivière.

Antoine Le Moine, valet de rivière, aux gages de 160 francs.

« C'est l'ordonnance faite par monseigneur le duc
» de Bourgoingne, comte de Flandres, d'Artois, de
» Bourgoingne, par l'advis de son conseil, sur le gou-
» vernement de l'hostel de madame la duchesse, sa
» compaigne. »

Premièrement, dames et damoiselles.

Item, aura maditte dame la duchesse un chevalier d'honneur, assavoir est, messire Lourdin, seigneur de Saligny, lequel sera continuellement entour icelle dame, et sera compté par les estrées de la dépense de l'hostel de maditte dame à six personnes et six chevaux.

Maistres-d'hostel.

Item, aura maditte dame deux maistres-d'hostel, lesquels serviront à tour chacun trois mois, et seront comptez chacun lui quatriesme de personnes et autant de chevaux, sans allées touttes voyes ou venues; assavoir est : Jean de Brisseul et Baudechon d'Oingnies, lesquels serviront; c'est assavoir : ledit Baudechon ès mois de janvier, février, mars, avril, mai et juin, et ledit Jehan de Brisseul ès mois de juillet, aoust, septembre, octobre, novembre et décembre.

Pannetiers.

Item, aura maditte dame quatre..... dépense et deux autres qui serviront à tour de six mois en six mois; c'est assavoir..... et l'autre non; et auront chascun deux varlets..... assavoir est: Jehan Mairet et Jacques Dubois, faisant la dépense.....

Oudot de Bran, et Simon du Pin, lesquels serviront; c'est assavoir..... du Pin ès six premiers mois dessus déclairiez, et lesdits Jehan Mairet et Oudot de Bran ès autres six mois.....

Item, aura madite dame deux sommeliers en ladite panneterie, servants à tour, lesquels mangeront eulx et leurs varlets en salle, et auront chacun un cheval à livrée, sans allées ne venues, comme dessus; c'est assavoir: Saudrin Fertin, et Jehan Le Chien, lesquels serviront; c'est assavoir: ledit Jehan Le Chien ès six premiers mois dessus déclairiez, et ledit Saudrin ès autres six mois ensievants.

Item, aura deux aides de panneterie, servants à tour et mangeants en salle, qui auront chacun un cheval à livrée, sans allées ne venues comme dessus; assavoir est : Durant Arnoul et Jehan Patenostre, lesquels serviront; c'est assavoir: ledit Durant ès six premiers mois dessus déclairiez, et ledit Jehan Patenostre, les autres six mois ensievants.

Item, un porte-chappe mangeant en salle; assavoir est : Cassin de Feristhy ou Feusthy, Philibert Busseau, oubliez, à un cheval..... et un varlet mangeant en salle.

Item, deux huissiers de salle..... chacun un cheval à livrée ou gaiges, et un..... en salle, sans allées ne venues..... Amé Regnaudot et Jehennin Carin, lesquels serviront ; c'est assavoir: ledit Jehennin..... ès six premiers mois dessus déclairiez, et ledit Regnaudot ès autres six mois ensievants.

Item, un lavandier mangeant en salle; c'est assavoir, Perrin le Rale.

ESCHANSONNERIE.

Maditte dame aura quatre eschansons, deux faisants la despense, et deux autres qui serviront à tour de six mois en six mois; c'est assavoir: à chacune fois deux, dont l'un fera la despense, et l'autre non, et auront chacun bouche à court, deux varlets à livrée ou à gaiges, et trois chevaux à gaiges, sans allées ne venues; assavoir est: Le Beghe de Montbléon et Jehan de Salins, faisant la despense; Nicolas Raulin et Jacquet de Villers, lesquels serviront; c'est assavoir: Ledit Beghe et Jacquet de Villers ès six premiers mois dessus déclairiez, et ledit Jehan de Salins, et Nicolas Raulin ès autres six mois ensievants.

Item, aura deux sommeliers en ladite eschansonnerie, servants à tour, lesquels mangeront eulx et ung varlet en salle, et auront chacun ung cheval à livrée, sans allées et venues; c'est assavoir: Colin Wriche et Nalot Regnault, lesquels serviront; c'est assavoir: ledit Nalot ès six premiers mois dessus déclairiez, et ledit Colin les autres six mois ensievants.

Item, aura deux garde-huches, servant à tour, chacun ung cheval à livrée, sans allées ne venues; assavoir est: Hannequin de Gand et Jehan Quarre, lesquels serviront; c'est assavoir: ledit Quarre ès six premiers mois dessus déclairiez, et ledit Hannequin les six autres mois ensievants.

Item, aura deux aides en ladite échansonnerie, servant à tour, chacun à ung cheval à gaiges ou livrée, sans allées ne venues; assavoir est: Hacquinet de Loches et Jaquelin de Vuyerre, lesquels serviront; c'est assavoir: ledit Jaquelin ès six premiers mois dessus déclairiez, et ledit Hacquinet ès aultres six mois ensievants.

Item, deux barilliers servants à tour, chacun à ung cheval à livrée ou gaiges, sans allées ne venues; assavoir est : Wynot de Ronceset, Perrinot de Laye, lesquels serviront à tour; c'est assavoir : ledit Wynot ès six premiers mois dessus déclairiez, et ledit Perrinot ès autres six mois ensievants.

Item, deux porteurs mangeants en salle.

Escuyers tranchants.

Maditte dame aura deux escuyers tranchants, servants à tour, chacun six mois, lesquels auront, quant ils serviront, bouches à court, deux varlets à livrée, et trois chevaux à gaiges, sans allées ne venues; assavoir est : Jehan de Rosimbos, et Jehan de Beauval, lesquels serviront; c'est assavoir : ledit Jehan de Rosimbos ès six premiers mois dessus déclairiez, et ledit de Beauval les autres six mois après ensievants.

Varlets servants.

Maditte dame aura deux varlets servants, qui serviront à tour, chacun ung cheval à livrée, sans allées ne venues; c'est assavoir : Chassin ou Phassin de Fresne, et Blanchet de Veanne ou Beaune.

CUISINE.

Maditte dame aura deux escuyers de cuisine, servant à tour, de six mois en six mois, et auront deux chevaux à gaiges, et ung varlet à livrée, sans allées ne venues; c'est assavoir : Waquet de Laitre [1], Anthoine Le Boquet, lesquels serviront; c'est assavoir : ledit Bocquet èsdits six premiers mois, et ledit Anthoine ès autres six mois ensievant.

---

[1] Ou *Bocquet de Lattre*.

Item, aura deux queulx servant à tour, et auront deux chevaux et ung varlet à livrée, sans allées ne venues; c'est assavoir: Arnoulet du Puis, et Estève Burrelure, lesquels serviront; c'est assavoir: ledit Arnoulet ès six premiers mois, et ledit Estève ès autres six mois ensievants.

Item, deux hasteurs servant à tour, et auront chacun ung cheval et ung varlet à livrée, sans allées ne venues; c'est assavoir: Guillemin Pecart, et Pieret Le Caudrelier, lesquels serviront; c'est assavoir: ledit Guillemin Pecart ès six premiers mois, et ledit Caudrelier ès autres six mois ensievants.

Item, deux potagiers servant à tour, chacun ung cheval à livrée, sans allées ne venues; assavoir est: Guillemin Charpin, et Michiel Laillan, lesquels serviront; c'est assavoir: ledit Charpin ès six premiers mois, et ledit Michiel ès autres six mois ensievants.

Item, deux aides de potage servant à tour.

Item, deux souffleurs servant à tour, chacun ung cheval à livrée, sans allées ne venues; c'est assavoir: Hannequin Van-Verderc et Viart, lesquels serviront; c'est assavoir: ledit Viart ès six premiers mois, et ledit Hannequin ès autres six mois ensievants.

Item, ung enfant de cuisine et ung cheval à livrée; c'est assavoir: Simonet, Jacquet, aide de Roost. Deux galopins, deux porteurs.

Jehan Michiel, porteur de cuisine. — Jehan Vuinot, vuissier et varlet de garde-mangier. — Jamet de la Tour, saussier, ung cheval à gaiges et ung varlet mangeant en salle. — Chome-Licum, varlet de sausserie. Paule, varlet de chaudière.

FRUITERIE.

Maditte dame aura deux fruitiers servant à tour,

chacun ung cheval à gaiges ou livrées, sans allées ne venues; c'est assavoir: Pierre Damand, et Charlot, fruitiers, lesquels serviront; c'est assavoir: ledit Charlot ès six premiers mois dessus déclairiez, ledit Damand ès autres six mois ensievants.

Item, deux aides de fruiterie; assavoir: Wermet Le Caudrelier et.....

ESCURIE.

Maditte dame aura deux escuyers d'escurie, qui serviront à tour de six mois en six mois, et auront chacun..... deux varlets et trois chevaux à livrées, sans allées ne venues; c'est assavoir: Le Moisne de Neufville, et Latin de Comminglant (Conninglant); et auront chacun ung fourrier, lesquels serviront; c'est assavoir: ledit Latin lesdits six premiers mois, et Le Moisne les autres six mois ensievants.

Item, deux huissiers d'armes servant à tour, chacun deux chevaux et ung varlet à gaiges ou livrée; assavoir est: Jehan Rigault et Gilles Mouton, lesquels serviront; c'est assavoir: ledit Rigault ès six premiers mois, et ledit Gilles ès autres six mois ensievant. — Willequin Morlet, pallefrenier, à ung cheval à livrée.

Item, deux chevaucheurs de l'escurie, faisant la dépense, lesquels serviront à tour, chacun ung cheval à gaiges, sans allées ne venues; assavoir est: Le Borgne de Jouvelle et Perrenet Le Conners ou Tonners, lesquels serviront; c'est assavoir: ledit Perrenet Le Tonners èsdits six premiers mois dessus déclairiez, et ledit Borgne ès autres six mois ensievants.

Item, deux chevaucheurs chevauchants, servant à tour, sans allées ne venues; assavoir est: Guerequin du Bois, et le petit Hannequin, lesquels serviront; c'est assavoir: ledit Hannequin ès six premiers mois, et ledit Guerequin ès autres six mois ensievants.

Pierre d'Arras, botteleur. — Gillet de Béthune, varlet d'escuyers. — Jacquot L'Esvarrey, premier charreton de madame la duchesse. — Jehan Percheval, Drouet du Mont, Mihault Le Picart, Humbert Morot, Hannequin Surret et Pretex Lechartron, charretons. — Guynot de Romires et Cassin de Brumes, varlets de haquenées. — Pretex Nigal et Perrenet Lecarlet, varlets de pié. — Pasquier Masquin et Joosquin d'Alest, varlets de littière.

Item, aura maditte dame deux mareschaux servant à tour de six mois en six mois, chacun ung cheval à livrée et ung varlet mangeant en salle, sans allées ne venues; c'est assavoir: Martin Cordier et Girart, lesquels serviront; c'est assavoir: ledit Martin ès six premiers mois, et ledit Girart ès autres six mois ensievants.

Fourriers.

Maditte dame aura deux fourriers servant à tour, chacun deux chevaux à gaiges et ung varlet à livrée, sans allées ne venues; assavoir est: Oudot Durant et Perrin Cam, dit Tronchon, lesquels serviront; c'est assavoir: ledit Oudot ès six premiers mois, et ledit Perrin ès autres six mois ensievants.

Clais, aide de fourrerie, à ung cheval à livrée; le Lombart, serf de l'eau.

Jehan Raymon, espicier, à deux chevaux à gaiges ou livrée, et ung varlet mangeant en salle et ung aide d'épicerie.

Laurent le Roy, tailleur, à deux chevaux à gaiges ou à livrée, et ung varlet mangeant en salle. — Régnault Bossuot, varlet de garde-robe.

Guillemin de Thassublier, tapissier, à ung cheval gaiges ou livrée, et ung varlet mangeant en salle

Severin de la Passage, fourreur, à ung cheval à gaiges ou livrée.

Item, aura deux portiers servant à tour, chacun ung cheval et ung varlet, sans allées ne venues; c'est assavoir: Martin Branche et Huguenin Guyen, lesquels serviront; c'est assavoir: ledit Huguenin ès six premiers mois, et ledit Martin ès autres six mois ensievants.

Item, aura deux varlets de chambre, servant à tour de six mois en six mois, qui auront chacun ung cheval à gaiges ou livrée, sans allées ne venues; assavoir est: Guillemin de la Grange et Huguenin Tartet ou Carnet, lesquels serviront; c'est assavoir: ledit Guillemin ès six premiers mois, et ledit Huguenin ès autres six mois.

Olivier Marouffle, maître de la chambre aux deniers et des finances, ou gouverneur de la dépense ordinaire et extraordinaire de maditte dame, à trois chevaux à gaiges ou livrée, et deux varlets.

Guillemin Thevin, clerc d'offices, à deux chevaux à gaiges et ung varlet à livrée, et en son absence Jehan Mouciot ou Moncrot, à semblables gaiges ou livrée.

Maistre Eustace Cayon, physicien, à trois chevaux et deux varlets à gaiges ou livrée.

Maistre Jehan Germain, confesseur, à quatre chevaux et trois personnes à gaiges ou livrée, dont il sera tenu d'avoir ung prestre.

Maistre Thierry Laboire, aumosnier, à trois chevaux et deux personnes à gaiges ou livrée.

Item, un varlet d'aumosne, c'est assavoir: Cambonoet. Pierret..... clerc de chapelle, à un cheval à gaiges.

Secrétaire.

Maistre Lancelot Sanaire (*Savarre ?*), à trois chevaux et deux varlets à gaiges et sans point de livrée.

Item, ordonne mondit seigneur qu'au regard des officiers dessus nommés, qui doivent servir à tour, se ils ne viennent servir à leur tour, mondit seigneur pourra, s'il lui plaist, et en son absence madilte dame, commettre pendant l'absence desdits officiers, un autre tel qu'il lui plaira, pour servir au lieu dudit absent, et de ce sera faite mention ès estrées de laditte dépense.

Item, et pour ce que lesdits chiefs d'offices et autres officiers dessusdits, qui ont accoustumé ou temps passé de prendre plusieurs droits de bled et autres choses, ès denrées qu'ils achaittent pour le fait de ladite dépense, ou préjudice de mondit seigneur, iceluy seigneur met au néant et abolist entièrement tout droit quelconque que ung chacun de ses officiers, chiefs d'office ou autres ont accoustumé de prendre, à cause de leurs offices ès denrées achaittées pour le fait de laditte dépense en quelque manière que ce soit, et ordonne que les droits que ainsi l'on a accoustumé de prendre soient employés au profit de ladite dépense par l'avis des maistres-d'hostel, qui seront tenus de prendre soigneusement garde, excepté les colez de mouton, le maigre des lars, la graisse et les flains..... que ceux de la cuisine à qui ils appartiennent porront avoir à leur profit, et aussi les vaisseaux..... des vendanges que ceux de l'eschansonnerie à qui appartient, porront avoir à leur profit.

Item, au regard des pensions que lesdits officiers ont accoustumé de prendre à cause de leursdits offices ou autrement, mondit seigneur vuelt et ordonne que iceux officiers ayent et pregnent les pensions qui s'ensievent en oultre et par-dessus leurs dits gaiges ou livrées, excepté ledit messire Lourdin, qui sera content, en lieu de pension, de ses gaiges ordinaires de trois francs par jour, dont il a son assignation en Bourgoigne.

C'est assavoir: les maistres d'hostel, quant ils auront servi leur tour de six mois en six mois, auront à leur partement en oultre leurs gaiges ou livrée dessusdits, chacun 100 francs.

Item, l'eschanson faisant la dépense, aura, au bout de son tour en oultre ses gaiges ou livrée, 50 francs.

Item, le pannetier faisant la dépense, pareillement 50 francs.

Item, l'escuyer d'escurie, pareillement 50 francs.

Item, le confesseur aura chacun an, outre ses gaiges et livrées dessusdites, à payer de six mois en six mois, 100 francs.

Item, le physicien particulier et à semblables termes, 100 francs.

Item, ledit Olivier Marouflle aura chacun an pareillement, outre ses gaiges ou livrées dessusdites, 100 francs.

Item, que nuls des officiers dessusdits ne soient si hardis de tenir cheval ne varlet en l'escurie de maditte dame, fors ce qui en devront avoir par cette ordonnance, sur peine de perdre le cheval et le varlet, d'estre ba..... pour la première fois, et pour la seconde d'être à toujours privé et débouté de son office.

Item, que nuls varlets quelconques ne sievent la cour, s'ils n'ont maistre servant en ordonnance, sur peine d'estre grandement pugnis.

Item, et aussi vuelt et ordonne mondit seigneur que ceux qui ne tiendront autant de chevaux, comme ils doivent avoir par ladite ordonnance, ne soient comptés fors pour autant qu'ils en tiendront.

Item, et en outre, vuelt et ordonne mondit seigneur que après que aucuns desdits officiers auront esté rayés par les estrées, aucune recouvrance ne se fasse, se ce n'estoit par ordonnance expresse de mondit seigneur, et par ses.... de mandement, patentes scellées du séel que son chancelier porte.

Item, et aussi deffend mondit seigneur auxdits maistres d'hostel qu'ils ne facent aucun don sur les estrées au-dessus de 5..... et à une personne une fois le mois.

Item, jureront tous les officiers qu'ils ne doivent à personne quelconque aucune chose pour mangier en chambre quelle qu'elle soit, si ce n'estoit pour estrangiers ou malades, ouquel cas en sera ordonné par lesdits maistres d'hostel; et ce jureront entretenir iceux maistres d'hostel et chiefs d'office; et tous autres qui feront autrement, seront rayés des gaiges pour toute la sepmaine pour la première fois, et la seconde fois pour quinze jours, et la troisiesme pour un mois.

Et de cette présente ordonnance sera envoyé le double signé de l'un des secrétaires de mondit seigneur, en ses chambres des comptes à Dijon et à Lille, afin d'en avoir mémoire, et chargier ceux qui feront le contraire, ainsi qu'il appartiendra, pour le recouvrer sur eux ou profit de mondit seigneur; et vuelt et ordonne mondit seigneur que les gens servant maditte dame, soient comptés et payés de leurs gaiges et pensions dessus déclairiez, et par la forme et manière que ci-dessus est contenu..... Le jour de la solempnisation du mariage de lui et de maditte dame, qui fust le huitiesme jour de janvier dernier passé icellui jour.

PHELIPPE, duc de Bourgoingne, comte de Flandres, d'Artois et de Bourgoingne, palatin, et de Namur, seigneur de Salins et de Malines, à nos amés et féaux les maistres d'hostel de nous et de notre très chière et très amé compaigne la duchesse; salut et dilection. Nous voulons, et expressément vous mandons, et à chacun de vous, comme à lui appartiendra, que l'ordonnance des gens et serviteurs de nostredite compaigne par nous faite et passée en nostre conseil, en la fourme et manière contenue ci-dessus en ce présent rosle, vous et chacun de vous en droit soi tenez, gardez et accomplissez, et faites tenir, garder et accomplir, sans l'enfreindre en aucune manière pour quelconques lettres-patentes ou autres lettres signées de nostre main, que nous en puissions envoyer au contraire, ne commandement que nous ou autres vous en faisons, sur tout que doubtez encourir nostre indignation ; et tout ce qui par vous ou l'un de vous aura esté, ou sera compté ou livré par vostre ordonnance, et payé à ceste cause, tant en ordinaire comme autrement, nous voulons estre alloué ès comptes, et rabattu de la récepte des maistres des chambres aux deniers aux gouverneurs de la dite dépense de nous et de nostredite compaigne, ou de celui d'eux qui payé aura ladite dépense, par nos amés et féaulx les gens de nos comptes à Dijon ou à Lille, auxquels nous mandons que ainsi le fassent sans aucun contredit ou difficulté, nonobstant quelconques restrictions, mandements ou deffenses à ce contraires. Donné en nostre ville de Gand, le cinquiesme jour de janvier, l'an de grace 1429. Ainsi signé par monseigneur le duc.

T. Bouesseau.

PRÉFACE ET INTENTION

DE L'AUTEUR.

Cy après s'ensuivent les choses advenues depuis l'an de l'incarnation de Nostre-Seigneur Jésus-Christ mil quatre cent quarante-huit, jusques en l'an mil quatre cent soixante-sept ans, tant au royaume d'Angleterre, comme au royaume de Franche et ès pays de Philippe-le-Grand, duc de Bourgongne; lequel Philippe estoit duc de Bourgongne, de Brabant, de Lembourg, Luxembourg, comte de Flandres, d'Arthois, Bourgongne, Haynault,

Hollande, Zélande et de Namur; marquis du Saint-Empire, sieur de Frize, de Salins et de Malines, et avec ce possessoit des pays de Picardie, Amiénois, Vermandois, Ponthieu, Boullenois et autres pays; et par espécial les choses advenues de la cognoissance de moy, Jacques Du Clercq, escuyer, sieur de Beauvoir en Ternois, fils de maistre Jacques Du Clerc, licentier ès droits, conseiller dudit Philippe duc de Bourgongne, en la chastellenie de Douay, Lille et Orchies, demeurant à Lille; desquelles je, Jacques Du Clercq dessusdit, demeurant en la cité d'Arras, en ma maison nommée le Monnoye, ay enquis au mieux que j'ai sceu et peu, et les ay mis par escript au plus vray que j'ay sceu et peu Et. certifie à touts que je ne l'ay fait pour or, ne pour argent, ne sallaire, ne pour complaire à prince quy soit, ne homme ne femme quy vescut.

Mais l'ay fait en manière de passer le temps, et adfin que ceux à venir puissent veoir les choses passées, et prendre exemple aux choses de vertu et fuire celles de vices ; ne voullant aussy favoriser ne blasmer nul à mon pouvoir, fors seulement desclarer les choses advenues. Et prie à tous princes, chevalliers et seigneurs, que sy j'ay en ce mis chose quy les desplaise, que sur moy ne le veullent imputer à mal, car je ne l'ay fait à nulle intention de nuire ou vitupérer personne, ny par hayne ; et aussy s'il y a quelque chose qui plaise, ne m'en soit sceu gré, car je ne l'ay fait pour avoir leur amour, ny pour leur complaire, ny à intention de les amender. Et combien que ce n'est pas tout ce que j'ay escript des choses advenues, et n'est seulement que des choses advenues durant le temps dessusdit qui dura jusques à la mort d'icelluy Philippe-le-

Grand, duc de Bourgongne, desquelles choses j'ay compilé ce présent livre ; et des choses depuis advenues, j'ay intention d'en faire ung aultre volume ou deux, selon ce que je vivray, ou qu'il adviendra des choses en mon temps.

SUPPLÉMENT.

MÉMOIRES

DE

JACQUES DU CLERCQ.

LIVRE PREMIER.

CY COMMENCHENT LES FAITS ADVENUS TANT AU ROYAULME DE FRANCHE COMME AILLEURS, ET PAR ESPÉCIAL ÈS PAYS DE PHILIPPE, DUC DE BOURGONGNE, COMMENCHANT EN L'AN DE GRACE ET INCARNATION DE NOSTRE-SEIGNEUR MIL QUATRE CENT QUARANTE-HUIT, ET FINANT EN L'AN MIL QUATRE CENT SOIXANTE-SEPT, QUE ICELUY DUC MOURUT.

CHAPITRE PREMIER.

Comment les Anglois prindrent Fougières, en Bretaigne; et des seigneuries que les Anglois possessoient en Franche.

En l'an de l'incarnation de Nostre-Seigneur Jésus-Christ mil quatre cent quarante-huit, durant les tresves d'entre Charles, roy de Franche, septiesme

de ce nom, et Henry VI, roy d'Angleterre, fils du
roy Henry, et de Catherine de Franche, sœur au
roy Charles dessusdit, prindrent d'eschelles et par
emblées, les Anglois, les ville et chastel de Fougières, situés en la duché de Bretaigne, à l'entrée
de Normandie, laquelle duché de Normandie, de
Guienne, et d'autres moult grandes seigneuries
au royaume de Franche, icelluy roy d'Angleterre
possessoit. Icelluy roy d'Angleterre avoit environ
vingt-huit ans, et en son age de huict à dix ans,
par les guerres et divisions qui avoient esté au
royaulme de Franche, avoit esté couronné roy
de Franche à Paris, par les grandes conquestes,
persécutions et batailles que le roy Henry son père
y avoit faits, par lesquelles il avoit conquis une partie du royaume, et en avoit débouté le roy Charles VI, aisné, qui plus n'avoit de fils. Et sy le roy
Henry eust survécu Charles VI, son beau-père, il
eust appréhendé tout le royaume; lequel royaume
lui avoit esté donné par icelluy Charles VI. Mais,
par la pourvoyance divine, qui ne voullut souffrir
que le droit héritier du royaume de Franche fust
privé de son héritaige, le roy Henry d'Angleterre,
environ quarante-huit jours avant que le roy Charles VI mourust, vint à clorre son dernier jour, et
mourut au bois de Vincennes, emprès Paris, dé-
laissant le roy Henry dessusdit, son fils d'ung an
ou environ. Après laquelle mort du roy Henry et
du roy Charles VI, Charles, fils dudit Charles,
daulphin de Franche, alla à puissance d'armes,

en la cité de Reims, et illecq (là) se feit couronner roy de Franche. Et depuis son couronnement reconquesta Paris, Ponthoise, et la pluspart de son royaume, tellement que les Anglois ne tenoient mès audit an quarante-huit, que les duchés et seigneuries dessusdites.

CHAPITRE II.

Comment le roy de Franche envoya signifier au duc de Sombreset (Sommerset) que la ville de Fougières lui fust rendue et restituée avec touts les biens qui avoient esté prins dedans.

Le roy Charles estant monté à cheval au Moustier, et parti pour aller à Bourges en Berry, sa ville, on lui vint signifier comment les Anglois avoient prins Fougières, environ six cents combattants, dont estoit chief un chevallier arragonnois, nommé messire Franchois de Suriennes, et pillé la ville, laquelle estoit riche et puissante, et peuplée de très nobles bourgeois et autres riches marchands. Pour lesquelles nouvelles, le roy alla à Chynon; et là, par délibération du conseil, incontinent envoya le sieur de Cullant, son grand maistre-d'hostel, Guillaume Cousinot, son conseiller, et Pierre de Foncer (Fontenay), son escuyer d'escurie, en ambassade devers le duc de Sombreset (Sommerset), gouverneur de Normandie, de par le roy d'Angleterre, pour lui sommer et requérir qu'il voulsit (voulût) rendre et délibvrer lesdites ville et chastel de Fougières, et faire rendre et restituer les biens et marchandises qui dedans avoient esté prins; lequel duc de Sombreset dict qu'il désavouoit ceux qui les avoient prins, supposé qu'il en fust iceulx, et pour ce ne se melleroit ne entremetteroit de les faire rendre.

Le duc de Bretaigne l'envoya pareillement sommer et requérir de rendre ou faire rendre et réparer lesdites ville et chastel de Fougières, auquel ledit duc feit pareille response qu'il avoit faite aux ambassadeurs du roy de Franche. Quand le duc de Bretaigne oyt ladite cause dudit duc, considérant les maux infinis qui polroient estre faits par icelle prinse, envoya en ambassade devers le roy de Franche, l'évesque de Resnes (Rennes), et le sieur de Quemenay (Guémené), pour lui remonstrer et faire sçavoir comment les Anglois avoient prins sa ville et chastel de Fougières, sur les tresves entre les roys de Franche et d'Angleterre, èsqueiles le duc estoit comprins nommément avecques tous ses pays et seigneuries; et pour ces choses, considéré qu'il estoit son vassal et nepveu, le supplioit et requéroit de lui aider et donner confort à recouvrer sadite ville, ainsi que ung seigneur est tenu à secourir son vassal. Auxquels ambassadeurs de Bretaigne, le roy de Franche respondit, que pour ces causes il avoit envoyé son ambassadeur vers le duc de Sombreset; et semblablement avoit envoyé hastivement par-devers le roy d'Angleterre, Jehan Havart, son escuyer tranchant, pour le sommer de rendre ladite ville; et pour ce falloit attendre la venue et retour de iceux, et sçavoir leur response, devant que on peust par autre manière besongner en ceste matière. Mais au cas que ils ne vouldroient rendre ladite ville, le roy promectoit secours et confort au duc de Bretaigne son nepveu, allencontre des Anglois, et lui aideroit à recouvrer sadite ville de Fougières de tout son pouvoir.

CHAPITRE III.

Comment la ville et chastel du Pont-de-l'Arche feurent prins des gens du roy de Franche par subtylle voye; et comment le seigneur du pays de Bretaigne promeit de servir le roy de Franche.

L'an ensuivant, mil quatre cent quarante-neuf, après Pasques, les ambassadeurs du roy Charles retournèrent de Rouan et d'Angleterre, à Chynon, devers le roy, lequel, après avoir ouy la response, envoya devers le duc de Bretaigne, le comte de Dunois, le seigneur de Bretigny (Précigny) et autres, pour prendre et recepvoir pour lui et en son nom d'icelluy duc, et barons et seigneurs du pays, le serment de servir le roy leallement, tant que la guerre dureroit, ou cas qu'il se meit en armes, pour les ayder et secourir allencontre des Anglois; et lesquels duc, barons et seigneurs le promirent ainsi; ce que pour plus seurement entretenir, baillèrent leurs scels, lesquels feurent portés au roy. Et tout incontinent ce fait, le duc de Bretaigne manda de toutes parts à ses subjets, amis et alliés, qu'ils le voulsissent ayder et secourir à soy vengier des Anglois, et recouvrer sa ville de Fougières. Et à ceste occasion et pour lui complaire, messire Jehan de Bresay, chevalier, natif du pays d'Anjou, capitaine de Louviers; Robert de Flocque, dict Flocquet, escuyer, du pays de Normandie, bailly d'Evreux; Jacques de Clermont, escuyer du pays de la Dauphiné; le sieur de Maugny et Guillaume de Bigars, entreprindrent de prendre les ville et chastel du Pont-de-l'Arche, sur la rivière de Saine, à quatre lieues près de Rouan au-dessus, par le moyen d'un marchand de Louviers, lequel souvent menoit charroy par ledit Pont-de-l'Arche, pour aller à Rouan, et véoit qu'il n'y avoit guères de gardes à icellui pont. Et vindrent le sieur de Bresay et avecques lui aucuns gens de pied, eux embuscher près dudit lieu, du costel devers la porte Saint-Houin; et Robert de Flocque, atout quatre à cinq combattants à cheval, plus près de la ville, devers le bois, du costel dudit Louviers. Icelluy marchand, le jeudi devant l'Ascension, ou mois de may, se partist de Louviers pour aller à Rouan, ainsi qu'autrefois il avoit fait; et en passant pria le portier qu'il lui voulsist bien matin ouvrir la porte du chastel, et qu'il lui donneroit le vin, lui faisant accroire qu'il voulloit hastivement retourner audit Louvier, quérir des denrées; et après ce passa oultre, comme à heure de minuit, accompagnié de ceux de l'embuche de pied. Il se retourna logier en une hostellerie aux champs, près du chastel, du costel de Saint-Houin, là où il trouva en son lit la femme, laquelle eust grande poeur à sa venue; car son mari estoit hors allé à ses affaires. Lequel marchand fust là jusqu'au poinct du jour; et lors alla tout seul appeller le portier, lequel vint ouvrir la porte, ainsi que lui avoit le jour de debvant promis; et au plutost saillirent deux compagnons du costel pour entrer au chastel avecques le marchand, atout sa charette qu'il laissa sur le pont, au lez du boullovert, jusques à ce qu'il tira trois pièces d'argent pour le vin d'icellui portier, lesquelles il jetta à terre; et soy baissant pour les lever, le marchand le tua d'une dague. Ceux du chastel ouirent le bruiet; et en descendit ung en sa chemise, Anglois, bel homme, josne, et fort entre les autres, qui cuida lever le pont du chastel, quand il apperçut le boullovert prins; mais le marchand se hasta et le tua, et ainsi fust conquis le chastel. Tous ceulx de pied passèrent là et vindrent au long du pont, faisants grand cri pour entrer en la ville. Un Anglois gardoit la porte adfin qu'ils n'y entrassent, et la garda longuement et valliamment; mais enfin fust tué et la ville prinse; et là feurent morts et prins cent à six vingts Anglois; et entre autres fust prins le sieur de Falquembercq (Fauconbridge), qui d'adventure y estoit entré la nuit de devant. Quand ceux de pied feurent dans la ville, feirent ouvrir la porte de devers Louviers, par où entrèrent le bailly d'Evreux, le sieur de Maugny et tous les gens de cheval, criants saint Yves et Bretaigne. Ainsi fust la ville prinse, qui estoit moult bonne place et moult fort chastel, et beau pont sur la rivière de Saine.

CHAPITRE IV.

Comment Conacq et Saint-Marguerin, au pays et sur les marches de Bourdelois, furent prins, et Gerberoy en Beauvoisin.

INCONTINENT ung peu après la prinse du Pont-à-l'Arche, ung gentilhomme nommé Verdun, du pays de Gascoingne, du consentement du duc de Bretaigne, prit d'eschelles les places de Conacq et Saint-Marguerin (Maigrin), au pays et sur les marches de Bourdelois, desquelles estoit capitaine pour le roy d'Angleterre, ung escuyer nommé Mondot de Lansac, lequel fust prins près dudit Conacq, en venant de Bourdeaux; car il cuydoit que la place fust encoires en l'obeissance du roy d'Angleterre. Et en ce temps fust aussi prinse la place de Gerberoy, en Beauvoisin, par le sieur de Mouy, gouverneur du pays; et là feurent tués touts les Anglois qui estoient dedans, nombrés à trente personnes, dont estoit chief et capitaine ung nommé Jehan Harpe, qui ce jour là estoit à Gournay.

CHAPITRE V.

Comment la ville de Conches fust prinse; et des ambassades de par les Anglois qui vinrent devers le roy.

Assez tost après ces choses, fust prinse la ville de Conches, par le bailly d'Evreux. Donc quand les Anglois sceurent ces nouvelles, l'archevesque de Bourdeaux et ceux de la cité envoyèrent ung poursuivant vers le roy à Chynon, lui requérir qu'il feit rendre les places de Conacq et Saint-Marguerin, et qu'il leur donnast saulf-conduite, faignant voulloir venir vers lui, dont de tout on ne feit riens; et s'en retourna ledit poursuivant. Et pareillement envoyèrent le duc de Sombresset et le sire de Tallebot, devers le roy à Chynon, maistre Jehan Lenffant, et ung aultre d'Angleterre, pour requérir que l'on rendist lesdites places de Pont-de-l'Arche, Conches et Gerberoy. Auxquels le roy respondit que s'ils voulloient rendre Fougières à son nepveu le duc de Bretaigne, et restituer les biens qui y avoient esté prins dedans, il se faisoit fort de leur faire rendre par icelluy duc, ou ceulx qui par son adveu les avoient prinses, lesdites places; à quoi les ambassadeurs respondirent qu'ils n'avoient nulle puissance de toucher au fait de Fougières. Et pour ce s'en retournèrent à Rouan, sans autres choses faire devers le duc de Sombresset.

CHAPITRE VI.

Comment la guerre recommencha entre les roys de Franche et d'Angleterre, et feurent toutes tresves rompues.

Charles, roy de Franche, duement informé que les Anglois faisoient la guerre au royaume d'Escosse et au roy d'Espagne, ses alliés, qui estoient comprins ès tresves qu'il avoit aux Anglois, et pareillement à ses subjets de la Rochelle, de Dieppe et d'ailleurs, continuellement, sans rendre ne réparer choses qu'ils aient faites contre icelles tresves, ne par mer ne par terre, combien que par plusieurs et diverses fois, espécialement pour la ville de Fougières, il les avoit fait sommer et requérir par ses ambassadeurs et ceulx du duc de Bretaigne, tant au roy mesme, en son pays d'Angleterre, comme à ceulx qui, de par lui, avoient le gouvernement de Normandie; et mesmement quand les tresves avoient duré, les Anglois de Mante et Vernoeul et Loingny alloient sur les chemins de Orléans et de Paris, desrobber et copper les gorges aulx bonnes gens et marchands qui passoient leur chemin; et le semblable faisoient les Anglois de Noeufchastel, de Gournay, de Gerberoy, sur les chemins de Paris et Amiens; et avecques ce alloient de nuict par le plat pays, prendre, copper les gorges et mourdrir les gentilshommes de l'obéissance du roy, en leurs licts; et ceux qui faisoient cela se faisoient appeller les faulx visages, et se vestoient et desguisoient de habits dissolus et espouvantables, adfin qu'on ne les recognust; lesquelles choses estoient refusants de réparer; pour lesquelles causes et aultres le roy délibéra par conseil, de leur faire la guerre par mer et par terre. Et feirent, lui et le duc de Bretaigne, assembler leurs gens de toutes parts. Durant lequel temps les Anglois feirent une saillie sur les gens du duc de Bretaigne, lesquels les reboutterent très asprement, sy qu'ils feurent que prins que morts, six vingts Anglois.

CHAPITRE VII.

Comment la ville de Vernoeul fust prinse par ung molnier, et le chastel assiégé.

En ce temps, un molnier de la ville de Vernoeul, qui avoit son moulin contre les murs d'icelle ville, fust battu d'ung Anglois faisant le guet, pour ce qu'il dormoit, lequel alla de dépit vers le bailly d'Evreux, et lui promeict, moyennant certaines convenances faites entre eux, de le boutter dedans la ville. Et s'assemblèrent messire Pierre de Bersay, sénéschal de Poitou, ledit bailly d'Evreux, Jacques de Clermont et aultres, et chevauchèrent tant, que tous ensemble se trouvèrent, le neuviesme jour de juillet, l'an quarante-neuf, au poinct du jour, près des murs de la ville de Vernoeul. Iceluy molnier, qui faisoit le guet ce jour, feit descendre les autres qui estoient au guet plus matin qu'ils n'avoient accoustumé; et pour ce qu'il estoit dimanche se hastèrent d'aller à la messe pour déjeusner. Les Franchois, à l'ayde du molnier, dressèrent les eschelles au droit du moulin, et entrèrent dans la ville sans estre appercheus. Ils estoient dedans six vingts Anglois, dont les aucuns feurent tués et prins, les aultres se retirèrent au chastel en grande haste. Le lendemain, le molnier osta et tollit une partie de l'eau des fossés du chastel, lequel fust assailly et deffendu moult valeureusement; mais à la fin fust prins d'assaut, où il y eust moultes belles armes faictes, et par espécial par le seneschal; et là feurent morts et prins plusieurs Anglois. Les aultres se retirèrent en grande haste en la Tour Grise, laquelle estoit moult forte et imprenable, tant qu'il y eust à mangier dedans; car elle est haute et grosse, bien garnie et environnée de fossés plains d'eau.

CHAPITRE VIII.

Comment la tour de Vernoeul fust assiégée, et du secours que le sieur de Tallebot leur cuida faire; et comment le roy de Franche entra en Normandie pour secourir ceux du siége; et comment la ville de Pont-Eau-de-Mer fust prinse par les Franchois.

Le jour que la ville de Vernoeul et le chastel feurent prins, le comte de Dunois, nouvellement institué lieutenant-général du roi de Franche, en ses guerres, arriva à Vernoeul, accompagnié de sire Guillaume de Cullant, grand maistre d'hostel, de Flourens d'Illiers et de plusieurs autres chevalliers, escuyers et gens d'armes, lesquels meirent le siége de touts costés, contre ladite tour. Lesquels eurent nouvelles que le sieur de Tallebot estoit venu jusques à Bretoeul, pour secourir et ayder ladite tour; et se partirent tous, réservé iceluy messire Flourens, qui demoura pour le gouvernement du siége et la garde de la ville, atout huict cens combattans; et chevauchèrent tant qu'ils rataindrent le sieur de Tallebot près de Harecourt. Lequel, quand il les appercheut, se fortifia et ferma de hayes et de chariots qu'il avoit amenés pour porter ses vivres, en telle manière que on ne le pouvoit grever; et quant vint sur la minuict, il se retrait hastivement audit chastel de Harecourt.

Tout iceluy jour furent les Franchois en armes, cuidants avoir bataille; et là feurent faits chevalliers le sieur de Herbault, sire Jehan de Bar, le sieur de Baugy et Jehan Daulon, escuyer d'escurie; lesquels, quand ils veirent le sieur Tallebot retraict, ce jour allèrent à Evreulx. Durant ces choses, le roy de Franche, Charles, qui avoit son armée preste, se partist d'Amboise le sixième jour d'aoust, l'an quarante neuf dessusdit, pour passer la rivière d'Oise, et entrer en Normandie pour secourir et ayder ceux qui tenoient le siége devant la tour de Vernoeul. Et le huitième jour dudit mois se partirent d'Evreux, le comte de Dunois, le grand maistre d'hostel, les sieurs de Blanville et Mauny, et plusieurs autres chevalliers et escuyers, jusqu'au nombre de deux mille cinq cents combattants; et d'ung autre costé, passèrent ce jour le pont de l'Arche, pour entrer en Normandie, les comtes d'Eu, de Saint-Pol, les sieurs de Saveuses, de Roye, de Mouy, de Rambures, et plusieurs autres chevalliers et escuyers, jusques au nombre de trois cents lanches, et quatorze à quinze cents archiers. La pluspart desquels chevalliers, escuyers et archiers estoient des pays du duc Philippe de Bourgogne; lequel duc leur avoit donné congié d'y aller et servir le roy, et ne leur avoit baillié nulle constrainte, fors que il avoit octroyé que quiconque y voulloit aller s'y en allast. Quant icelles armées feurent entrées au pays de Normandie, si chevaulchèrent d'ung costel et d'autre, tant que le douzième jour dudit mois se trouvèrent ensemble devant la ville de Pont-Eau-de-Mer, le comte de Dunois, du costel devers Rouan; le comte d'Eu et le comte Saint-Pol, et toutes leurs compagnies, du costel devers Honfleur, oultre la rivière qui passe encontre icelle ville; lesquels meirent leurs gens en ordonnance, puis assaillirent la ville. Du costel du comte de Saint-Pol et des Picards fust combattu moult longuement et vigoureusement; car les Anglois qui estoient dedans feirent bien leur debvoir de la garder; et y eut moult de belles armes faictes d'un costé et d'aultre, tant que en la fin la ville fut prinse d'assault, par le feu qui y fust mis des fusées ardentes qu'on y tiroit. Et se retirèrent les Anglois au long de la ville, en une forte maison, lesquels estoient quatre cents et vingt, dont estoient chiefs et capitaines, Monfort, thrésorier de Normandie, et Jacques Hoston, lesquels se rendirent tous prisonniers au comte de Dunois, comme lieutenant du roy. A celle besoingne feurent faits chevalliers, les sieurs de Roye, de Rambures, et le sieur Mourcourt, fils du sieur Contay, et plusieurs autres du pays de Picardie, jusques au nombre de vingt-deux.

CHAPITRE IX.

Comment le roy de Franche arriva à Vendosme et à Chartres; et comment Saint-James de Buveron fust assailli et puis prins; et de ceux de la tour de Vernoeul qui se rendirent au roy.

Le douziesme jour d'aoust arriva Charles, roy de Franche, en la ville de Vendosme, grandement accompagnié; et là fust jusques au dix-huitiesme jour du mois dessusdit. Cependant le sieur de Loheac, le mareschal de Bretaigne, messire Geoffroy de Couvran et Joachim Rohault assaillirent Saint-James de Buveron sy durement, que l'assaut dura depuis neuf heures au matin jusques à la nuit. Et le lendemain s'en allèrent les Anglois qui dedans estoient, leurs corps et leurs vies sauves, et rendirent la place; et le douziesme jour d'aoust, le roy Charles entra en sa cité de Chartres; et le lendemain de sa venue, se rendirent ses prisonniers, ceux de la tour de Vernoeul qui n'estoient que trente; car ung peu paravant estoient eschappés plusieurs de dedans, atout l'avoir, par la faute du capitaine et de ceux qui faisoient le guet, et dont ils fuirent; et feirent le traictié de la reddition de ladite place le sieur de Perigny (Précigny) et le sieur de Baugny (Baugy).

CHAPITRE X.

Comment la cité de Liseux, Neufchastel et ceux de la ville de Mante, se rendirent au roy; et de l'entrée du roy à Vernoeul; et comment le chastel de Loigny fust remis en l'obéissance du roy.

Le comte de Dunois, lieutenant général du roy de Franche, le comte de Saint-Pol, et les autres qui avoient esté à Pont-Eau-de-Mer, se partirent et chevauchèrent ensemble devant la cité de Liseux pour y mectre le siége. Mais quand ceux de la ville apperceurent sy grande multitude de gens, ils considérèrent que la ville ne pouvoit longuement durer ne résister à sy grande puissance; et doubtèrent aussy qu'elle ne fust prinse d'assaut, et qu'elle ne fust pillée, périe et destruite; parquoy ils meirent la cité en l'obéissance du roy de Franche, par le conseil de leur évesque, qui s'y gouverna pour le roy très grandement, puisqu'il se rendit au roy plusieurs menues places allencontre dudit Liseulx.

Après ces choses, se partist le roy de Franche de Chartres, le jour de Saint-Loys, à belle et grande compagnie; et alla au giste à Chasteau-Neuf, qui, ce jour, se rendit aux comtes de Dunois, d'Eu et de Saint-Pol, et ceux de leurs compagnies, qui estoient de cinq à six mille combattans.

Et pareillement se rendit la ville de Mante sur Seine; et estoient dedans icelle ville de sept à huict vingts combattants, dont estoit chief et capitaine ung nommé Sainte-Barbe; lesquels s'en allèrent à Rouen, leurs corps et leurs biens saufs. Et le lendemain entra Charles, roy de Franche, à Vernoeul, à grand estat et noble compagnie; lequel y fust moult honorablement receu, et à grande joye de ceux de la ville, lesquels allèrent aux champs au-devant de lui, atout les processions, faisants fusées, et criants Noel! parmi la ville. Le roy estant à Vernoeul, se rendit à lui le chasteau de Loigny, par un escuyer du pays de Normandie, nommé le sire de Sainte-Marie, capitaine dudit chastel, pour messire Franchois de Surienne, dit l'Arragonois, seigneur de ladite place, qui avoit marié sa fille audit escuyer. Lequel escuyer meit les Franchois par le donjon, sans le sceu des gens de guerre, qui estoient deux cents combattants, logiés en la basse-court par icelui messire Franchois, pour la garde dudit chastel. Lesquels, quand ils appercheurent les Franchois, se cuidèrent saulver et mectre à deffense; mais pour ce qu'ils furent trop foibles, ils feurent prins en ladite basse-court. Leurs chevaux et leurs biens demeurèrent prisonniers à la vollonté du roy. Et fust faicte ceste entreprise par le séneschal de Poitou, lequel n'y fust point en personne. La femme dudit messire Franchois estoit dedans ledit chastel, laquelle s'en alla atout ses biens, estant mal contente de son gendre.

CHAPITRE XI.

Comment les villes de Vernon sur Saine, Gournay et le chastel d'Essay feurent mis en l'obéissance du roy de Franche.

Le jeudy dix-septiesme jour du mois d'aoust, fust mis le siége devant Vernon-sur-Saine, par les comtes de Dunois, d'Eu et de Saint-Pol, et autres de leurs compagnies; laquelle ville estoit moult bonne place, et y avoit ung fort chastel et ung autre petit sur le pont, nommé Véronnet, dont estoit capitaine le fils du comte d'Ormont, d'Irlande, qui avoit pour la garde deux cents et quarante combattants, valliants gens, lesquels promeirent rendre la place le samedy ensuivant, à heure de prime, en cas qu'ils ne fuissent secourus en dedans ce jour. Dedans lequel jour ne feurent secourus, pource que les autres Anglois n'osoient desgarnir Rouan. Pour laquelle cause rendirent la ville aux Franchois et s'en allèrent, leurs corps et biens saufs; et demourèrent ceulx de la ville paisiblement sans rien perdre. Aucuns jours après, le capitaine de Gournay, nommé Guillaume Couvren, Anglois, rendit la ville de Gournay aulx comtes d'Eu et de Saint-Pol, parmy certain traictié et appoinctement faicts entre eux. Puis se partist le roy de Franche de Vernoeul, et s'en vint à

Évreux, grandement accompagnié, où il fust honorablement receu des habitants de la ville, en criant Noël! et les rues tendues, comme à Vernoeul; et là coucha une nuict; et le lendemain se partist pour aller à Louviers, où il fust semblablement receu à grande joie. En ce temps, les Anglois des ville et chastel d'Essay allèrent pescher à ung estang assez près de ladite ville; sy vint à la cognoissance du duc d'Allenchon, lequel y alla secrètement et les print; et puis les mena devant la ville d'Essay, laquelle ils lui feirent rendre.

CHAPITRE XII.

Comment Fescamps, le chastel de Harecourt, le chastel de Chambrois et la Rocheguyon feurent rendus au roy.

Durant les choses dessusdites, ceux de la garnison de Dieppe, pour le roy de Franche, sceurent qu'il y avoit peu d'Anglois pour la garde de l'abbaye de Fescamps, qui est port de mer; sy y allèrent secrètement et la prindrent. Assez tost après y arriva une nef qui venoit d'Angleterre, en laquelle il y avoit quatre-vingts Anglois qui venoient pour estre en leur aide, lesquels les Franchois laissèrent descendre pour les prendre tous prisonniers. En ceste saison le comte de Dunois et ceulx de sa compagnie meirent le siége devant le chasteau de Harecourt, qui est bel et fort; et là feirent des belles approches, èsquelles fut tué d'ung canon ung vaillant homme franchois de la garnison de Louviers; et pareillement fust tué ung Anglois d'une coullevrine sur le portal de la basse-cour. Les Anglois estoient dedans de six à sept-vingts, dont estoit capitaine le bailly dudit Harecourt, nommé messire Richard Forqueval, lequel fust deshonnoré et pendu à la porte du boullovert. Les Franchois qui devant estoient, s'efforcèrent de jetter canon, et du premier coup perchèrent tout outre les murs de la bassecourt. Alors les Anglois doubtèrent et promeirent rendre la place en cas qu'ils ne seroient à certain jour les plus forts aux champs, auxquels il ne se trouvèrent point; et partant, rendirent le chastel le cinquiesme jour de septembre, lequel ils avoient tenu par l'espace de quinze jours, et s'en allèrent leurs corps et vies saufs. Et le dix-huitiesme jour de septembre ensuivant fust assiégé le chastel de Chambrois par les comtes de Dunois, de Clermont et de Nevers; le sieur de Laval, le sieur de Cullant, grand maistred'hostel du roy, le sieur de Blanville, les sieurs de Vernoeul, de Gaucourt et de Bersay; les baillys de Berry et d'Évreux, et plusieurs aultres chevalliers et escuyers, lesquels n'y feirent guères; mais enfin le comte de Clermont feit composition avecques les Anglois qui dedans estoient, qui feurent trouvés environ deux cents testes, qui s'en allèrent leurs corps et vies saufs. En ce mesme temps, se rendit la ville de Neufchastel de Lincourt aux comtes d'Eu et de Saint-Pol, qui avoient mis le siége dès le huitiesme jour dudit mois; et, pendant qu'ils y feurent, prindrent la ville d'Essay. Assez tost ung Anglois de Galles, nommé Édouard, capitaine de la Rocheguyon, parce que sa femme estoit de Franche, et parente à messire Denys de Chailly, laquelle avoit de belles terres au pays de Franche, par l'admonestement, prières et enhortement de sa femme, rendit aux gens du roy de Franche la Rocheguyon, qui estoit une très forte place sur la rivière de Saine; et se feit Franchois, moyennant qu'il deut jouir des terres de sa femme estants en l'obéissance des Franchois.

CHAPITRE XIII.

Comment le duc de Bretaigne entra en Normandie et meit en l'obéissance du roy les villes de Coustance et de Saint-Loup (Saint-Lô); et le duc d'Allenchon print la ville d'Allenchon.

En ceste saison, le duc de Bretaigne, accompagnié d'Arthus de Bretaigne, connestable de Franche; du comte de Laval, du sieur de Loheac, mareschal de Franche; du sieur de Montauban, mareschal de Bretaigne, et de plusieurs autres chevalliers et escuyers, jusques au nombre de six mille combattants, à y comprendre trois cents lanches et leurs compagnies d'archiers des gens du roy de Franche, dont estoient conducteurs icelluy Loheac, messire Geoffroy de Couvran et Joachim Rohault, se partist de sa duché de Bretaigne et entra en la Basse-Normandie ; et, avant partir, laissa son frère messire Pierre de Bretaigne, sur les marches de Fougières et d'Avrence (Avranches), pour la garde du pays, atout trois cents lanches, puis mena son armée devant la ville de Coustance, et y meit le siége. Mais les Anglois qui estoient dedans, voyants le peuple qui estoit devant eux, se rendirent le jour ensuivant. Et alla mectre le siége devant Saint-Loup (Saint-Lô), laquelle se rendit le seiziesme jour dudit mois de septembre ; et s'en allèrent les Anglois, leurs corps et leurs vies saufs, lesquels estoient deux cents combattants, dont estoit capitaine messire Estienne Pouchon. En ce temps-là, le duc d'Allenchon à point, par le consentement et aide des bourgeois et autres habitants de la ville d'Allenchon, print ladite ville ; et s'enffuirent et retirèrent les Anglois dedans le chasteau, lequel incontinent fust assiégé par icelluy, atout huict vingts lanches, et en la fin se rendirent les Anglois.

CHAPITRE XIV.

Comment le comte de Foix se partist de son pays et alla mectre le siége devant Mauléon, et comme le roy de Navarre vint pour cuider lever le siége, puis s'en retourna sans rien faire, et se rendit en la ville au comte de Foix; et du sieur de Luce qui se rendit Franchois atout six cents combattants.

Au mois de septembre dessusdit, le comte de Foix, accompagnié des comtes de Comminges et d'Estraict (Astarac), du vicomte de Lautrec, son frère, et de plusieurs barons et chevalliers du pays de Foix, de cinq à six vingts lanches et de dix mille arbalestriers, partist de son pays de Biarne (Béarn) et chevaucha, ainsy que dict est, accompagnié, par le pays des Basques jusques devant la ville de Mautléon de Selle[1], où il meit le siége; et assez tost après ceux de la ville, doubtants qu'ils ne fussent prins d'assault, se rendirent par composition; et lors se retirèrent dans le chastel les Anglois, lequel chastel est le plus fort de la duché de Guyenne; car il est merveilleusement hault, assis sur un hault et dur rocq. Le comte sçavoit qu'il y avoit peu de vivres dedans; et pour ce y meit le siége de touts costés. Quant le roy de Navarre sceut ces nouvelles

---

1. Mauléon de Soule, en Gascogne.

là, il feit son mandement de toutes parts pour aller lever le siége, et chevaucha avecq six mille combattants arragonois, gascons, anglois et navarrois, jusques à deux lieues près de la ville, en cuidant lever le siége. Mais quant il sceut la puissance et fortification de ceux qui y tenoient le siége, il feit reculer et retraire ses gens, puis envoya ses messagers vers le comte de Foix pour parlamenter avecques lui, lequel lui envoya seureté de venir. Sy vint le roy de Navarre à petite compagnie à ung quart de lieue près du siége, atout sa seureté, où estoit le comte, auquel il dit que, veu qu'il avoit espousé sa fille, dont il avoit belle lignée, et attendu l'affinité qui pour ce debvroit estre entre eulx, il se donnoit grande merveille comment il avoit assiégé ladite place sur sa sauvegarde, veu que le connestable en estoit capitaine de par luy pour le roy d'Angleterre, auquel il avoit promis la garder encontre tout. Le comte de Foix, son gendre, lui respondit qu'il estoit lieutenant du roy de Franche ès pays d'entre Guyenne et les monts Espérans (Pyrénées), et sy estoit son subjet et son vassal; et que, par son commandement, comme son lieutenant, avoit mis le siége devant le chastel; et pource, jamais pour homme ne s'en lèveroit jusques à ce qu'il fust en l'obéissance du roy de Franche. Mais en toutes choses à lui possibles il l'aideroit et conforteroit, comme père de sa femme, réservé contre le roy de Franche, ses subjets et alliés. Après ceste response s'en retourna le roy de Navarre et son ost en son pays. Quand ceulx du chastel veirent qu'ils ne pouvoient estre secourus, attendu la grande nécessité qu'ils avoient, rendirent le chastel au comte de Foix. Assez tost après, le sieur de Luce, accompagnié de six cents combattants portants des croix rouges, lequel estoit homme du roy de Franche à cause dudit chastel, alla faire en la main du comte de Foix hommaige au roy de Franche ; et incontinent le serment fait, s'en retourna atout sa compagnie en sa maison, portants touts des croix blanches, dont leurs femmes et enfants feurent moult esbahis. Après ces choses, le comte de Foix retourna en son pays.

CHAPITRE XV.

Comment le chastel d'Yexmes se rendit aux Franchois ; de la prinse des ville et chastel d'Argentan ; et comment le roy de Cécille et son frère vindrent servir le roy de Franche ; et du siége qui fust mis devant le Chastel Gaillard.

Le vingt-uniesme jour du mois de septembre, l'an dessusdit quarante-neuf, les comtes de Dunois, de Clermont et de Nevers, et plusieurs autres en leur compagnie, meirent le siége devant le chastel d'Yexmes, lequel fust, par les Anglois qui dedans estoient, rendu ; et s'en allèrent, leurs corps et leurs vies saufs. Ce fait, les Franchois allèrent devant les ville et chastel d'Argentan, où ils meirent le siége; et lors les Anglois parlamentèrent. Et quand les bourgeois de dedans veirent les Anglois amusés à parlamenter, cognoissants que leur vollonté estoit de tenir, contre la cognoissance des Anglois et sans leur sceu, appellèrent aucuns de l'autre costé dont on parlamentoit, et leur demandèrent ung estendart, bannière ou enseigne, leur disants que là ou ils mecteroient l'enseigne, venissent seurement, et les mecteroient dedans la place; et ainsy le feirent. Quand les Anglois les apperchurent entrer ens, ils se retournèrent au chastel, et incontinent une bombarde du siége des Franchois tira contremont la muraille d'icelluy chastel, et y feit trou assez grand pour y passer une charrette. Lors les Franchois voyants le mur ainsy abbattu, ils assaillirent le chastel et le prindrent par le trou. Les Anglois de dedans se bouttèrent au donjon; mais assez tost se rendirent, de poeur d'estre prins d'assaut, et s'en allèrent ung baston au poing tant seulement.

En ceste saison estoit le roy de Franche à Louviers, et sa compagnie; vindrent le roy de Cécille, Regner (René), et Charles d'Anjou, comte de Maine, son frère, vers lui; desquels le roy avoit espousé leur soeur; et amenèrent avecques eux le vicomte de Loumaigne, le comte de Castres, le cadet de Labret, le baron de Traynel, chancellier de Franche; le sieur de Cullant, grand maistre-d'hostel; le comte de Tancarville, le comte de Dampmartin, le mareschal de la Fayette, messire Ferry de Loheren (Lorraine), messire Jean son frère, les sieurs de Blanville, de Montgascon, de Précigny, de Gaucourt, de Prailly, de la Bessière, de Chailly, de Monteil, de Brion, de Beauvois, de Han en Champaigne, d'Aigreville et de Malicorne; messire Theaude de Walpergues, messire Jehan du Cigne, messire Louis de la Rochette, messire Robinet d'Estampes, et plusieurs aultres barons, chevalliers et escuyers, jusques au nombre de deux cents lanches et archiers, sans les gens du duc d'Allenchon et ceulx du duc de Bretaigne, et des comtes de Dunois, d'Eu, de Clermont et de Saint-Pol. Toutes ces compagnies venues au service du roy de Franche, le roy feit mettre le siége devant le Chastel Gaillard, qui est moult fort et imprenable; car il est assis près de la rivière de Saine sur ung rocq, que nuls engins ne poeuvent grever. Lequel siége fust mis par le séneschal de Poitou, le sieur de Jaloignes, mareschal de Franche, messire Jehan de Bresay, Denys de Chailly, et autres, qui à mectre le siége se gouvernoient bravement et vaillamment; et y estoit le roy en personne.

CHAPITRE XVI.

Comment la ville de Gisors fust mise en l'obéissance du roy, et comment le roy et toute son armée alla devant Rouan pour sommer de rendre la ville.

Deux ou trois jours avant le siége mis devant le Chastel Gaillard, ou environ, fust faicte la composition de la ville de Gisors par le séneschal de Poitou, et fust la ville rendue par ung escuyer nommé Paviot, et ung aultre nommé Pierre de Courcelles, parent de la femme du capitaine de Gisors, nommé Richard Marbery. Icelle avoit de belles terres en Franche; et pource feit tant que son mary fust content de rendre ladite place à ung jour nommé; et de faict la rendit et se feit Franchois, parmy ce que on lui deslivrast deux de ses enfants qui avoient esté prins à Pont-eau-de-Mer, et qu'il jouiroit des terres de sa femme que les Franchois tenoient. Et au mois d'octobre ensuivant, l'an mil quatre cent quarante-neuf, le roy manda au comte de Dunois et à ceux de sa compagnie qui avoient mis Argentan en son obéissance, et pareillement aux comtes d'Eu, de Saint-Pol, et à ceux de leurs compagnies, qu'ils vinssent vers lui atoutleurs gens, par ce qu'il voulloit mettre la cité de Rouan en son obéissance. Sy vindrent hastivement à son commandement : et chevauchèrent tant que la compagnie du comte de Dunois se trouva en la campagne de Noeufbourg ; et ceux des comtes d'Eu et de Saint-Pol s'assemblèrent de l'autre costel près de la ville de Rouan. Incontinent après se partist le roy de Franche, accompagnié du roy de Cécille et autres devant nommés ; et chevaucha jusques au Pont-de-l'Arche, où ceux de la ville vindrent devant lui, faisants grande joie de son advénement. Et lors envoya sommer ceux de la ville et cité de Rouan, par ses héraux, qu'ils eussent à lui rendre et mettre en son obéissance ladite ville. Mais les Anglois qui estoient dedans ne voullurent souffrir que les héraux baillassent leur sommation ; ains respondirent qu'ils retournassent en grande haste ; et sy feirent-ils, car ils avoient esté en grand dangier de mort. Le roy sçachant les manières que les Anglois avoient tenu à ses héraulx, feit passer touts ses gens d'armes ledit Pont-de-l'Arche, dont estoit conducteur le comte de Dunois ; et les envoya devant la cité de Rouan, où ils furent trois jours en grande puissance, combien qu'il feit en ces trois jours orde (sale) temps et ennuieux de pluye ; et y eurent les gens de guerre moult à souffrir, car ceux de dedans feirent sur eulx moult grandes saillies, où y eust moult de belles armes faictes ; et y fust prins à l'une desdites saillies ung escuyer franchois, nommé le bastard Soubriers, par son cheval qui cheut dessous lui. Les seigneurs Franchois se meirent en bataille devant ladite ville, et envoyèrent sommer par les héraux du roy pour la deuxiesme fois ceulx de la cité qu'ils se meissent en l'obéissance du roy; mais les Anglois ne voulurent souffrir qu'ils approchassent la ville, ne qu'ils parlassent au peuple; et ainsy s'en retournèrent comme les premiers. Et lors le comte de Dunois, voyant que nul de la cité ne faisoit semblant ne manière de vouloir rendre la ville, considérant aussi le temps et la saison qui estoit sur l'hiver, s'en retourna au giste ce tiers jour au Pont-de-l'Arche; et les gens de guerre allentour d'icelluy pont par les villaiges.

CHAPITRE XVII.

Comment les Franchois cuidèrent entrer en la ville de Rouan, par le moyen d'aucuns de la ville, mais le sieur Tallebot les reboutta, et en y eut plusieurs morts.

En ce temps, vindrent nouvelles au roy de Franche, lui estant au Pont-de-l'Arche, qu'aucnus de la ville de Rouan se mectoient sur la muraille d'icelle ville dedans deux tours, et là gardoient ung pan de mur, adfin que les Franchois peussent par là entrer en la ville. Si fust envoyé le comte de Dunois celle part avecques l'armée, pour entreprendre ceste besongne; et incontinent se partirent les roys de Franche et de Cécille en deux batailles, dont l'une fust à la porte Beauvoisine, près de la justice, où estoient le sieur Cullant, le sieur Delval, les sieurs de Blanville et de Bureulx (Bureau), et de Jaloingnes, mareschal de France; et plusieurs autres; lesquels ne feurent pas à pied, fors seulement les archiers, qui ne se bougièrent de leur place. L'autre bataille fust entre les Chartreux et la ville, où estoit le comte de Dunois, lieutenant-général; les comtes de Clermont, de Nevers, d'Eu, de Sainct-Pol, le séneschal de Poitou, messire Robert de Flocque, bailly d'Evreux; et plusieurs autres chevalliers et escuyers. Il vint devers eux ung homme de la cité leur dire qu'il estoit temps d'entrer, et que chacun feit son debvoir. Et lors descendit à pied le comte de Dunois et tous ses gens; et marchèrent jusques à la muraille de la ville, où ils dressèrent ung peu d'eschelles qu'ils avoient entre lesdites tours, pour monter contremont le mur. Là feurent faits chevaliers, Charles de la Fayette, le sieur d'Aigreville, maistre Guillaume Cousinot, Jacques de la Rivière, bailly de Nivernois, Robert de Harenville, et plusieurs autres qui grandement feirent leur debvoir sur la muraille. Le sieur de Taillebot (Talbot), qui estoit sur le mur, et véant ce, atout grande compagnie de gens d'armes et de traits anglois, comme tout forcené, vint pour rebouter les Franchois, qui jà estoient partie montés sur le mur, lesquels très valliamment se combattirent; mais à la fin leur convint laisser la muraille et guerpir (quitter) le champ, car ils estoient encoires trop peu montés. Et feit tant le sieur de Tallebot, par sa vaillance, qu'il fut maistre de la cité et des deux tours; et là feurent, que pris qua tués, environ soixante personnes, tant des Franchois que de ceux de la ville qui les aydèrent; dont les aucuns saillirent ès fossés du haut des tours; les autres eschappèrent.

CHAPITRE XVIII.

De la prinse de la ville et cité de Rouan, sauf le palais et le chastel.

Après que les Franchois feurent, ainsy que dict est, reblouttés par les Anglois jus de la muraille de la ville et cité de Rouan, et que les roys de Franche et de Cécille, qui estoient arrivés à Darnestal, veirent que la puissance de la cité n'estoit bien jointe ne unie avecques les autres de la ville qui s'estoient mis ès tours, ils s'en retournèrent au Pont-de-l'Arche; et touts les gens de guerre et la puissance s'en allèrent logier par les villaiges sur la rivière de Saine. Le lendemain, ceux de la ville de Rouan, pour la grande poeur et frayeur qu'ils avoient eue de l'assaut, doubtants que la ville ne fust prinse d'assaut, et par ce pillée, désolée et destruicte, et aussi pour esviter l'effusion du sang, qui polroit advenir par la prinse d'icelle cité, envoyèrent l'official d'icellui lieu et aultres au Pont-de-l'Arche, devers le roy de Franche, pour avoir de lui ung sauf-conduit pour aucuns des plus notables gens d'église, nobles, bourgeois, marchands et autres de la cité, lesquels voulloient venir devers lui ou les seigneurs de son grand conseil, pour trouver et faire aucun bon traictié et appoinctement. Sy leur fust délibvré ledit sauf-conduit; et ce jour, atout leur sauf-conduit à la seureté du roy, vindrent, c'est assavoir : pour ceux de la cité, l'archevesque dudit lieu avecques plusieurs autres, et pour le duc de Sombresset, gouverneur de par le roy d'Angleterre, de la duchié de Normandie, lequel estoit dedans Rouan, aucuns chevalliers et escuyers, au port de Sainct-Ouen, à une lieue près du Pont-de-l'Arche; auquel port ils trouvèrent pour le roy de Franche, le comte de Dunois, le chancellier, le séneschal de Poitou, messire Guillaume Cousinot, et plusieurs autres. Illecques parlamentèrent longue et bonne piéche les ungs avecques les autres, tant que l'archevesque et ceux de la cité feurent d'accord et contents de rendre la ville de Rouan, et la mectre en l'obéissance du roy de Franche, et en promirent faire leur debvoir, parmi ce que touts ceux de la ville et cité qui voldroient demourer, demoureroient atout leurs biens sans rien perdre, et qui s'en voldroient aller s'en iroient. Et ainsi se partirent les Anglois et Franchois, les ungs pour aller au Pont-de-l'Arche, les autres à Rouan; mais pource qu'ils y arrivèrent tard et de nuict, ne peurent faire leur response ce jour jusqu'au lendemain, qui fust le dix-huitiesme jour d'octobre, lequel jour ceux qui avoient esté vers les Franchois, s'en allèrent en la maison de la ville pour relater devant le peuple l'appoinctement et les parolles qu'ils avoient eus avecques les gens du roy de Franche. lesquels parolles et appoinctement feurent très agréables à ceux de la ville et desplaisants aux Anglois. Lesquels quand ils perceurent la vollonté et grand désir que le peuple avoit au roy de Franche, se partirent mal-contents de l'hostel de ville, et se meirent touts en armes, et puis se retirèrent au palais, au pont sur les portaux et au chastel de la ville. Quant ceux de la ville cognurent leur contenance, ils se doubtèrent fort; et pour ce se meirent pareillement en armes, et firent grand guet et grande garde tout le jour, qui fust samedi, et la nuict semblablement contre iceux Anglois; puis envoyèrent hastivement celle nuict ung homme au Pont-de-l'Arche au roy de Franche, lequel y arriva au poinct du jour, faire sçavoir au roy de Franche qu'il les vinst hastivement secourir, et qu'ils le mectroient dedans la ville. Le dimanche au matin, dix-neuviesme jour du mois d'octobre, ceux de la ville, qui touts estoient en armes, s'esmeurent contre les Anglois très asprement, tant qu'ils gagnèrent sur eux les murs et portaux de la ville, et les chassèrent touts ensemble au palais, pont et chastel de la ville; et à ceste heure le comte de Dunois et plusieurs autres, qui près estoient de ladite ville logiez, montèrent hastivement à cheval pour secourir les habitants de la ville allencontre des Anglois; et fust le bailli d'Evreux frappé d'ung cheval de sa compagnie, qui lui rompit la jambe, pour ce qu'il n'avoit eu le loisir de prendre son harnois, lequel fust porté au Pont-de-l'Arche pour guérir; et eust le gouvernement et garde de ses gens le seigneur de Mauny. Tantost après partist le roy du Pont-de-l'Arche, grandement accompagnié de gens d'armes, pour tirer à Rouan; et feit charger son artillerie pour faire assaillir Saincte-Catherine, que les Anglois tenoient. Mais cependant le comte de Dunois les feit rendre, voyant la ville estre contre eux, et on leur bailla ung héraut du roy pour les conduire en allant trouver le roy, ainsi qu'ils passoient le pont de Sainct-Ouen; lequel leur dit qu'il ne prinssent rien sans payer; et ils lui respondirent qu'ils n'avoient de quoi payer. Lors le roy leur feit bailler cent francs : lesquels estoient au nombre de six-vingts, puis les laissa aller. Le roy s'en alla logier à Saincte-Catherine, le comte de Dunois et les autres gens de guerre estoient à la porte Martinville, auquel vindrent vers eux, les gens d'église, nobles, bourgeois, marchands et habitants de la ville, qui leur apportèrent les clefs, en disant qu'il pleut au seigneur de Dunois boutter dedans la cité, tel et sy grand nombre de gens d'armes qu'il lui plairoit. Lequel leur respondit qu'il feroit leur vollonté. Et après plusieurs parolles dictes entre eux pour le bien de la ville, y entra premier messire Pierre de Bresay, séneschal de Poitou, atout cent lanches et les archiers du comte de Dunois; et les autres batailles s'en allèrent ce soir logier aux villaiges d'allentour la ville. Et estoit belle chose de veoir les compagnies des roys de Franche et de Cécile et des autres seigneurs, chevalliers et escuyers. Ce jour mesme, au soir, rendirent les Anglois le pont; et fust baillié en garde au sieur de Harenville, et le lendemain feurent ouvertes toutes les portes de la ville et cité, et y entra tout homme qui voullut y entrer.

Le duc de Sombreset, qui estoit au palais, voyant la puissance du roy de Franche, requist qu'il parlast au roy, dont le roy fust content. Adoncques se partist du palais, accompagnié d'un certain nombre de ses gens et des hérauts du roy, lesquels l'accompagnèrent jusques à Saincte-Catherine-du-Mont de Rouan, où le roy estoit et son grand conseil, et en sa compagnie le roy de Cécile, le comte de Maine, et plusieurs autres seigneurs de son sang, le patriarche d'Antioche, l'archevesque de Rouan, et plusieurs autres preslats. Après que le duc eust salué et fait la révérence au roy de Franche, il le pria qu'il lui plust que lui, le sieur Tallebot, et autres Anglois, s'en peussent aller seurement, jouissants de l'absolution, ainsi que ceux de Rouan l'avoient fait, et avoit esté ordonné et accepté par ceux de son grand conseil. Le roy de Franche respondit que la requeste n'estoit point raisonnable, et qu'il n'en feroit rien; car ils n'avoient voullu tenir le traictié, appoinctement et absolution dictes, ne rendre le palais et le chastel; ains les avoient tenus, et encoires tenoient contre sa puissance, son gré et vollonté; et si n'avoient voullu consentir que ceux de Rouan lui rendissent sa ville; mais résisté à leur pouvoir. Et pour ces causes, devant qu'il partist du palais, lui rendroient Honfleur, Harfleur, et toutes les places du camp estants ès mains du roy d'Angleterre. Sur ces parolles, le duc s'en retourna au palais, regardant parmi les rues tout le peuple portant la croix blanche, dont il n'estoit pas joyeux; et fust convoyé par les comtes de Clermont et d'Eu.

CHAPITRE XIX.

Comment le roy feit mectre le siége devant le palais de Rouan, et comment le palais lui fust rendu.

Après que le duc de Sombreset se fust parti du roy, le roy commanda mectre le siége devant le palais; lequel y fust mis du costel devers les champs, où le roy envoya grand nombre de gens de guerre, hommes d'armes et de traict; puis feit faire de grandes trenchis tout autour d'icellui palais, tant aux champs comme en la ville; et feurent assis touts les bombardes et canons au-devant de la porte du palais qui ouvre sur la ville, et pareillement de celle qui ouvre sur les champs. Quant le duc de Sombreset apperceut les approches, il fut moult esbahy, voyant qu'il avoit peu de vivres au palais et beaucoup de gens; au contraire, considérant aussi qu'il ne pouvoit estre nullement secouru, il requist à parlamenter aux gens du roy de Franche; et, pour ceste raison, furent faictes tresves des deux costés, lesquelles feurent prolongées de jour à autre, par l'espace de douze jours, pour ce que les Anglois ne voulloient consentir de laisser en hostaige le sieur de Tallebot. Si parlèrent par plusieurs fois et si longuement, le comte de Dunois et ceux du grand conseil du roy, avecques les Anglois, qu'en la fin furent d'accord ensemble, que le sieur de Sombreset, gouverneur pour le roy d'Angleterre, sa femme et enfants, et touts les autres Anglois du palais et chastel, s'en iroient où bon leur sembleroit en leurs pays, leurs biens saufs, réservés les prisonniers et grosse artillerie, parmi ce qu'ils payeroient au roy de Franche cinquante mille escus d'or; et si payeroient tout ce qu'ils debvoient loyallement à ceux de la ville, bourgeois, marchands et autres; et, avecques ce, feroit le gouverneur rendre les places d'Arques, de Caudebecq, de Moustiervillier, de Lislebonne, Tancarville et Honfleur. Et, pour seureté de ce, bailleroit son scel et lettres-patentes, et demoureroit en hostaige, le sieur de Tallebot, jusques à ce qu'icelles places fuissent rendues, et les cinquante mille escus payés ; et avecques ce pour les deniers deubs à ceux de la ville, demoureroient hostaiges le fils du comte d'Ormont d'Irlande, et le fils Thomas Govel, capitaine de Chierbourg, le sieur de Berquegny, le fils du sire de Ros fils de la duchesse de Sombreset ; et ainsi fust faict. Puis feurent livrés les hostaiges aux commis du roy ; et puis s'en partist le duc de Sombreset et autres Anglois ; et s'en allèrent à Harfleur, et de là à Caen. Lequel duc commit, pour faire rendre les places, messire Thomas Hou et Foucques (Hoston) ; lesquels firent mectre les places en l'obéissance du roy de Franche, réservé Honfleur, dont estoit capitaine ung nommé Courson, qui ne le voullut rendre ; et, pour ce, demoura ledit Tallebot prisonnier du roy de Franche.

CHAPITRE XX.

Comment le roy feit son entrée en la cité de Rouan, et comme il y fust receu.

Après ce que dict est, en moult grande joie et liesse, feit le roy de Franche sa feste de Toussaints audit lieu de Saincte-Catherine, près de Rouan ; puis se parteit le lundy ensuivant, vingtiesme jour du mois de novembre, veille de Sainct-Martin d'hyver, pour entrer en la ville de Rouan, accompagnié du roy de Cécille et aultres seigneurs de son sang cy-après nommés, en moult grands et riches habillements, les aucuns eux et leurs chevaulx couverts de drap de damas et de satin en maintes guises, les autres à grandes croix blanches, et les autres autrement. Entre lesquels, après le roy de Franche, estoient en plus grands habillements, les comtes de Sainct-Pol et de Nevers. Le comte de Sainct-Pol estoit armé tout au blancq, monté sur un destrier enharnaché de satin noir, semé d'orfévrerie; après lui ses pages vestus et leurs chevaux harnachés de mesme comme celui de leur seigneur, dont l'ung portoit une lanqhe couverte de velours vermeil; le second, couvert de drap d'or; le tiers, ung armet en la teste tout de fin or richement ouvré; après estoit le palfrenier richement vestu et harnaché comme les aultres pages, lequel menoit ung grand destrier en main, tout couvert de drap d'or jusqu'aux pieds. Le comte de Nevers avoit douze gentilshommes après lui, leurs chevaulx couverts de satin vermeil à grandes croix blanches. Le roy de Franche estoit monté et armé de toutes pièces sur ung coursier, couvert jusques aux pieds de velour d'azur, semé de fleur de lys d'or de brodure; en sa teste avoit un chappel de velours, vermeil où avoit au bout une houppe de fil d'or; après lui ses pages vestus de vermeil, les manches toutes couvertes d'orfévrerie, lesquels portoient ses harnois de teste couverts de fin or de diverses façons et plumes d'autruche, de diverses couleurs. A sa dextre estoit le roy de Cécille ; à sa sénestre, le comte de Maine, son frère, armés touts à blancq, leurs chevaux richement harnachés et couverts de croix blanches, semées de houppes de fil d'or, et leurs pages semblablement. Après estoit le comte de Clermont, et autres seigneurs de Franche, chacun selon son degré, moult richement habillés. Le sieur de Cullant, grand-maistre d'hostel, venoit après, armé de toutes pièces, sur ung coursier moult richement couvert, en son col une escharpe de fin or pendant jusqu'à la croupe de son cheval, et devant lui ses pages ; lequel estoit gouverneur de la bataille, où il y avoit six cents lanches, et en chacune ung panoncel de satin vermeil, à ung soleil d'or. Derrière le grand maistre-d'hostel estoit ung escuyer qui portoit l'estendard du roy de Franche ; lequel estoit vestu de satin cramoisi semé de soleils d'or, et joindant de lui estoient les six cents lanches ; ung peu devant estoit son escuyer tranchant, monté sur ung grand destrier, qui portoit le penon, lequel estoit de velour azuré à trois fleurs de lys d'or de broderie, bordées de grosses perles. Devant le roy, tout joignant, estoit le sieur de Saincte-Treille, bailli de Berri, et grand escuyer du roy, tout armé au blancq, monté sur ung grand destrier, enharnaché de velour azuré à grands affiquets d'argent doré ; lequel portoit en escharpe la grande espée de parement du roy, dont le pommel, la croix et le morges, et la bouterolle de la gayne, estoient d'or, et la couverture de la

gaine estoit couverte de velour azuré, semé de fleurs
de lys d'or. Debvant lui, au plus près, chevau-
choit Pierre de Fontenay, escuyer d'escurie, armé, monté et enharnaché comme l'autre; et en sa
teste un chappel pointu et un mantel de velour
vermeil, fourré d'hermines; lequel portoit en escharpe ung autre mantel de pourpre fourré d'hermines. Debvant icellui, estoit Guillaume Juvenel
des Ursins, chevallier, sieur de Traynel, et chancellier de Franche, vestu en estat royal de robbe
et chapperon fourré, et ung mantel d'escarlate;
debvant lui une hacquenée blanche couverte de
fleurs de lys d'or de brodure sur velour azuré pareil
du roy, et dessus icelle couverture, ung petit
coffre semé de fleurs de lys d'or : auquel coffre estoient les grands seaux du roy de Franche; et menoit icelle hacquenée, ung varlet à pied, en main.
Joignant icelle hacquenée, estoient plusieurs héraux et poursuivants du roy, et autres seigneurs qui là
estoient, richement habillés et vestus de leurs cottes
d'armes; et devant eux estoient nœuf trompettes
atout les bannières de leur seigneur et maistre,
lesquels suivoient les ungs après les autres. Après
alloient tous les premiers, les archiers du roy de
Franche, vestus de jacquettes de couleur rouge,
blanc et verd, semées d'orfévrerie; après ceux du
roy de Cécille, du comte du Maine, et plusieurs autres seigneurs d'icelle compagnie, jusques au nombre de six cents archiers bien montés, touts ayant
brigandines et jacquettes dessus, de plusieurs et di-

verses fachons, harnois de jambes, espées, dagues et harnais de teste couverts et tout garnis d'argent ; et les gouvernoient les sieurs de Pruilly et de Clère, messire Théaude de Valpergu, et autres, qui avoient leurs chevaux couverts de satin de diverses manières et couleurs. Le roy de Franche chevaucha en telle manière et ordonnance, jusques près la porte Beauvoisine, du costel des Chartreux. Et là vint au-devant de lui l'archevesque de Rouan, accompagnié de plusieurs abbés, évesques, et autres gens d'église constitués en dignité ; lesquels lui feirent la révérence moult honnorablement, et s'en retournèrent. Incontinent après, vint le comte de Dunois, lieutenant-général du roy, monté sur ung cheval couvert de velours vermeil à grande croix blanche, vestu d'une jacquette pareille, fourrée de martres zebelines ; en sa teste un chappel de velours noir, et à son costé une espée garnie d'or et de pierres précieuses, qui fust prisée vingt mille escus d'or. Icellui comte de Dunois estoit frère bastard du duc d'Orléans, cousin-germain du roy de Franche. Avecques lui vindrent le séneschal de Poitou et Jacques Cœur, argentier du roy ; par le moyen duquel Jacques Cœur, le roy avoit ainsi concquis Normandie, parce qu'il avoit presté au roy une partie des deniers pour payer ses gens d'armes ; laquelle armée eust esté rompue, se n'eust esté icellui Jacques Cœur, lequel estoit extrait de petite génération ; mais il menoit si grand fait de marchandises, que par tout royaume avoit ses facieurs qui marchandoient de ses deniers, pour lui. et très tant que sans nombre; et mesme en avoit plusieurs qui oncq ne l'avoient veu. Icellui séneschal et Jacques Cœur estoient montés sur destriers, vestus et couverts comme le comte de Dunois. Puis vindrent les bourgeois de la cité en grand nombre, vestus de bleu et chapperons rouges, lesquels firent la révérence au roy, et lui remonstrèrent des choses passées, plusieurs en moult beau langaige, et ils lui livrèrent les clefs de la cité : et les receut bénignement, puis les bailla au séneschal, qui en fut le capitaine, messire Guillaume Cousinot, nouvel bailli de Rouan, lequel estoit vestu de velours bleu, son cheval enharnaché pareil, à grandes affiches d'argent doré. Puis après vindrent les gens d'eglise revestus de cappes, en moult grande multitude, tant séculiers que religieux, chantants et portants les reliques avecques la croix, en chantant le *Te Deum laudamus*. Et ainsy entra le roy par la porte Beauvoisienne, et là fust fait chevallier par le séneschal de Poitou, ung josne enfant, fils du sieur de Précigny, cagé de douze à treize ans. Ceux de la ville et cité firent porter ung ciel sur le roy, par quatre des plus notables de la ville, et feirent tendre le boullevert de ladite porte, l'entrée et tours d'icelle, de drap de la livrée du roy, et ses armes au milieu; et par où il passoit estoient les rues toutes tendues à ciel et couvertes moult richement, plaines de peuple criant Noël ! Par les carrefours avoit personnaiges; en-

tre les autres une fontaine armoyée des armes de
la ville, qui sont *Agnus Dei*, jectants beuverages
par les coins; ailleurs avoit un tigre et les petits
qui se miroient en miroirs; et au plus près de
Nostre-Dame, avoit ung cerf vollant moult bien
faict, portant sur son col une couronne, qui s'age-
nouilla par mystère devant le roy, quant il passa
par là pour aller à l'église. Le roy descendit à ladite grande église de Nostre-Dame, où il fust receu par l'évesque et touts ceux de l'église richement
revestus; et là feit son oraison, puis s'en alla à
l'hostel de l'archevesque, où il fust logié, et chacun
en son logis. Ceux de la ville feirent grande feste
celle nuict, et feirent grands feus par toutes les
rues, jusques au vendredy ensuivant; et le lendemain feirent procession générale et solempnelle
où fust le susdit archevesque; et gardèrent la journée de toutes œuvres terriennes. Pareillement, le
mercredy et jeudy ensuivant, les tables estoient
mises, et vin et viandes dessus, emmy les rues, à
touts venants. Ils feirent des grands dons au roy,
à ses officiers, ses héraux et poursuivants qui là estoient; puis proposèrent devant le roy de Franche,
les gens de l'église et de la ville, et autres bourgeois et marchands, lui remonstrants qu'il ne lais-
sast pas pour l'hyver à faire la guerre et poursuivre
ses ennemis les Anglois; car par le moyen des
villes qu'ils tenoient encoires en Normandie, polroient faire plusieurs énormes maux au pays; et, à
ce faire, lui offroient l'aider et de corps et de che-

vance. Le roy, lequel estoit en sa chayère couverte de riche drap d'or, assis en la salle de l'archevesque, les oyt bénignement et volontiers, puis feit faire la response par son chancellier, tellement qu'ils en feurent très contents.

CHAPITRE XXI.

Comment le duc de Bretaigne print Gournay, Reneville, le pont d'Oire, la Haye du Puis et Valoingnes, et autres villes, en la Basse-Normandie et en Constantin et Fougières.

En ce temps, le duc de Bretaigne, lequel avoit en sa compagnie huict mille combattants, print Gournay, Thorigny, Reneville, la Haye-du-Puis et Valoingnes, et plusieurs autres places en la Basse-Normandie, et ou pays de Constantin (Cotentin); et si print la ville et chastel de Fougières, où il avoit tenu le siége l'espace d'un mois, pendant lequel il feit faire telles approches, et tellement battre la muraille de canons et bombardes qu'on les debvoit assaillir, quant les Anglois, qui dedans estoient, se rendirent environ de quatre à cinq cents, dont estoit capitaine un nommé messire Franchois de Surienne, dit l'Arragonois. Es quels s'en allèrent, leurs chevaux et harnois saufs, et ung petit fardelet devant eux tant seulement. Lequel messire Franchois laissa depuis le parti des

4.

Anglois, et demoura au serviche du roy. Après celle prinse, le duc de Bretaigne et ceux de sa compagnie s'en retournèrent touts en leurs maisons pour la mortalité, laquelle estoit frappée en l'ost ; laquelle feit mourir grand nombre de gens, et entre autres le fils du comte Jehan ; dont ce fust dommaige. Et en ce temps, se rendit le chastel de Toucques, au sieur de Blanville, qui estoit devant. Et en ce temps, se rendit aussi le susdit Chastel Gaillard, lequel fust assiégé par l'espace de cinq semaines ; et estoient dedans cent vingts Anglois ; lesquels s'en allèrent à Harfleur, leurs corps et biens saufs.

CHAPITRE XXII.

Du siége qui fust mis devant Harfleur, et comment la ville fust rendue ; puis parle de l'armée que feit le comte de Foix ; et comme il assigna le Chastel Guisant ; et comme il défeit les Anglois, et en y eut que morts que prins environ douze cents.

Après les choses dessusdites faites, le roy de Franche se parteit de la ville de Rouen, armé d'une brigandine, et dessus une jacquette de drap, accompagnié du roy de Cécille et des autres seigneurs de son sang, en grands habillements, et par espécial, le comte de Saint-Pol, lequel avoit un chanfrain à son cheval, prisé de vingt mille escus ; et chevaucha jusques en la ville de Moustiervillier, à demi-lieue près de Harfleur, où il fust logié; et incontinent feist mectre le siége devant Harfleur, par les comtes de Dunois, d'Eu, de Clermont et de Nevers, le sieur de Cullant, grand maistre d'hostel, le sieur de Blanville, maistre des arbalestriers, et plusieurs autres, qui touts y feirent grandement leur debvoir, et y eurent grandement à souffrir, tant pour les gelées, pluies et autres froidures, comme pour la mer, qui souvent sourdoit en plusieurs logis, pour ce qu'ils estoient tout entrecouverts de paillas et de genestre (genets); car autour d'icelle ville de Harfleur, n'y avoit arbres ni maisons où ils se peussent héberger ne loger. Ce nonobstant ils feirent de si grandes approches de trenchis, de fossés et de mines, et battirent tellement la muraille des bombardes et canons, que les Anglois qui estoient dedans, environ quinze cents, rendirent la ville de Harfleur au roy de France, et s'en allèrent, leurs corps et biens saufs, les ungs en Angleterre, les autres en Normandie, ès places tenantes leur parti.

Assez tost après icelle reddition, qui fust environ le quatre de janvier au dessusdit, mil quatre cent quarante-neuf, le roy parteist de Moustier et retourna sur la rivière de Seine, à une abbaye nommée Jumièges, à cinq lieues au-dessous de Rouan. En ce temps, le comte de Foix feist assembler une grosse armée, et feist mectre le siége par le sieur de Lautrec, son frère, bastard de Foix, devant le chastel de Guisant, qui est très fort chastel, assis à quatre lieues près de Bayonne. Quant les Anglois le sceurent, ils se meirent par les champs jusques environ quatre mille combattants, dont estoient chiefs, le connestable de Navarre, le maire de Bayonne, George Soliton, et plusieurs autres, lesquels se bouttèrent en vaisseaux sur une rivière qui passe parmi ledit lieu de Bayonne, et vindrent descendre près du chastel; et quant ceux qui tenoient le siége en feurent advertis, se partirent secrètement, et vindrent au-debvant des Anglois, lesquels estoient jà descendus de leurs navires, et férirent si asprement et durement dessus eux, qu'ils les desconfeirent, et meirent en fuite jusques à leurs basteaux; et là feurent que morts que prins douze cens Anglois. Georges Soliton, quant il veit celle destrousse, se doubta qu'il ne peult recouvrer ses navires; et par ce passa parmi le siége, atout soixante lanches, et se sauva pour ceste heure dedans le boullevert; puis regarda qu'il ne povoit estre secouru. Si se partist de nuict, atout ses gens, cuidant retourner au lieu de Bayonne; mais le bastard de Foix le sceut, et le poursuivit tellement, qu'icelui George fust là prins, et la pluspart de ses gens; et le lendemain se rendit le chastel et quinze ou seize entre Menet, Haye et Bayonne; puis s'en retournèrent les gens du comte de Foix en leur pays.

CHAPITRE XXIII.

Du siège de Honfleur, et comme elle fust rendue ; et des ville et chastel de Ballesmes, que le duc d'Allenchon assiégea et print ; et de la ville de Fresnay qui se rendit par composition.

Durant le temps que Charles, roy de Franche, estoit en l'abbaye de Jumièges, le dix-septiesme jour de janvier, l'an quarante-neuf, fust fait le siége de Honfleur par le comte de Dunois et les aultres seigneurs dessus nommés de sa compagnie, lesquels feirent grandes approches de fossés, trenchis et mines, et feirent battre la muraille de bombardes, canons et engins volans, tellement que les Anglois qui dedans estoient de trois à quatre cens, dont estoit chief et maistre le susdit Courson, composèrent à rendre icelle ville de Honfleur aulx Franchois, le dix-huitiesme jour de febvrier ensuivant, en cas qu'ils ne seroient secourus, et de ce bailler hostaiges. Pour lesquels combattre les Franchois feirent ordonner de clorre les camps, mais les Anglois n'y vindrent point, pour ce que le duc de Sombreset ne les secourut point, lequel estoit dedans la ville de Caen, laquelle ville il n'osoit désemparer, et aussi ils n'estoient assez forts, s'il ne leur fust venu secours d'Angleterre. Et pour ce rendirent ladite ville et s'en allèrent, leurs corps et biens saufs, en Angleterre. Devant icelle ville fust tué d'ung canon ung escuyer franchois, nommé Regnault Guillaume, qui lors estoit bailly de Montargis, de laquelle mort fust dommaige. Cependant le duc d'Allanchon assiégea la ville et le chastel de Ballesmes de touts costés; et lors les Anglois qui dedans estoient promirent de rendre ladite ville au cas que les Franchois ne seroient combattus. Et fust jour assigné. Auquel jour le duc d'Allenchon se gouverna honorablement et vaillamment; et tint la journée, lui et Poton, sieur de Sainte-Treille, à peu de gens, jusques à ce que l'heure fust passée. A laquelle journée les Anglois ne comparurent point; ains rendirent la ville, leurs corps et biens saufs; lesquels estoient deux cens combattants, dont estoit capitaine ung nommé Mathago (Mathieu Gough).

Durant ce temps, le roy estoit logié à une abbaye nommée Gerbertan, à deux lieues près de Honfleur; lequel roy se parteit pour aller à Essay et Bernay et à Allanchon; et de là envoya ses gens mectre le siége debvant Fresnay, où estoit dedans de quatre à cinq cens Anglois et Normands, dont estoit gouverneur Andrien Troslot (Trolops) et Janequin Bacquier; lesquels, sitost qu'ils sceurent la venue des Franchois, promirent rendre la ville moyennant qu'on leur délibvreroit douze cens solies; et si leur rendit-on leur capitaine nommé Monfort, qui avoit esté prins à Pont-eau-de-Mer; et ainsi fust fait;

et s'en allèrent le vingt-deuxiesme jour de mars, à Falaise et à Caen, leurs corps et leurs biens saufs.

CHAPITRE XXIV.

De la bataille de Fourmigny, où les Anglois feurent desconfits, et en mourut trois mille six cent soixante-quatorze.

En ce temps, après les Pasques passés, l'an mil quatre cent cinquante, descendirent à Chierbourg trois mille Anglois du pays d'Angleterre, dont estoit chief Thomas Bririel (Kyriel); lesquels chevauchèrent par leurs journées jusqu'au faubourg de Valoingnes, dont estoit garde et capitaine, pour le roi de Franche, ung escuyer de Poitou, nommé Albert Regnault, et illecques meirent le siége. Lequel capitaine tint longuement le siége sans estre secouru, et tant qu'enfin le rendeist, et s'en parteist lui et ses compagnons, saufs biens, chevaux et harnois. Durant ce temps et siége estoient les Franchois assemblés de toutes parts pour cuider lever le siége de Valoingnes, devant dict. Et quant les Anglois le sceurent, ils s'assemblèrent pareillement pour tenir les champs, et partirent de Caen de cinq à six cens combattans, dont estoit conduiseur messire Robert Vere; et de la ville de

Bayeux huit cens combattants, dont estoit chief et conduiseur Mathago; de la ville de Vires, quatre à cinq cents combattants, dont estoit chief et conduiseur messire Henry Morbery (Norbury), lesquels s'assemblèrent avec ceux qui estoient de nouvel venus d'Angleterre, tant qu'ils se trouvèrent de cinq à six mille combattants. Toutes les compagnies d'Anglois ci-dessus déclarées assemblées, ils passèrent les guets Saint-Clément, pour l'hiver, vers Bayeux et vers Caen; et lors, les Franchois qui s'estoient mis sur les champs pour les trouver le sceurent, lesquels les poursuivirent et chevauchèrent fort, les ungs d'un costé, les autres d'autre, tant qu'en la fin, le quatorziesme d'avril l'an dessusdit mil quatre cens cinquante, les attaignirent messire Geoffroix de Couvran et Joachim Rohault; lesquels férirent asprement sur l'arrière-garde des Anglois, et en tuèrent plusieurs; puis se retraierent et feirent sçavoir au connestable de Franche, qui estoit à Saint-Loup (Saint-Lô), leur faict et le faict des Anglois; et pareillement le feirent sçavoir au comte de Clermont, qui estoit sur les champs pour les quérir. Lequel incontinent fust accompagnié du comte de Chastres, du séneschal de Poitou, des sieurs de Montgary et de Ray, admiral de Franche; du séneschal de Bourbonnois, des sieurs de Manye (Mauny), de Mouy et de Robert Conigam, messire Geoffroy de Couvran, Joachim Rohault et Olivier de Brion, lesquels, assemblés ensemble, tirèrent hastivement où estoient les Anglois, et les trouvèrent en ung champ, près ung villaige nommé Fourmigny, entre Careton et Bayeux.

Quant les Anglois les apperchurent, ils se meirent en bataille, et envoyèrent quérir diligemment le susdit Mathago le jour qui fust le quinziesme jour du mois d'apvril, lequel s'estoit parti d'eux très le matin pour aller à Bayeux ; pour lequel mandement il retourna incontinent ; et feurent les Franchois et Anglois, par l'espace de trois heures, l'ung devant l'autre, en escarmouchant l'ung contre l'autre. Et cependant feirent les Anglois grands trous et fossés, devant eux, de terre, dagues et espées, adfin que si les Franchois les assailloient, qu'ils cheissent eux et leurs chevaux. Les Anglois avoient derrière leur dos, à un traict d'arcq et entre d'eux, grande foison de jardinages plains de pommiers, poiriers et autres divers arbres, adfin qu'on ne leur peut courrir sur le derrière. Cependant le seigneur de Richemont, connestable de Franche, le comte de Laval, le seigneur de Loheac, mareschal de Franche, le seigneur d'Orval, le mareschal de Bretaigne, le seigneur de Saint-Sévère, et plusieurs autres, jusques au nombre de trois cens lanches, et les archiers, faisoient diligence d'estre près desdits Anglois, chevauchèrent d'ung villaige nommé Estrievères, où ils avoient couché le soir, jusques à un moulin à vent au-dessus dudit Fourmigny ; et là, à la vue des Anglois, se meirent touts en bataille et marchèrent en leurs ordonnances près

d'icelui Fourmigny, à ung guet ou à ung petit pont
de pierre; et lors les Anglois doubtèrent et laissèrent le camp, et se reculèrent sur la rivière pour la
mectre à leur dos. Voyant ce, le comte de Clermont, qui avoit de cinq à six cens lances, avecques
les archiers et sa compagnie, et le connestable de
Franche, les assaillirent vigoureusement, et en la
fin les desconfeirent autour d'icelle rivière. Et là
feurent morts et occis, par le rapport des héraux,
des prestres et des bonnes gens qui là estoient,
trois mille sept cens soixante quatorze Anglois, et
si feurent prins messire Thomas Kiriel, messire
Henry Morbery, Janequin Basquiers, et plusieurs
autres Anglois, jusques au nombre de douze cens;
et les morts feurent enterrés en quatre fosses. Mathago eschappa et s'enffuit à Bayeux; et aussi feit
messire Robert Vere, et s'en alla à Caen; et en
icelle bataille morurent, du costel des Franchois,
de six à huit cens hommes seulement. Et poroient
aucuns dire que ce fust grace de Dieu pour les
Franchois qui eurent ceste victoire; car ils n'estoient en tout, par le rapport des héraux, qu'environ trois mille combattants, et les Anglois estoient de six à sept mille; et par ce peut apparoir
assez la grace de Dieu sur les Franchois, lesquels s'y
gouvernèrent bravement et vaillamment; et entre
autres, ceux de dessoubs l'estendart s'y portèrent
honnorablement et honestement; et sy feirent
ceux du connestable, les seigneurs de Montgary,
de Saint-Sévère, et par espécial le séneschal de

Poitou; car les Anglois chargèrent l'effort sur ses gens et sur ceux du bailly d'Évreux, que gouvernoit le sieur de Mauny, tellement qu'ils gaignèrent du costé où ils estoient en bataille, deux coulevrines sur eux. Et lors le séneschal descendit à pied, et feit descendre ses gens; puis assaillit si durement les Anglois, qu'il les reboutta par l'ung des bouts de la bataille, la longueur de quatre lanches, et recouvra les deux coulevrines; et à ceste reboutte, morurent sept cents Anglois. Ce véants, les autres Franchois se portèrent si valliamment, qu'ils eurent la victoire, et leur demoura le camp; et là fust fait chevalier le comte de Chastre, frère du comte de la Marche; Godefroy de Valoingnes, frère du comte de Boulogne et d'Auvergne, et le sieur de Vauvert, fils du comte de Villars; le sieur de Saint-Sévère, le sieur d'Allanchon, et plusieurs autres.

CHAPITRE XXV.

Comme la ville de Vires et autres villes feurent mises en l'obéissance du roy de Franche; et du siége mis debvant la cité de Bayeux; et comme on l'assaillit par deux fois, et enfin fust rendue par composition.

Après la desconfiture que feirent les Franchois sur les Anglois, à la bataille de Fourmigny, les seigneurs franchois allèrent mectre le siége devant la ville de Vires. N'y fust guères, car messire Henry de Morbery, qui estoit prisonnier, en estoit capitaine; si feit tant par composition, que les Anglois qui dedans estoient de trois à quatre cents, s'en allèrent, leurs corps et leurs biens saufs, dedans Caen. Après la ville de Vires rendue, le connestable de Franche, le sieur de Laval, et autres, qui estoient en leurs compagnies, se partirent et s'en allèrent vers le duc de Bretaigne, soubs qui ils estoient, lequel duc, avec la compagnie dessusdite, alla mectre le siége en personne devant Avranche, et le tint trois semaines; et cependant feit faire des grandes approches et feit battre la muraille d'engins, tellement, que ung nommé Lampot, qui en estoit capitaine, rendit icelle ville d'Avranche au duc de Bretaigne, et s'en alla, ung baston au poing tant seulement, et ses compagnons pareillement, qui estoient de quatre à cinq cents. Pareillement se rendit la place de Couloigne, qui est une forte place, et imprenable, tant qu'il y ait à manger; car elle est toute assise sur une roche en la mer, près du mont Saint-Michel. Ils étoient dedans de quatre-vingts à cent Anglois; lesquels s'en allèrent, leurs corps et leurs biens saufs, à Chierbourg.

Assez tost après la prinse de Vires, les comtes de Clermont, de Chastres, et aultres de leurs compagnies, qui avoient tenu le siége devant Vires, allèrent mectre le siége devant Bayeulx; et se logèrent ès faulxbourgs du costel devers Carentan, les

comtes de Dunois, lieutenant général du roy de
Franche, de Nevers, d'Eu; les sieurs de Cullant,
grand maitre d'hostel du roy, et de Jalloingnes,
son frère, d'Orval, de Bueil, et plusieurs aultres
chevalliers et escuyers; et de l'aultre costel, ès
faulxbourg des cordeliers, se logèrent le sieur de
Montenay, conduiseur des gens du duc d'Allenchon, Pierre de Louvain, Robert Corungam (Cun-
ningham), et grand nombre de francs archiers.
Le siége clos de tous costés, les Franchois battirent
fort la ville de canons, bombardes et autres engins,
par l'espace de seize jours continuellement; et tellement l'oppressèrent de mines et trenchis, qu'elle
estoit preste à assaillir. Mais le roy de Franche
avoit pitié de la destruction de la cité, et ne le vo-
lut consentir; néanmoins sans leur congié ne sceu,
et sans aucune ordonnance, d'ardeur que les gens
de guerre avoient de gaigner, ils assaillirent la cité
deux fois en mesme jour; et il y eust de belles armes
faictes d'un costel et d'autre; et s'y portèrent de tout
costé très valliamment; et en y eust des morts des
deux lez, tant des traicts, comme des couleuvrines;
mais en la fin, les Franchois se retraierent sans rien
faire, pour tant qu'ils ne l'assaillirent que d'ung
costel, et sans ordonnance de leur capitaine; et
fust leur faute, car s'ils l'eussent assaillie par l'ordonnance des capitaines et de deux costels, sans
faulte nulle elle euist esté prinse d'assault. D'icellui assault fust fort espouvanté le seigneur de Mathago, car il y eult tués de valliants gens anglois,

Et à ceste cause parlementa icellui Mathago avecques le comte de Dunois et autres sieurs Franchois, et rendit la cité aux Franchois, et s'en alla à Chierbourg, lui, Jannequin Vacquier, et touts les autres Anglois qui soubs eux estoient, ung baston en leurs poings seulement, lesquels estoient nombrés à neuf cents Anglois des plus valliants gens de guerre qui fuissent en Normandie de leur parti; et issirent de la cité, par la porte du chastel. Les Franchois leur laissèrent à aucuns, pour l'honneur de la gentillesse, une partie de leurs chevaux, pour porter les damoiselles et aultres gentilles-femmes; et avecques ce, leur feirent délibvrer des charettes pour porter aulcunes des plus notables femmes des Anglois, qui s'en alloient avecques leurs maris; lesquelles faisoient piteulx doeuil à veoir, car il partit d'icelle ville, de trois à quatre cents femmes, sans les enfants, dont il en y avoit grand nombre. Les unes portoient les petits berceaulx où estoient leurs enfants, sur leurs testes; les autres portoient les petits enfants sur leur col; les autres autrement, le mieux qu'elles pouvoient; et en tel estat se partirent les Anglois et leurs femmes, qui estoit pitié à regarder.

CHAPITRE XXVI.

Comment les Franchois prindrent Bricquebecq et Valloingnes; et du siége qui fust mis debvant Saint-Sauveur-le-Vicomte, et comme enfin la ville fust mise en l'obéissance du roy de Franche.

APRÈS la conqueste de la cité de Bayeux, le comte de Dunois, atout son ost, passa la rivière d'Orne; et aussi feit le comte de Clermont et ceux de sa compagnie; puis menèrent leurs gens vivre sur le pays, en attendant la venue du connestable de Franche et de ses gens; lesquels cependant prindrent Bricquebecq, et meirent le siége devant Valloingnes, laquelle se rendit assés tost après, parce que le lieutenant du capitaine qui en avoit la garde, de par le roy d'Angleterre, s'estoit fait Franchois. Ils estoient dedans six vingts Anglois, lesquels allèrent, leurs corps et leurs biens saufs, à Chierbourg. Cependant, les mareschaulx de Franche et de Bretaigne meirent le siége devant Saint-Sauveur-le-Vicomte, qui est une moult belle place, et une des plus fortes de Normandie. Illecq feirent tous si valliamment et grandement leur debvoir, qu'en peu de temps meirent ceux de la place en grande nécessité, et les oppressèrent fort de trenchis; et à l'avancement fust occis ung valliant escuyer du pays de Berry, d'ung traict; lequel on nommoit Jehan Manchefort. Et en icelle place estoient deux cents combattants Anglois, dont estoit chief et capitaine le seigneur de Robersart. Lesquels Anglois se rendirent aux Franchois, sans coups de canon ne d'engins, car toute l'artillerie estoit demourée chargée à Bayeulx, pour mener à Caen, lesquels Anglois, leurs corps et biens saufs, s'en allèrent à Chierbourg, et eurent espace de huit jours à vuider leurs biens.

CHAPITRE XXVII.

Comment les Franchois meirent le siége debvant la ville de Caen, et comme ils gaignèrent ung boullevert.

Après que la ville de Saint-Sauveur fust mise ès mains du roy de Franche, les dessusdits mareschaulx se partirent d'illecq atout leur compagnie, et chevauchèrent jusques à deux lieues près de Caen, en ung villaige nommé Cheulx; et là trouvèrent logiés le connestable de Franche, le comte de Laval, le sieur de Loheach, son frère, mareschal de Franche, et le mareschal de Bretaigne. Et y trouvèrent aussi messire Jacques de Luxembourg, frère du comte de Saint-Pol, les sieurs d'Estouteville et de Malestroict, de Saint-Sévère et de Bousacq, et plusieurs autres chevalliers et escuyers; tous lesquels, le cinquiesme jour de juin, se partirent dudit lieu de Cheulx, et s'en allèrent logier ès faulxbourgs de la ville de Caen, du costel devers Bayeulx, devers l'abbaye de saint Estienne, près la muraille de la ville. Et pareillement se logèrent les comtes de Clermont, de Chastres, messieurs de Montgascon, de Mouy, gouverneur de Beauvoisin; messire Geoffroy de Couvran, messire Charles de la Fayette, Robert de Flocque, bailly d'Evreulx, et plusieurs autres chevalliers et escuyers, jusqu'au nombre de quatorze cents lanches et de quatre mille et cinq cents archiers, coustelliers et guisarmiers à cheval, et deux mille francs archiers à pied, lesquels ce jour estoient partis de Vernoeul. Et se logèrent ès faulxbourgs de ladite ville, ce jour mesme, du costel de devers Paris, avec le comte de Dunois, lieutenant général du roy de Franche, le grand maistre-d'hostel; le sieur de Jaloingnes, son frère, d'Orval et de Montenay, gouverneur des gens du duc d'Allenchon, le sieur d'Ivry, prévost de Paris; le sieur de Beaumont, son frère, et plusieurs autres chevalliers et escuyers, jusques au nombre de six cents lanches et deux mille cinq cents archiers, guisarmiers et coustelliers à cheval, deux mille francs archiers à pied, qui s'estoient partis de demi-lieue de là. Par la manière dessus déclarée, fust la ville assiégée de deux costels. La ville ainsi assiégée que dict est, les Franchois, incontinent, feirent faire un pont au-dessus de la ville, pour passer la rivière, pour aller d'ung costel à l'autre, et secourir l'ung l'autre si besoin

5.

estoit ; et , le quatriesme jour après , passèrent dessus icellui pont , les comtes de Nevers et d'Eu , le sieur de Beueil , cellui de Montenay, et Joachim Rohault , à grande compagnie de gens de guerre ; lesquels s'en allèrent logier ès fauxbourg de la ville , du costel de devers la mer , en une abbaye de dames nommée la Trinité ; et dès le premier jour que les Franchois y meirent le siége , incontinent qu'ils y feurent arrivés, assaillirent le boullevert de la porte qui va à Bayeulx; et illecques y eust fait des beaux faits d'armes , tant qu'à la fin icellui boullevert fust prins d'assaut ; mais les Franchois le laissèrent depuis , pource qu'il estoit ouvert du costel devers la muraille de la ville ; et semblablement demoura désemparé des Anglois, pource que, incontinent après la prinse d'icellui boullevert , ils murèrent leur porte.

CHAPITRE XXVIII.

Comme le roy de Franche se partist d'Argentan, et alla au siége debvant Caen, et comme les Franchois assaillirent le boullevert et le prindrent.

LA ville de Caen assiégée comme dict est, Charles, roy de Franche, se parteit d'Argentan pour aller tenir siége avecques ses gens, accompagnié du roy de Cécille, du duc de Calabre son fils, des comtes du Maine, de Saint-Pol et de Tancarville; du vicomte de Lymaigne, de monseigneur Ferry de Loherraine (Lorraine), de Jehan son frère, seigneur de Traynel, chancellier de Franche, des seigneurs de Blanville et de Pruilly, des baillis de Berry et de Lyon, et de plusieurs autres chevalliers, escuyers, et de gens d'armes et de traicts, jusques au nombre de six cent lanches; et alla coucher à Saint-Pierre-sur-Dive, et le lendemain à Jaure, et l'autre jour après alla disner avecq touts ceux de sa compagnie ès fauxbourgs de Vaucelle; puis se parteit incontinent et passa au-dessus de la ville, la rivière, par-dessus le pont, à demi-lieue près de là; et s'en alla logier atout ses gens dedans une abbaye nommée Ardaine, où il fust durant le siége, fors une nuict en passant par les fauxbourgs, qu'il fust logié, ès fauxbourgs, en ladite abbaye de la Trinité. Illecques demeurèrent le roy de Cécille, le duc de Calabre, le duc d'Allenchon, le comte de Saint-Pol, monseigneur Ferry de Loherraine, Jehan son frère, et plusieurs autres, jusques au nombre de mille lanches, et deux mille archiers à cheval, et de deux mille francs archiers à pied, dont la pluspart estoient logiés ès villaiges allentour dudit Caen. En une chappelle, entre le chastel et l'abbaye dudit Saint-Estienne, estoient logiés les sieurs de Beauvoir et de Bourbonnois, atout trente lanches et mille cinq cent francs archiers. Assez tost après la venue du roy, le comte de Dunois feit assaillir les boulleverts de Vaucelle, qui estoient sur la rivière d'Orne, près de la muraille de la ville de Caen, lesquels se tindrent longuement, mais en la fin feurent prins grande foison d'Anglois. A chacun logis du siége avoit mines jusques dans les fossés de la ville, et par espécial du costel devers le connestable, dont les gens minèrent la tour et la muraille de debvant Saint-Estienne, tellement que le tout cheut et trébucha à terre, en telle manière, que les Franchois de dehors pouvoient combattre les Anglois en la ville main à main. Quant les Anglois se veirent ainsi approchiés de toutes parts tout allentour de la ville, doubtants qu'ils ne feussent prins d'assaut, requirent de parlamenter pour trouver leur traictié devers le roy.

CHAPITRE XXIX.

Comment ceux de Caen eurent leur traictié devers le roy, et comme ils lui délibvrèrent les ville et chastel où estoit le comte de Sombreset, lequel, sa femme, ses enfants et touts ceux de leur compaignie, feussent Anglois ou autres, s'en allèrent, leurs corps et leurs biens saufs.

Quant le roy de Franche sceut que ceux de la ville de Caen requéroient parlamenter pour trouver leur traictié, icelluy roy, mectant Dieu devant ses yeux, regardant la pitié que ce seroit de destruire une telle ville, et de violer et piller les églises de Dieu, pour aussi eschevir (éviter) l'effusion de sang de hommes, de femmes et de enfants, qui dedans euissent pu estre tués, se consentist de parlamenter à eux; et la ville fust receupte à composition, jà-soit-que à la vérité il n'y avoit nulle apparence que s'il eust pleu au roy, que la ville n'euist esté prinse d'assaut sans nul remède; et euist eu après le chastel et le donjon; mais non pas sitost; car icelluy chastel est l'ung des forts de Normandie, garni de haye et grand boullevert de moult dure pierre, assis sur une roche, laquelle contient autant que la ville de Corbeil ou celle de Montferrant; et y a dedans un donjon très fort, fait d'une large et haute tour carrée de la fachon de celle de Londres ou du chastel d'Amboise, et environné tout autour de quatre grosses tours maçonnées depuis le pied des fossés jusques au haut à l'esgal de la terre, lesquelles tours sont moult hautes; puis est fermé de fortes murailles et hautes tout autour, selon la quantité des tours dessusdites. Dedans icelluy chastel se tenoient le duc de Sombreset, ses femme et enfants, et dedans la ville, messire Robert Vere, frère du comte de Melfort, messire Henry Reddefort, messire Enpausier (Despenser), Henry Seandre, Guillaume Carne, Henry lord Clogiet, Toucquet, Hocton, et plusieurs autres, lesquels estoient conduiseurs, pour le duc de Sombreset, de quatre mille Anglois pour la garde de la ville de Caen. Lesquels Anglois durant le siége s'assemblèrent par plusieurs fois et coururent sus aux Franchois; et ce feirent pareillement les Franchois sur les Anglois:

c'est à scavoir, pour le roy de Franche, le comte de Dunois, le séneschal de Poitou et plusieurs autres. Quant les Anglois sceurent que le roy estoit content de tenir parlement à eux et ceux de la ville, sy ordonnèrent, par l'octroy du roy de Franche, certain lieu pour parlamenter. Auquel lieu, pour le roy de Franche, feurent députés le comte de Dunois, le séneschal de Poitou, et messire Jean Burcau, thrésorier de Franche; et, pour les Anglois, messire Richard Ireton, bailly de Caen, Foucques Hecon, et Jehan Gages; et pour ceux de la ville, Eustasse Canivet, lieutenant du bailly, et l'abbé de Saint-Estienne de Caen. Lesquels, ensemble assemblés, parlamentèrent tant que le lendemain du jour de Saint-Jehan-Baptiste, fust le traictié faict par la manière que s'ensuit; c'est à scavoir : que les dessusdits Anglois promeirent de mectre les ville, chastel et donjon en la main et obéissance du roy de Franche, en dedans le premier jour de juillet, au cas que le roy de Franche et sa puissance ne seroient combattus des Anglois; et moyennant ce, le duc de Sombreset, sa femme, ses enfants, et tous les autres Anglois qui s'en voudroient aller, s'en iroient, eux, leurs femmes et enfants, chevaux, harnois et autres biens meubles; et avecques ce, pour les porter et mener, on leur bailleroit vaissaux et charroy pour les passer en Angleterre, et non ailleurs, à leurs despens, à telle condition que les Anglois délibvreroient touts prisonniers. Sy délibvreroient et laisseroient bourgeois, touts scellés; et sy quicteroient touts ceux de la ville, tant gens d'église, marchands et autres, qui leur debvoient, sans rien leur en faire payer, et sans encoires que pour ce ils leur ostassent rien du leur, quant ils se partiroient de la ville; et avecques ce, laisseroient toute artillerie, grosse et menue, réservés arcqs et arbalestres et coullevrines en main. Et pour entretenir les choses dessusdites sans faillir, bailleroient les Anglois pour hostaiges, douze Anglois d'Angleterre, deux chevalliers de Normandie, et quatre bourgeois de la ville de Caen. Et le premier jour de juillet ensuivant, mil quatre cent cinquante, rendirent les ville, chastel et donjon de Caen, pource qu'ils ne feurent point secourus. Et en apporta les clefs aux champs pour le dessusdit donjon, le dessus nommé bailly, et les meit ès mains du connestable de Franche, en présence du comte de Dunois, lieutenant général du roy de Franche, auquel incontinent les livra icelluy connestable, comme le capitaine et gouverneur d'icelle ville et chastel pour le roy de Franche. Et demeura le connestable aux champs, pour faire vuider les Anglois et leur faire tenir chemin droit à Caen; et au plus tost après, le comte de Dunois, accompagnié du mareschal de Franche, seigneur de Jalloingnes, debvant lui deux cents archiers à pied, et entre deux les héraux et trompettes du roy de Franche, après lui joignant trois escuyers d'escurie, portants les bannières du roy de Franche, et derrière cent hommes d'armes à pied, entra par le donjon à pied dedans la ville et chastel, et feit mectre les bannières du roy sur le donjon et sur les portes d'icelle ville.

CHAPITRE XXX.

Comment le roy de Franche se partist de l'abbaye d'Ardaine et entra en la ville de Caen.

Le sixiesme jour de juillet, l'an mil quatre cent cinquante, se partist le roy de Franche de l'abbaye d'Ardaine pour entrer en la ville de Caen; et monta à cheval accompagné du roy de Cécille, du duc de Calabre son fils, du duc d'Allenchon, des comtes du Maine, de Clermont, de Dunois, de Nevers, de Saint-Pol et de Tancarville; des sieurs de Roy, de Coetivy, admiral de Franche; des mareschaux de Franche et de Bretaigne, et de plusieurs autres grands seigneurs, chevalliers, escuyers, très grandement et richement habilliés et vestus; et chevaucha jusques auprès de la ville, atout deux cents archiers devant lui, avecques ses héraux et trompettes, et derrière lui cent lanches. Et là vindrent au-debvant de lui hors de la ville, avecques le comte de Dunois, les bourgeois de la ville, avecques grande multitude de gens; lesquels, après qu'ils eurent fait la révérence au roy, lui présentèrent les clefs de la ville de Caen, et il les receut bénignement.

Après, vindrent les gens d'église revestus, à grandes processions, ainsy qu'il est accoutumé de faire; puis entra le roy en ladite cité de Caen; et portèrent le ciel sur lui quatre gentilshommes, chevalliers et escuyers demourants en icelle ville. Les rues où le roy passoit estoient tendues et couvertes à ciel bravement, et y avoit foison de peuple criant Noël!

CHAPITRE XXXI.

Du siége qui fust mis devant Fallaise, et des assauts que les Anglois feirent, mais enfin feurent rebouttés.

Le propre jour que le roy entra dedans la ville de Caen, fust mis le siége devant Falaise, de touts costés, et s'y trouva premier, Poton de Saint-Treille, bailly de Berry, et le lundi après y arriva sire Jehan Bureau, thrésorier de Franche, avec lui les francs archiers et artillerie. Quant les Auglois de la place les apperceurent, ils allèrent au-devant d'eux, et les assaillirent très asprement; mais en la fin feurent rebouttés jusques aux portes de leur forteresse; et s'y gouverna le thrésorier grandement, et aussi feit icelui Poton.

CHAPITRE XXXII.

Comment le roy de Franche alla en personne au siége de Fallaise, et avecques lui plusieurs seigneurs, et comment ils se logèrent.

Le huitiesme jour, l'an susdit, Charles, roy de Franche, se parteit de la ville de Caen, et alla le soir au giste à Saint-Severin, et le lendemain se logea du costel devers Argentan, à une lieue près de Falaise, à une abbaye nommée Saint-Andrieu; avec lui le roy de Cécille, le duc de Calabre son fils, les comtes de Maine, de Saint-Pol et de Tancarville, le vicomte de Lymaigne, messire Ferry de Loheraine et plusieurs autres; et le duc d'Allenchon fust logié à Sainte-Marguerite, du costé devers Paris, et demi-lieue près de ladite abbaye, en ung lieu dict Laguebray. Et fust logié au plus près de lui le comte de Dunois, et le sieur de la Forest, gouverneur des gens du comte de Maine. Au-dessoubs de Laguebraye, estoient logiés, en une abbaye, deux mille francs archiers, du costé devers le Maine. Au droict de la porte, près du chastel, feurent logiés le sieur de Beaujeu, le sieur de Beauvoir, messire Jehan de Lorraine et Poton de Sainte-Treille, bailly de Berry; et de l'autre costel devers Caen, feurent logiés les comtes de Nevers et d'Eu, le sieur de Cullant, grand maistre d'hostel, d'Orval et de Blanville, de Montenay, et plusieurs autres.

CHAPITRE XXXIII.

Comment le siége fust mis par les Franchois devant Chierbourg; et comment Fallaise fust rendue et mise en la main du roy de Franche.

En ce temps, le comte de Richemont, connestable de Franche; les comtes de Clermont, de Laval; le sieur de Loheach, son frère, mareschal de Franche; les sieurs de Raix, de Cotigny (Coetivy), admiral, le sieur de Mongorou, le mareschal de Jalloingnes, le séneschal de Poitou, le sieur de Montauban, mareschal de Bretaigne; les seigneurs d'Estouteville, de Moy en Beauvoisin; le séneschal de Bourbonnois, messire Geoffroy de Couvran, Pierre de Louvain, Jennet de Tillay, et Robert de Connyngham, et les gens du sieur de Saint-Severe, avecq deux mille francs archiers, allèrent mectre le siége devant Chierbourg, qui est la plus forte place de Normandie, et y feurent longuement. Cependant le onziesme jour de juillet, les Anglois de Fallaise traictièrent tant avecques le comte de Dunois, que par le commandement du roy il leur bailla jour jusques au vingt-uniesme jour dudit mois, en dedans lequel jour ils promeirent rendre la ville et le chastel de Falaise, et mectre en l'obéissance du roi de Franche, au cas qu'ils ne seroient secourus en dedans ce jour, pourveu que leur maistre et capitaine, le sieur de Tallebot, qui estoit seigneur d'icelle place, du don du roy d'Angleterre, lequel estoit prisonnier du roy de Franche, au chastel de Droeulx, seroit délibvré de prison, et remis en liberté et franchise, et avecques ce seroit quicte de certaine promesse que icelui Tallebot avoit faicte au roy de Franche. Et pour entretennement de ce que dict est, baillèrent les Anglois douze hostaiges. En dedans lequel jour iceux Anglois ne feurent secourus; pour laquelle cause ils rendirent ladite ville et chastel de Falaise, par la manière accoustumée. Dedans icelle ville et chastel estoient mille et cinq cents Anglois, touts combattants, et les plus valliants gens et mieux en poinct qui fuissent en la duchié de Normandie, de gens de leur nation; desquels estoient conducteurs et capitaines, sous Tallebot, André Troslop et Thomas Hecon, lesquels s'en allèrent en Angleterre, touts leurs corps et leurs biens saufs. Et fust capitaine de Falaise, de par le roy de Franche, Poton de Sainte-Treille, son grand escuyer des escuries, et son grand bailly de Berry.

CHAPITRE XXXIV.

Du siége qui fust mis devant Donfort (Domfront), et comme elle fust rendue au roy de Franche; et de la mort de Franchois, duc de Bretaigne.

Assez tost après le traictié de Falaise, audit mois de juillet, se parteit messire Charles de Cullant, grand maistre d'hostel du roy; le sieur de Blanville, messire Jehan Bureau, thrésorier de Franche, et gouverneur de l'artillerie, et plusieurs autres, avecques mille et cinq cents francs archiers; et allèrent mectre le siége debvant la ville et chastel de Donfort (Domfront); auquel lieu estoient de sept à huit cents Anglois; lesquels, le deuxiesme jour d'aoust, rendirent la ville et chastel aux Franchois, et s'en allèrent, leurs corps et leurs biens saufs.

En ce temps estoit à son dernier jour, et mourut par maladie, Franchois, duc de Bretaigne, nepveu du roy de Franche; dont ce fust dommaige; car il estoit moult noble prince, et valliant de son corps.

CHAPITRE XXXV.

Comment le sieur de Cottigny, admiral de Franche, et le bailly de Troyes feurent tués durant le siége de Chierbourg, et comme la ville fust mise en l'obéissance du roy de Franche.

Le siége estant devant Chierbourg, se gouvernèrent grandement, honorablement et valliamment les Franchois qui là estoient; et oppressèrent fort ceux de dedans de trenchis, mines et autres oppressions, où fust tué d'ung canon, messire Pregent de Cottigny (Coetivy), sieur de Raix et admiral de Franche, qui fust bien grand dommaige; car il estoit l'un des valliants chevalliers et bien renommés de la Franche, prudent homme et de bon eage. Et pareillement fust en la ville tué d'une conlevrine, Thomas le Bourgeois, bailly de Troyes, lequel estoit valliant homme de son corps, à pied et à cheval, de grande conduite, et bien cognoissant la subtilité de la guerre. Icelle ville de Chierbourg fust fort battue de canons et bombardes, et le plus subtilement que homme veit. Du costel de la mer, en y eut trois bombardes rompues, et ung canon; et y feurent faictes de belles et grandes armes; et tellement, que Thomas Gorel, Anglois, composa et traicta de rendre la place, dont il estoit capitaine, moyennant qu'on lui délibvreroit son fils, qui estoit hostaige pour sa part de l'argent qui estoit deu au roy de Franche et à ceux de Rouan, pour la composition qu'avoit faicte le duc de Sombreset, lui estant à Rouan; lequel lui fust rendu et quicte. Puis délibvra la ville et chastel de Chierbourg au roy de Franche ou à ses commis, le douziesme jour du mois d'aoust, audit an mil cinq cent et cinquante. En laquelle ville ils étoient bien mille bons combattants anglois, soubs icelui Thomas Govel, lesquels s'en allèrent, leurs corps et leurs biens saufs. Après ce, en fust capitaine pour le roy de Franche, le sieur de Bueil, atout quatre-vingts lanches; lequel avoit esté fait nouvel admiral de Franche, par le trépas du sieur de Cottigny, qui en son vivant estoit capitaine de Granville, dont fust capitaine après sa mort, messire Jehan de Lorraine, atout cinquante lanches.

CHAPITRE XXXVI.

Comment, après que le roy eut conquis tout le pays de la Normandie, il envoya ses gens d'armes en Guyenne; et des gens de guerre qu'il laissa pour garder ledit pays de Normandie, puis s'en retourna en sa ville de Tours.

AINSI, comme dict est ci-dessus, fust reconquesté par le roy de Franche, Charles, septiesme de ce nom, et par les Franchois, la duchié de Normandie, et toutes les villes et chasteaux d'icelle mis en l'obéissance du roy de Franche, en ung an et six mois, qui peut sembler que ce fust grace divine que Dieu y entendit; car on n'a peu veu ni sceu que si grand pays fust sitost conquesté; lequel pays contient six grosses journées de long et quatre journées de large; et y a dedans six éveschés, ung archevesque et cent que villes et forts chasteaux, sans ceux qui ont été abattus, destruicts et desmolis par la fortune de guerre, laquelle y avoit duré l'espace de trente ans, durant les grandes divisions qui avoient esté en Franche, tant à cause de la mort de Loys, duc d'Orléans, qui fust occis en l'an quatre cent et sept, en la ville de Paris; et lequel estoit frère du roy Charles sixiesme, comme de la mort de Jehan, duc de Bourgogne, lequel avoit aussi esté valliamment occis à Montereau Faut-Yonne, en l'an mil quatre cent dix-neuf; desquelles guerres font mention plusieurs chroniques, de ce parlant, qui en ce temps feurent faictes. On n'a point veu que si grand pays eust esté conquis en si peu de temps ni à moings d'occision de peuples et de gens d'armes, ni à moings de dommaige, qui peut et doibt tourner à la grande gloire et honneur du roy de Franche dessusdit, des princes et autres sieurs Franchois debvant nommés, et de tous autres qui feurent en la compagnie du roy, au recouvrement de la duchié dessusdite; et se feit icelle conqueste en l'année des grands pardons de Rome.

Quant le roy de Franche eust, ainsi que dict est, conquis toute la Normandie, il ordonna six cents lanches et les archiers, c'est à sçavoir : chacune lanche, deux archiers et un coustelier pour garder icelui pays; et les autres gens de guerre, il les envoya en Guienne. Puis se parteit le roy du pays de Normandie, et arriva au mois de septembre ensuivant en sa ville de Tours en Tourraine.

CHAPITRE XXXVII.

Des graces que le roy rendit à Nostre Seigneur; et ordonna chacun, en la mémoire de la victoire que Dieu lui avoit envoyée, faire processions générales par tout son royaume, qui se feroient le quatorziesme jour d'aoust; et de l'ordonnanche des gens d'armes et de leurs habillements.

Quant le roy fust retourné à Tours, il rendit graces à Dieu de sa grande et noble conqueste et victoire qu'il avoit; et par desliberation de son grand conseil, adfin de rendre plus grandes graces, et plus remerchier Dieu de sa grande conqueste, il commanda célébrer processions générales par tout son royaume, le quatorziesme jour d'octobre ensuivant, et de là en avant par chacun an, le quatorziesme jour d'aoust; et de ce envoya lettres-patentes aux prélats par tout son royaume, requérant de ce faire, et que en ce n'y olt faute. Et pour ce que ci-dessus est assez parlé des assemblées des gens d'armes, que les princes et seigneurs tenoient et avoient,

6.

et comment l'ung avoit deux cents lanches, l'autre trois cents, et ainsi plus ou moins, il est bon de faire entendre ce qu'on appelloit une lanche et quelle sieute (suite). Vray est que par l'ordonnance qu'il avoit mis en son royaume, laquelle montoit d'ordinaire, sans les seigneurs, princes, seigneurs, fiefvés et arrière-fiefvés qui doivent servir le roy, à dix-sept cents lanches; et estoit chacune lanche d'ung homme d'armes, armé de cuirasse, harnas de jambes, sallades, bannière, espée, et tout ce qu'il faut à ung homme armé au cler, ses sallades et espées garnies d'argent; lequel homme d'armes avoit trois chevaux de prix, l'ung pour lui, l'autre pour son page qui portoit sa lanche, le tiers pour son valet, lequel estoit armé de sallade, bringandine, jacquet et haubergeon, portant hache ou guisarme, et avoit avec ce chacune lanche, deux archiers à cheval, armés le plus de brigandines, harnas et sallades, dont les plusieurs estoient garnies d'argent. Du moins avoient iceux archiers, touts jacquets ou bons haubergeons; et payoit-on touts ceux qui estoient de ceste ordonnance de dix-sept cents lanches, de mois en mois, fust que le roy olt guerre ou non. Et les payoient les gens du plat pays et des bonnes villes, par une taille qu'icelui roy avoit mis sus, ce qu'on n'avoit oncques faict, laquelle on appeloit *la taille des gens d'armes;* et avoit chacun homme d'arme quinze francs, monnoie royale, pour ses trois chevaux, à sçavoir : pour lui, son page et ung guisarmin ou coustillier;

et chacun archier pour lui et son cheval, sept francs et demi le mois. Durant ceste conqueste de Normandie, tous les gens d'armes du roy de Franche et qui estoient en son serviche, fuissent d'icelle ordonnance ou non, feurent tous payés de leurs gages de mois en mois; et n'y avoit si osé ne si hardi qui osast prendre, durant ladite guerre ou conqueste de Normandie, prisonnier, ni ranchonner cheval ni autre beste quelle qu'elle fust, ni vivres en quelque lieu que ce fust sans payer, fuissent en l'obéissance des Anglois, ou à ceux de leur parti, fors seulement sur iceux Anglois et gens tenants leur parti, qui estoient trouvés faisants guerre et en armes; et ceux-là pouvoient-ils bien prendre licitement et leur estoit permis, et non autrement. Tous ceux pareillement qui gouvernoient l'artillerie, estoient payés de jour en jour, en laquelle y avoit le plus grand nombre de grosses bombardes, gros canons, veuglaires, serpentines, crapeaux d'eau, coleuvrines et ribaudequins qu'il n'estoit lors mémoire d'homme avoir veu à roy chrestien, bien garnis de poudres, manteaux, et de toutes autres choses pour approcher et prendre villes et chasteaux, et moult grande foison de charrois pour les mener, et des manouvriers pour les gouverner. Pour laquelle artillerie conduire et gouverner estoient commis messire Jehan Bureau et son frère, qui en firent moult bien leur debvoir, et s'y gouvernèrent très grandement. Et à la vérité dire, durant ceste conqueste de Normandie, les plus des villes et chasteaux eussent esté prinses d'assaut, et par force d'armes; mais quand les places estoient approchées et prestes à assaillir, le roy de Franche, Charles, en avoit pitié; et vouloit qu'on les print par composition pour obvier à l'effusion de sang humain, et à la destruction du pays et des peuples qui estoient enclos en icelles forteresses.

CHAPITRE XXXVIII.

Comment le sieur d'Albreth desconfit ceux de Bourdeaux, et en occist quinze cents, et prist prisonniers douze cents; et de la prinse de maistre Jehan Panchous, recepveur général du roy, et de sa condampnation.

CHARLES, roy de Franche, venu en sa ville de Tours, feit prendre maistre Jehan Panchous, son recepveur-général de ses finances, lequel fust mis au chasteau de Tours; et lui meit on sus qu'il avoit mal gouverné sa recepte, pourquoi il fust questionné par le conseil du roy; et, par sa confession, fust trouvé avoir commis crime de lèze majesté, pour avoir prins en grandes et excessives sommes des deniers du roy. Mesmement avoir fait certaines ratures. Pour lesquelles causes il fust condamné, par la bouche du chancelier de Franche, à tenir prison certain temps, et ses biens confisqués, desquels le roy donna une maison qu'il avoit fait faire en la ville de Tours, au comte de Dunois; et outre ce fust ledict maistre Jehan Panchous condamné à payer au roy la somme de soixante mille livres. Audit an, le dernier jour d'octobre, le sieur d'Orval, le tiers fils du sieur d'Albreth, et sa compagnie, de quatre à cinq cents combattants, se partirent de Basas, et allèrent courre en l'isle de Madoche en Bourdelois; et repeurent en ung bois deux lieues près de Bourdeaux; et le lendemain, jour de Toussaints, comme ils feurent montés à cheval, leur vindrent nouvelles que ceux de Bourdeaux, tant gens de guerre que populaires, estoient sur les champs en nombre de huit à neuf cents, tant de pied comme de cheval, pour eux venir combattre. De ce adverti, le sieur d'Orval pour tant ne laissa à faire son entreprise, mais meit ses gens en bonne ordonnance, attendant la bataille, combien qu'ils feussent en moindre nombre, sans comparaison, que les Bourdelois et Anglois; et attendirent que ceux de Bourdeaux, desquels estoit conduiseur le maire de Bourdeaux, les choisirent. Sy se mirent en ordonnance et leur vint courre sus; et là le sieur d'Albreth et ceux de sa compagnie se portèrent si valliamment, qu'ils les meirent en fuite et en occirent, tant en la bataille qu'en fuyant, bien dix-huit cents, et sy prindrent des prisonniers bien douze cents hommes. Ce fait, le sieur d'Albreth et ceux de sa compagnie s'en reretournèrent en la cité de Basas dessusdite. A ceste desconfiture feurent fort descartés et esbahis ceux de Bourdeaux et du pays environ.

CHAPITRE XXXIX.

Comment Pierre de Bretaigne feit honneur au roy de la duchié de Bretaigne; et comment le roy envoya le comte de Dunois avec armée au pays de Guyenne; et de la rendition du chastel de Montguyon et de la ville de Blaye.

Oudit an cinquante, lendemain du jour des Ames, en une petite ville et chasteau, nommée Montbason, Pierre, duc de Bretaigne, nouvellement, par la mort de son frère Franchois, feit hommaige au roy de Franche, Charles, de la duchié de Bretaigne, et lui feit le serment en tel cas accoustumé; et comme grand chambellan du roy, le comte de Dunois print sa ceinture, l'espée et le bouclier, comme à lui appartenant. Et après le serment fait, le chancellier lui dit qu'il estoit homme lige au roy de Franche, à cause d'icelle duchié; et sur ce feut une altercation une espace de temps, et finablement le receupt le roy en foy aux us et coutumes, ainsi que ses prédécesseurs ducs de Bretaigne avoient fait; et tost après il feit au roy ung autre hommaige de sa comté de Montfort, à cause de laquelle il confessa estre son homme lige et vassal; et ce fust receu à grands

honneur et chierre du roy et de ses nobles ; et là,
par l'espace de quinze jours, y olt grand esbatte-
ment et liesse ; et là fust festin des dames et damoiselles. Avecques le duc de Bretaigne estoit son
oncle, le comte de Richemont, connestable de
Franche, et plusieurs autres seigneurs et escuyers,
jusques au nombre de quatre à cinq cents chevaux.
Icellui Pierre de Bretaigne succéda en la duchié,
parce que le duc Franchois son frère, dernier mort,
avoit fait morir Gilles de Bretaigne, son second
frère, parce qu'icelui Gilles tenoit le parti du roy
Henry d'Angleterre, duquel il estoit son connestable ès pays de deçà la mer, et icelui Franchois
tenoit le parti du roy de Franche ; et environ ung
an paravant la mort dudit Franchois, l'avoit fait
prendre prisonnier et l'avoit mis en la garde du
seigneur de Montauban, nommé Arthus. Lequel
Gilles, après qu'il avoit esté traictié par douces
parolles, pour sçavoir s'il se voulloit retraire du
parti des Anglois, fust traicté par parolles rigou-
reuses ; mais, pour choses que on lui sceut dire, il
ne se voullut retraire de son propos, parquoi le
duc son frère conceupt haine mortelle contre lui.
Et ou mois de mai, le roy estant en sa cité de
Tours, ordonna le comte de Dunois et de Longueville, son lieutenant général, pour aller au pays
de Guyenne, pour le réduire en son obéissance,
et avecques lui grande et notable compaignie ; et se
parteit ledit comte de Dunois oudit mois de mai,
et s'en alla mectre le siége devant ung chasteau

nommé Montguyon. Auquel lieu vint au service du roy de Franche le comte d'Angoulesme, frère légitime du duc d'Orléans, maistre Jehan Bureau, thrésorier de Franche, Pierre de Louvain, et plusieurs autres, jusques à quatre cents lanches, et leurs archiers et guisarmiers, avecques quatre mille francs archiers, lesquels tindrent siége, attendants plus grande seigneurie, laquelle debvoit venir; et lequel siége y fust l'espace de huict jours; et en estoit capitaine pour les Anglois, Regnault de Sainct Jehan, escuyer gascon, et serviteur du capitaine de Beuil, avecques certain nombre de gens d'armes. Lequel, voyant ne povoir résister à la puissance qui estoit debvant lui, feit appoinctement aux Franchois, par lequel la place fust rendue en l'obéissance du roy.

Oudit an, le seiziesme jour dudit mois de mai, après la rendition de Montguyon, le comte de Dunois alla mectre le siége debvant l'une des portes de la ville de Blaye; et se joignirent avecques lui messire Pierre de Beauvoir, sieur de la Bessière, lieutenant du comte du Maine et gouverneur de ses gens d'armes, et Geoffroy de Sainct-Belin, lesquels avoient en leurs compagnies huit vingts lanches, fornies d'archiers et guisarmiers; et là trouvèrent messire Jacques de Chabanne, grand maistre-d'hostel du roy de Franche, et Joachim Rohault; lesquels, avecques leurs compagnies, se meirent du costel de devers le chasteau; et se meirent et logèrent à la Maladrerie; et avoient avecques eux deux cents lanches, et les archiers et guisarmiers, avecques deux mille de francs archiers. Et là arriva par mer grande foison de navires, dont estoit chief et gouverneur Jehan le Bouchier, général de Franche. Esquels navires avoit grande multitude de gens d'armes et de traict, et grande foison de vivres pour avitailler l'ost. Lesquels navires, en approchant le siége, trouvèrent devant la porte d'icelle ville cinq gros bateaux bien armés, lesquels estoient venus de Bourdeaux pour avitailler la ville de Blaye; lesquels ils assaillirent tellement et si valliamment, que les navires des Franchois meirent en fuite les Anglois, desquels il y olt plusieurs morts et navrez; et leur convint désancrer leurs basteaux pour eux enffuire; et les chassèrent les Franchois jusqu'aux portes de Bourdeaux, puis s'en retournèrent avecques leurs navires au port de Blaye, adfin que secours ne vivres ne peuissent entrer dedans ladite ville; et ainsi fust assiégée par mer et par terre de toutes parts. Deux ou trois jours après ce faict, arriva devant ladite ville le comte de Ponthieu (Penthièvre) atout cent lanches et trois cents arbalestriers, et se logea au siége du comte de Dunois. Durant icellui siège feurent faictes des grandes vailliances et approchements de mines, de fossés et trenchis; et fust la ville fort battue de gros engins, bombardes et canons, tellement que les murailles feurent abbatues en plusieurs lieux dedans icelle ville. Pour la deffendre estoient les plus valliants gens de la duchié de Guyenne, tenants le parti du roi d'Angleterre. Et environ le vingt-huitième jour du mois de mai, environ ung peu debvant soleil couchant, à l'heure que sonne le guet, aulcuns archiers de la compagnie de Jehan de Meause, nommé le seigneur de la Mangonnerre, capitaine des francs archiers de Tourraine, et les gens de Pierre de Louvain, montèrent sur la muraille de la ville. Lors commencha l'assaut de toutes parts, tellement que la ville fust prinse. A laquelle prinse y olt des Anglois, que morts que navrez, deux cents ou environ; et se retrairent en grande haste le maire et le soubmaire de Bourdeaux dedans le chastel de la ville; avecques eux les seigneurs franchois. Et approchèrent aucuns le chastel; mais quant ceux du chastel veirent qu'ils approchoient et qu'ils ne povoient avoir secours par mer ne par terre, ils prindrent traictié avecques les Franchois et rendirent le chastel en l'obéissance du roy de Franche, Charles, VII° de ce nom; et se retirèrent les maire et soubmaire de Bordeaux, audit Bourdeaux, leurs vies et bagues sauves.

CHAPITRE XL.

Comment tout à ung mesme temps le comte de Dunois assiégea les ville et chastel de Bourg, le comte d'Albreth assiégea la cité d'Arques, le comte d'Arminacq assiégea Rion, le comte de Penthièvre assiégea Chastillon, en Pierregort; et feurent toutes ces places rendues au roy de Franche.

Après la rendition de la ville et chastel de Blaye, incontinent, sans intervalle, le comte de Dunois, avecques toute sa compagnie, alla mectre le siége devant la ville et chastel de Bourg (Bourbourg), tant par mer que par terre. Et n'y fust ledit siége que cinq à six jours; car quant ceux de la ville, qui estoient dedans, veirent sy grande puissance et en sy belle ordonnance, aussi bombardes et canons sortir de debvant eux, avecques mines, approchements et trenchis, ils requirent eux rendre, leurs corps et biens saufs. Et estoient dedans, de la part du roy d'Angleterre et de ceux de Bourdeaux, de quatre à cinq cents combattants, dont estoit capitaine messire Bertrand de Montferrand, lequel, lui et ses gens s'en allèrent, leurs corps et leurs biens saufs, en la ville de Bourdeaux; et demoura la place en la garde, de par le roy de Franche, de messire Jacques de Chabanne, grand maistre-d'hostel de Franche. Et ce mesme an, audit mois de mai, le comte d'Albreth, avecques les seigneurs de

Tartas et d'Orval, ses fils, lequel avoit en sa compagnie trois cents lanches et deux mille arbalestriers, vint mectre le siége devant la cité d'Arques, du costel de devers Bourdeaux, au bout du pont de la rivière de la Dourdonne; et environ dix à douze heures que le siége fust mis, vint le comte de Foix avecques le vicomte de Lautrech, son frère légitime, messire Bernard de Biernes (Béarn), son frère bastard; les barons de Noeuville, de Lattrydon, de Roix et de Carasse; messire Martin Gratien, capitaine des Espagnols; Robin Petit-Los, capitaine des Escossois; et plusieurs autres chevalliers, seigneurs et escuyers, et gens de guerre, jusques au nombre de cinq cents lanches et de mille arbalestriers; et meirent le siége devers Navarre et Bierne. Durant lequel siége il olt plusieurs armes d'ung costel et d'autre, jusques à tant qu'il vint à leur cognoissance que ceux de Bourdeaux avoient intention trouver le traictié avecques le lieutenant du roy de Franche ou ses commis. Pour laquelle cause, à la requeste du comte de Foix, ils feurent comparants en l'appoinctement que feirent ceux de Bourdeaux. Et par ainsi la cité fust rendue en la main du roy de Franche, et commise à garder à quatre barons du pays de Bierne (Béarn).

En ce mesme temps et mois, se partit le comte d'Erminacq de son pays, avecques le sieur de Poictraille et les quatre séneschaux de Toullouse, de Rouergue, d'Agones (Agénois) et de Crécy (Guercy), et le séneschal de Guyenne; et avoit le comte en sa compagnie, tant des seigneurs dessusdits que de gens de son pays, cinq cents lanches et les archiers, avecques lesquels il vint mectre le siége devant une place nommée Royon (Riom). Il fut par une espace de temps, en portant forte guerre aux ennemis du roy de Franche. Durant lequel temps, jàsoit qu'ils parlamentassent d'avoir appoinctement avecques ceux de Bourdeaux, si faisoient-ils toujours forte guerre les ungs contre les autres, jusques à tant que ledit appoinctement fust fait.

En ce mesme temps et mois, fust mis le siége debvant Chastillon en Perregort, par le comte de Ponthièvre, et le sieur de Jalloingnes, mareschal de Franche, accompaignié de maistre Jehan Bureau, thrésorier de Franche; et avoient en leurs compagnies trois cents lanches avecques leurs francqs archiers, avecques grosse artillerie et menue; qui espouvanta tellement ceux dedans, lesquels, voyoient la puissance du roy de Franche, qui faisoit mectre plusieurs siéges ensemble, feirent traictié et composition aux Franchois, par lequel, leurs corps et leurs biens saufs, ils partirent de la place, laquelle demoureroit ès mains du roy de Franche; laquelle fust mise à garder à messire Jehan Bureau.

En ce temps, se rendirent au roy de Franche ceux de la ville de Sainct-Melon (Sainct-Émilion), voyants qu'ils ne povoient résister contre sa puissance; et fust la ville bailliée en garde au comte de Ponthièvre.

CHAPITRE XLI.

Comment le comte de Dunois envoya mectre le siége debvant le chasteau de Fronsacq en tenant le siége qu'il avoit mis à Bourgbourg, fourny de gens de traicts; et feit savoir à ceux de Libourne, d'eux rendre; et comme plusieurs places se rendirent au roy de Franche.

Le second jour de juing, audit an cinquante et ung, le comte de Dunois envoya mectre le siége, par mer et par terre, debvant une place appelée Fronsacq, et il demoura devant Bourgbourg, par aucune espace de temps pour faire certaines ordonnances, et mectre régime et police au bien et proffit du royaume; et ce fait, vint personnellement audit siége de Fronsacq, et envoya ung héraut pour sommer ceux de Libourne d'eux rendre. Lesquels de Libourne envoyèrent les principaux de la ville pour trouver traictié; lequel traictié fait et accordé, la ville fust rendue au roy et bailliée en garde au comte d'Angoulesme. Et au regard du chasteau de Fronsacq, qui estoit le plus fort chasteau des marches de Guyenne, et lequel avoit toujours esté gardé d'Anglois, natifs du pays d'Angleterre, pour ce que c'est chambre du roy et la clef de Guyenne et de Bourdelois, les Anglois tindrent icelle place le plus qu'ils peurent. Toutesfois, soyant, la noblesse et la grande multitude des gens de guerre debvant eux, qui n'estoit point la quarte partie de la puissance du roy, et comment pour icelle heure les francs archiers tenoient quatre siéges, lesquels ne povoient secourir les ungs les autres pour les grosses rivières de Gironde et Dourdonne, qui lors estoient très grosses, véants aussi qu'il n'y avoit siége tenu des Franchois qui ne fust assés fort pour attendre et combattre toute la puissance que le roy d'Angleterre avoit en ce temps en Guyenne, pour lesquelles choses ceux de la place traictèrent avecques le comte de Dunois, que si en dedans la veille de Saint-Jehan-Baptiste, ensuivant ce jour, les Franchois n'estoient combattus devant ladite place par les Anglois, qu'ils rendroient la place en la main du roy de Franche. Pareillement traictèrent ceux de Bourdeaux, eux faisants fort de faire rendre toutes les places de Guyenne estants en l'obéissance du roy d'Angleterre, et, pour seureté de ce faire, baillèrent hostaiges, adfin d'entretenir ce que dict est. Et pour estre à icelle journée de la Saint-Jehan, vindrent le comte de Nevers, de Clermont, de Chastres, de Vendosme, de Penthièvre, accompagniés de plusieurs autres chevalliers et escuyers; et feurent en bataille ce jour pour attendre leurs ennemis. Et fust la journée hautement et honnorablement tenue en riches et grands habillements; et là feurent faits chevalliers le comte de Vendosme, le vicomte de Turenne, le sieur de la Rochefoucault, le fils du sieur de Commerin (Couvran), messire Jehan de Roquencout, le sieur de Gounault, messire Pierre de Bar, messire Pierre de Motengam, messire Ferry de Grancourt, messire Jehan de Bordelles, le sieur de Fontenelles, le bastard de Vendosme, messire Jehan de la Haye, messire Tristan L'Hermite, messire Jehan de l'Estrange, messire Pierre de Louvain, et plusieurs autres, jusqu'au nombre de soixante chevalliers. Et le lendemain matin, qui fust la veille de Sainct-Jehan-Baptiste, rendirent les Anglois la place de Fronsacq, car aucun secours d'Anglois ne leur fust baillié; et le baillèrent ès mains du comte de Dunois, lequel le laissa en garde à Joachim Rohault. Et envoya icellui comte de Dunois un hérault vers le comte d'Erminacq, qui tenoit siége devant la ville de Riom, lequel lui bailla le double du traictié de Bourdeaux; et lors se rendit icelle ville en l'obéissance du roy de Franche, et fust bailliée en garde au sieur d'Albreth; et de là s'en alla le héraut devers le sieur de Foix; et adoncques se meirent ceux de la cité d'Arques en l'obéissance dudit roy.

CHAPITRE XLII.

Comment la ville de Bourdeaux fust mise et rendue en la main du roy de Franche; et de l'entrée que feirent les gens du roy en ladite ville de Bourdeaux.

Après que les commis à faire le traictié de Bourdeaux eurent besoigné avecques ceux dudit lieu, ils retournèrent vers le comte de Dunois, lieutenant-général du roy de Franche, le chancellier de Franche et autres du conseil, et leurs monstrèrent l'appoinctement, tant d'ung costel que d'autre, mis par escript; dont feurent fort joyeux. Et fust la chose desclarée, l'espace de huict jours, comme dict est, après le dimanche à eux octroyé par ledit lieutenant. Auquel jour ne leur vint ne comparust aucun secours; et néanmoins, contre les promesses faictes par ceux de Bourdeaux, eux confiants toujours d'avoir secours, requirent jour de bataille. Lequel jour fust octroyé au quatorziesme jour de juing, pour illecq leur deffendre si secours leur venoit par le roy d'Angleterre, ou sinon ils promirent eux rendre ledit jour. Auquel jour comparurent les dessus-nommés pour cuider combattre les Anglois, ou réduire la ville en l'obéissance du roy de Franche. Auquel jour ils feurent attendants la bataille jusques au soleil couchant; et à celle heure ceux de Bourdeaux, véants avoir faute de secours, feirent cri par ung hérault, lequel crioit : Secours de ceux d'Angleterre pour ceux de Bourdeaux. Auquel cri ne fust aucunement respondu, ne donné secours. Parquoi se partirent d'illecq icelles partiés, et s'en allèrent logier, sans autre chose faire pour icelle heure. Et le lendemain, le chancellier et le thrésorier de Franche, avecques plusieurs autres, retournèrent par-devers ceux de Bourdeaux; lesquels appointèrent que le mercredy ensuivant, ils seroient tout près de rendre la ville et bailler les clefs de touts chasteaux, havre, ports et barrières de laville, et faire le serment d'estre bons et loyals subjets des-ores-en-avant du roy de Franche, selon les promesses par eux faictes. Et fut ordonné le thrésorier de Franche, pour les grandes diligences qu'il avoit faites à la poursuite d'icelle duchié de Guyenne, maire de la cité de Bourdeaux. Et pareillement fust aussi ordonné connestable dudit lieu, Joachim Rohaut. Au mercredy ensuivant, qui estoit prins pour rendre ladite ville, feirent préparer les sieurs de Bourdeaux et ceux du pays, pour plus honnorablement recevoir le comte de Dunois comme lieutenant du roy de Franche, et la seigneurie estan avecques lui. Lesquels, ce jour, prindrent la possession de ladite cité. Et entrèrent premiers, par ordonnance d'icellui lieutenant, messire Thibault de Valpergue, bailli de Lyon, et messire Jehan Bureau, thrésorier de Franche, et maire d'icelle ville; auxquels feurent bailliées les clefs de touts les lieux forts estants en ceste ville. Et à l'entrée ne feurent point les francqs archiers, à la requeste de ceux de Bourdeaux, mais feurent envoyés logier autour de Libourne. Icelle entrée de Bourdeaux commencha au soleil levant; et fust faicte par le hérault dudit lieu, où estoient les sieurs de l'Esparre, de Montferrand, et plusieurs autres nobles et notables seigneurs du pays; et touts les gens d'église feurent revestus en cappes, religieux, chanoines, curés et autres; lesquels receurent honnorablement icellui lieutenant du roy de Franche et sa compagnie. Et premièrement commenchèrent à entrer les archiers de l'avant-garde; c'est à scavoir, mareschaux et escuyers, qui estoient de mille à douze cents, dont estoient gouverneur Joachim Rohaut, connestable de Bourdeaux, et le sieur de Piensac, séneschal de Toullouse. Après, allèrent les hommes d'armes d'icelle avant-garde, touts à pied, lesquels gouvernoient les mareschaux de Loheach et de Jalloingnes, estimés trois cents hommes d'armes; et estoient lesdits mareschaux très bien montés. Et après eux alloient les comtes de Nevers et d'Erminacq, et le vicomte de Lautrec, frère du comte de Foix, qui avoit trois cents hommes de pied. Après, entrèrent les archiers du sieur de la Bessière, lieutenant du comte du Maine, de trois à quatre cents. Après entra la bataille des archiers au nombre de trois mille; et les gouvernoient les sieurs de la Bessière et de la Rochefoucault. Après entrèrent trois des seigneurs du grand conseil du roy;

à sçavoir, l'évesque d'Allet, maistre Guy Bernard, archidiacre de Tours, et après l'évesque, duc de Langre, le chancellier de Marche, et avecques lui aucuns secrétaires du roy. Après entra messire Tristan L'Hermite, prévost des mareschaux, avecques ses sergeants. Après, entrèrent quatre trompettes du roy, poursuivants et héraux, portants les costes d'armes du roy et des seigneurs à qui ils estoient. Et après entra une hacquenée blanche, couverte d'ung velour cramoisi; et avoit sur la crouppe ung drap de velour azuré, semé de fleurs de lys d'or et de brodure; et sur la selle estoit ung petit coffret couvert de velour azuré, semé de fleurs de lys, d'orfévrerie, dedans lequel estoient les sceaux du roy; laquelle hacquenée menoit un varlet de pied; et à chacun costel d'icelle estoient deux archiers, vestus de livrée; puis alloit le chancellier de Franche à cheval, qui estoit armé d'ung corset d'acier, et par-dessus une jacquette de velours cramoisi. Après, entra le sieur de Xantraille, bailli de Berri, et grand escuyer d'escurie du roy, monté sur ung coursier, couvert d'un drap de soie; et estoit le bailli armé à blancq, tenant l'une des bannières du roy; le sieur de Montigny, tenant l'autre à sénestre, monté sur ung autre coursier; et chevauchoient debvant le lieutenant du roy. Puis après, entra le lieutenant du roy, monté sur ung coursier blancq, couvert d'ung velours bleu, chargié d'orfévrerie d'or, et estoit seul armé de harnas blancq. Et après lui venoient les comtes d'Angoulesme et de Clermont, armés de blancq, et leurs chevaux couverts, leurs pages et eux habilliés et montés richement. Puis entrèrent les comtes de Vendosme et de Chastres, avec eux plusieurs barons et seigneurs richement habilliés. Et après eux entra la bataille des hommes d'armes, nombrés mille cinq cents lanches, lesquels gouvernoit messire Jacques de Chabannes, grand-maistre d'hostel du roy; et estoit à cheval tout armé, et son cheval richement couvert. Et après entrèrent les hommes d'armes du comte du Maine, nombrés cent et cinquante lanches, lesquels gouvernoient messire Geoffroy de Sainct-Belin, de Chammont et Bassigny. Puis entra l'arrière-garde, que faisoient les gens de Joachim Rohaut, avecques lesquels estoient les gens d'armes du sieur de Xantraille. Et ainsi allèrent toutes les compagnies jusques au-debvant de la grande église; et là descendit le lieutenant du roy, les comtes d'Angoulesme, de Vendosme, de Chastres, et plusieurs autres. Et adoncques vint l'archevesque de Bourdeaux à la porte d'icelle église, revestu en pontifical, accompagnié de plusieurs chanoines d'icelle église; et encensa le lieutenant, et lui feit baiser la croix et aucuns autres reliquaires; puis le print par la main, et le mena dedans le chœur faire sa prière debvant l'autel grand. Avecques le lieutenant entrèrent les seigneurs dessus nommés; et laissèrent les bannières du roy dedans l'église; et l'oraison faite des seigneurs, l'archevesque print un missel, et feit jurer et promectre au lieutenant et aux autres seigneurs, que le roy les maintiendroit en leurs franchises et priviléges anciens. Et pareillement le lieutenant feit jurer l'archevesque, le sieur de l'Esparre et les autres assistants de la ville, et autres gens d'autorité, qu'ils seroient à toujours bons et loyaux subjets du roy de Franche, et mesme toute la communauté; ce qu'ils accordèrent touts à une voix, les mains tendues aux saints, comme on a accoustumé de faire. De ce serment fust exempté le Captal de Bœuf, qui pour lors estoit chevalier de la Jarretière, qui estoit l'ordre du roy d'Angleterre. Et après le serment fait et la messe chantée, chacun se retira en son hostel pour disner; mais ne demoura guères après disner qu'il ne fust grand murmure en la ville pour ung des gens du roy, lequel, après le cri fait solempnellement à son de trompe de par le roy, que nul ne prinst sur son hoste ni ailleurs aucunes chose sans payer, transgressa ledit commandement. Lequel fust prins par les gens du roy et condampné d'estre pendu, comme il fust; laquelle chose pleut moult à iceux de Bourdeaux et du pays. Au surplus, le lieutenant du roy feit faire ung gibet tout nœuf, pour pendre cinq compagnons de l'ost du lieutenant; lesquels, en faveur de Guillaume de Flavy, avoient navré messire Pierre Louvain, chevallier, lui estant au serviche du roy, et l'avoient espié par plusieurs journées pour le tuer. Et disoit-on que ce faisoient faire messire Charles, messire Hector et messire Raoul de Flavy, frères, touts chevalliers et frères audit Guillaume de Flavy, capitaine de compagnie. Lequel Guillaume, certain temps paravant, avoit esté meurdry par son barbier, qui lui avoit coppé la gorge, à la requeste de la femme dudict messire Guillaume. Et après qu'il lui olt coppé la gorge en une place que on appelle.[1]........, entre Noyon et Compiégne, où il se tenoit communément, icelle dame print ung coussin et lui meit sur le visaige et l'estaignit. Et assez tost après, icellui messire Pierre de Louvain vint au chasteau, et emmena la femme dudit messire Guillaume; laquelle tost après il espousa. Icellui Guillaume, en son temps, avoit esté toujours tenant le parti du roy, vaillant homme de guerre, mais le plus tyran et faisant plus de tyrannie et horribles crismes que on polroit faire : prendre fille malgré touts ceux qui en volloient parler, les violer, faire morir gens sans pitié, et les noyer. Entre les autres, il avoit fait morir le mareschal de Rouan, père de sa femme; et combien qu'ils fust viel et de soixante ans, fort gros, et sa femme belle et josne, de vingt à vingt-trois ans, si avoit-il toujours des autres jeunes filles, qu'il maintenoit en adultère; et avecques ce menachoit souvent sa femme, qui, par advanture, fust cause de sa mort. Toutesfois, à cause que sa mort fust villaine et déshonneste, il en déplaisoit à ses frères; et pourchassoient ce qu'ils povoient par justice, que sa femme fust arse; mais oncques n'en peurent avoir raison à leur volonté. Ils avoient esté six frères, dont les trois avoient toujours tenu le

---

[1] Lacune dans le manuscrit.

parti du roy, et les autres trois le parti du duc de Bourgogne; c'est à sçavoir, Jehan l'aisné, Charles et Raoul, le parti du duc; lequel Jehan estoit l'aisné et très riche, et ne fust oncques chevallier; aussi ne fust Guillaume qui estoit second et très riche. Ceux qui tindrent le parti du roy, feurent ledit Guillaume, messire Charles, chevallier, et ung autre qui mourut au siége de Compiégne, d'ung traict, estant à une fenestre. Toutesfois iceux cinq compagnons feurent pendus; et ainsi fust par icellui lieutenant faict justice, dont ceux de ladite ville et cité feurent fort joyeux; car du temps qu'ils estoient ès mains des Anglois, il n'y avoit que voie de fait; à laquelle voie le plus sage du monde ne scavoit que respondre. En icelle ville et cité de Bourdeaux, séjourna icellui lieutenant par l'espace de dix jours ou environ, pour y mectre police et gouvernement; et tellement que les gens de guerre s'y gouvernoient si gracieusement, que pendant ce temps, grief ni extorsion n'y fust faicte à aucuns de la ville et cité. Par la manière dessusdite, fust conquise la duchié de Guyenne, excepté la ville de Bayonne. A laquelle conqueste faire, se portèrent touts les seigneurs dessus-nommés, et touts ceux qui feurent en leur armée; laquelle armée fust estimée à vingt mille combattants. Le comte de Clermont demoura capitaine de ladite ville de Bourdeaux; et son lieutenant estoit messire Olivier de Contigny (Coetivy), qui avoit la charge des gensdarmes; son frère, Prugent de Cotigny, fust en son temps admiral de Franche.

CHAPITRE XLIII.

Comment le siége fust mis debvant la cité de Bayonne, et des seigneurs qui y vindrent; des saillies et assauts qui y feurent faicts.

Après la rendition de la ville de Bourdeaux, fust ordonné que les comtes de Nevers, de Clermont et de Castres, iroient devers le roy de Franche, au chasteau de Challebourg; et les comtes d'Erminacq, d'Angoulesme et de Ponthièvre et leurs gens iroient en leurs maisons; et semblablement touts les francqs archiers, jusques à ce qu'on les redemanderoit. Lesquels comtes de Clermont, de Nevers et de Castres, arrivés devers le roy de Franche, Charles, par le moyen de son conseil, il deslibéra aller mectre le siége devant Bayonne, tenant le parti des Anglois; et, pour ce faire, ordonna au chasteau de Chierbourg, ses lieutenants, les comtes de Foix et de Dunois; lesquels, le sixiesme jour du mois d'aoust, meirent le siége devant la cité de Bayonne. Et estoient en la compagnie du comte de Foix, jusques au nombre de sept cents lanches, avecques les archiers et guisarmiers, dont il y en avoit quatre cents lanches des gens du roy, et trois cents lanches des barons et chevalliers, hommes et subjets du comte de Foix, desquels ils faisoit beau veoir les montures et harnas de teste. Le comte avoit avecques lui deux mille arbalestriers, et les paysans extraits de son pays. Après le siége assis par ledit comte, il feit plusieurs chevalliers, le fils du grand maistre d'hostel du roy, le sieur de Tessacq, frère du sieur de Nouailles, le sieur de Venacq, et plusieurs autres, jusques au nombre de quinze chevalliers. Et environ midi, icellui jour, arriva le comte de Dunois et de Longueville, lequel meit son siége devant la cité du costel devers Bierne (Béarn), entre les rivières de la Dieux et de la Mire, qui sont deux grosses rivières et larges; et tellement que l'ung desdits siéges ne povoit secourir l'autre. Et estoient en la compagnie d'icellui lieutenant, jusques au nombre de six cents lanches, les archiers et guisarmiers. Et à mectre icellui siége, s'y gouvernèrent iceux capitaines grandement et honorablement. Le lendemain, qui fust le sixiesme jour dudit mois, ceux dedans Bayonne, désemparèrent les fauxbourgs de Sainct-Léon, du costel où estoit le comte de Foix, lesquels estoient très forts et fermés de fossés et de gros pouchons. Mais la grande multitude des grosses coulevrines, serpentines et ribaudequins, qui rompoient les palais, et tiroient les gens de guerre qui issoient à la deffense, leur feirent abandonner et laisser lesdits fauxbourgs. Et adoncques bouttèrent le feu ès églises qui estoient dedans, et ès maisons par espécial, quant ils appercheurent ceux qui tenoient le siége, qui se mectoient à point pour eux assaillir. Et adoncques entrèrent iceux assaillants à fil dedans iceux fauxbourgs, et les poursuivirent si rudement, que, s'ils euissent esté cent hommes ensemble, ils fuissent entrés en la ville avecques ceux de dedans. Après ce fait, se logèrent les assaillants en iceux fauxbourgs, et estendirent le feu estant ès églises et maisons; et se logea le comte de Foix ès Augustins. Et le sixiesme jour ensuivant, du costel de Bourdeaux, vint le sieur d'Albreth et le vicomte de Tartas, son frère, et se logèrent au Sainct-Esprit, au bout du pont de bois; lequel pont fust rompu la nuict ensuivant, par les gens du sieur d'Albreth, lequel avoit en sa compagnie deux cents lanches avecques les archiers, trois mille arbalestriers. Et le lendemain saillirent hors ceux de la ville de Bayonne par un boullevert du costel de la mer. Et lors messire Bernard de Bierne et ses gens vindrent à l'escarmouche, et les reboutèrent jusques dedans la ville; et en retournant de l'escarmouche, ledit seigneur Bernard fust frappé d'une coullevrine; et percha son pavois, et entra le plein dedans sa jambe entre les deux os; qui depuis fust tiré hors, et si bien gouverné par les chirurgiens, que le péril du feu en fust hors. Et le lendemain matin fust prinse une église forte qui estoit fermée de fossés et de pieux, par les gens d'icelui messire Bernard, moitié d'assaut, moitié d'emblée. Quant ceux de dedans Bayonne veirent les grands approchements de tirer contre la muraille, et si n'estoient point encoires venues les grosses bombardes, lesquelles approchoient fort, le vingt-cinquiesme jour dudit mois d'aoust, ils commenchèrent à parlamanter aux comtes de Foix et de Dunois, et aucuns du conseil du roy de Franche; lesquels, après plusieurs choses pourparlées, traictèrent en la manière qui s'ensuit.

CHAPITRE XLIV.

Comment la ville de Bayonne, par appoinctement, se rendit au roy de Franche; et d'une croix blanche qui fust veue en l'air dessus la cité; et des Biscayens qui vindrent en l'aide du roy.

Après plusieurs parlements, ceux de la ville de Bayonne promirent eux rendre en la main du roy, et avecques ce mectroient en la main du roy dom Jehan de Beaumont, le capitaine, frère du connestable de Navarre, de l'ordre de Saint-Jehan de Jérusalem, lequel demoureroit prisonnier à la vollonté du roy; et touts les gens de guerre estants en icelle ville demoureroient pareillement touts prisonniers et à la volonté du roy; et ceux de la ville se sauveroient à la volonté du roy, et si payeroient quarante mille escus; et ce jour rendroient ledit dom Jehan leur capitaine, lesquels tous présents et assistants du roy, en la main du grand-maistre-d'hostel du roy; et bailla sa main. Durant que le siége estoit à Bayonne, ceux du pays de Biscaye feirent grande diligence de fournir le siége de vivres ; car le roy leur en avoit escript. Pareillement venoient vivres de Bierne ; mais c'estoit à grande peine pour la multitude de bourgeois qui estoient au pays. Toutefois l'ost n'eut nulle faute de vivres. Iceux Biscayens vindrent atout douze basteaux d'armes nommés Espinaches et une grande nave, lesquels arrivèrent à une demy-lieue près de Bayonne, adfin que ceux qui estoient dedans la ville ne s'en peussent aider par eau. Lesquels Biscayens feurent nombrés six cent combattants. Le vendredi vingtiesme jour dudit mois d'aoust, ung peu après soleil levant, que le jour fust bel et clair et qu'il faisoit moult beau temps, fust veue au ciel par ceux qui estoient en l'ost du roy, et mesmement par les Anglois estants dedans Bayonne, une croix blanche, laquelle fust veue publiquement l'espace de demie-heure. Et lors ceux de la ville qui s'estoient le jour de devant rendus et avoient fait leurs compositions, desquels estoient bannières et pennons aux croix rouges, dirent que c'estoit le plaisir de Dieu qu'ils fuissent Franchois et qu'ils portassent touts croix blanches. Et ce jour entra dedans la ville à l'heure de deux heures, avecques l'archevesque d'icelle ville pour prendre possession d'icelle et du chasteau, le seigneur de la Bessière ; et là feurent portées les bannières du roy, au haut de la tour d'iceluy chasteau, par les héraux du roy, chacun d'eux criant : Montjoie ! Et à ceste heure arriva la navire des Biscayens, dedans le port de Bayonne, laquelle chose il faisoit beau veoir.

CHAPITRE XLV.

De l'entrée du comte de Dunois, comme lieutenant du roy de Franche, en la ville et cité de Bayonne.

Le samedy onziesme jour dudit mois d'aoust, audit an cinquante et un, entrèrent les gens du roy en la ville de Bayonne; et premièrement entra le comte de Foix, avecques lui le maistre d'hostel du roy, le seigneur de Lautrec, frère dudit comte; le seigneur de Nouailles, le seigneur de la Bessière et plusieurs autres. Et avoient avecques eux mille archiers que gouvernoit l'Espinace. Et après vindrent deux héraux du roy, et autres portants leurs costes d'armes. Et après messire Bertrand d'Espagne, séneschal de Foix, armé tout au blancq, qui portoit la bannière du roy, monté sur ung coursier moult richement habillié; et avoit son cheval ung chanfrain garni d'or et de pierres précieuses, prisé à quinze mille escus, et grand nombre de gens après lui; et sans intervalle venoient six cents lanches à pied. Et de l'autre part, entra le comte de Dunois, qui avoit debvant lui douze cents archiers et deux des héraux du roy, et autres portants diverses armes. Après venoit messire Jennet de Saveuses,

monté sur ung coursier portant l'une des bannières
du roy ; et à ceste entrée feit le comte de Dunois,
chevallier ledit Jennet, le sieur de Montguyon,
Jehan de Montmorency, et le seigneur de la Boussey.
Après ladite bannière entra le comte de Dunois,
armé au blancq, et son cheval couvert de velours
cramoisy; après, le sieur de Loheach, mareschal
de Franche, le sieur d'Orval, plusieurs autres
grands sieurs; et derrière eux six cents lanches.
Ainsi allèrent jusques à la porte de la grande église,
où estoit l'évesque revestu en pontifical, chanoines
et autres gens d'église revestus en cappes; et les
attendoient atout les reliques; et là descendirent
les seigneurs à pied et allèrent faire leur dévotion dedans l'église, puis s'en allèrent en leurs logis. Et
envoya le comte de Foix la couverture de son cheval, qui estoit de drap d'or, et prisée à quatre cents
escus d'or, devant Nostre-Dame de Bayonne, pour
faire des cappes. Le lendemain, les seigneurs allèrent
entendre la messe en l'église, et après la messe
prindrent les serments de ceux de la ville, en la
présence du sieur d'Albreth, qui y estoit venu le
samedy debvant. Et en icelle ville feurent commis
maire messire Jehan Le Boursier, général de Franche, et messire Martin Gratien, lesquels demourèrent pour gouverner la ville; et le lundy prochain,
les dessusdits seigneurs avecques leurs gens s'en allèrent ès pays à eux assignés pour vivre, Et tantost
après, les barons, chevalliers, nobles, bourgeois et
gens de touts estats, du pays de Bourdelois, de Bayon-

nois et ceux du pays d'environ allèrent à Talle-
bourg, devers le roy de Franche, pour confermer
les articles et appoinctements passés par eux, et
faire au roy les hommaiges de leurs seigneuries.
Après lesquelles choses faictes au roy, le roy
quicta à ceux de Bayonne vingt mille escus, de quarante mille qu'ils debvoient payer; après, chacun
retourna en son lieu. Ainsy que dit est, fust réduite
en la main du roy de Franche, toute la duchié de
Guyenne et Normandie, et généralement tout le
royaume de Franche, excepté la ville de Calais,
que les Anglois tenoient encoires.

CHAPITRE XLVI.

Comment l'empereur Frédéricq espousa pour femme la fille du roy de
Portugal; et du discord qui fust en Angleterre pour le gouvernement
du royaume entre le duc d'Yorck et le duc de Sombreset; et de l'ambassade du pape.

AUDIT temps, l'an cinquante et ung, fust l'empereur Frédéricq, duc d'Autriche, couronné et espousé à Rome, par le pape Nicolas, à la fille du roy
de Portugal, et y eut grande feste et sollempnité,
comme aux parties appartenoient bien; et, après
peu de temps, se parteit de Rome, et s'en retourna
en Allemagne, et y mena sa femme; et là feurent
grandement et honorablement receus, selon les
usages et stile du pays.

En icelle mesme année, y eut grandes discordes en Angleterre, entre les ducs d'Yorck et de Sombreset, pour le gouvernement du royaume. Et estoit le roy d'Angleterre pour le duc de Sombreset, lequel tenoit les champs avecques sa puissance, en belle bataille bien ordonnée; le duc d'Yorck pareillement les siens en bataille. Et feurent les ungs debvant les autres cuidants combattre; mais les prélats, avecques ceux du pays, considérants les grands maux qui s'en polroient ensuivir, trouvèrent manière de traicter; et promeit le duc d'York non jamais faire assemblée ne armée contre son roy; et ainsy se retraièrent chacun en son lieu.

En icelluy temps, vint le cardinal d'Estouteville, avecques l'archevesque de Rouan devers le roy, comme légat du pape, et commis de par le pape Nicolas, lui requérir qu'il voulsist faire paix avecques le roy d'Angleterre : car la guerre qui estoit entre eux deux portoit grand préjudice à la foi catholique; et plus se pouroit faire, se brief ne se faisoit l'accord entre les deux royaumes; car touts les jours les Turcqs et Infidels entreprennoient et gagnoient pays sur les chrestiens. A quoy fust respondu par le roy, qu'il estoit prest d'y entendre en toutes bonnes voyes pour icelle paix trouver; et encoires estoit prest avecques ce de s'employer sur les mescréants en tout ce qui lui seroit possible. Et cependant qu'icelluy cardinal estoit devers le roy, le pape, ayant la chose à cœur, envoya l'archevesque de Ravenne, qui estoit extraict de la famille des Ursins de Rome,

8.

devers le roy d'Angleterre ; lequel lui remonstra semblablement qu'il voulsist faire paix avecques le roy de Franche, pour les raisons devant touchiées, et que la division polroit engendrer contempt (mépris) contre la chrestienneté, attendu que les Infidels conquéroient sur les marches de Hongrie et des Allemaignes très fort. Auquel fust respondu pour le roy d'Angleterre, par ceux à ce commis, car icelluy roy n'estoit point des plus malicieux, et ne se mesloit comme peu du gouvernement du royaume, que quant les Anglois auroient autant conquesté du pays de Franche, que le roy de Franche avoit conquesté sur eux, il seroit temps de parler d'icelle matière. Et sur ceste response retourna ledit archevesque d'une part, et ledit cardinal d'autre, porter leur response au pape Nicolas; et autres choses par eux ne feurent faictes en ceste matière.

FIN DU PREMIER LIVRE.

AVERTISSEMENT.

Les *chapitres suivants, jusques au deuxiesme livre, contiennent la poursuite et continuation des guerres, discordes et desbats advenus au royaume d'Angleterre pour le gouvernement d'icelui, entre les ducs de Sombresset, d'Yorck et autres, tenants leurs partis, et dont est par l'autheur fort peu touché au chapitre précédent, qui est le dernier du premier livre, ce qu'enseigne la préface dudit autheur suivante.*

PRÉFACE DE L'AUTEUR

SUR

LES GUERRES D'ANGLETERRE.

Pour tant que après ce que je, Jacques Du Clercq, escuyer, seigneur de Beauvoir en Ternois, ay clos mon premier volume des choses advenues en mon temps et venues à ma cognoissance, èsquelles choses advenues, j'ai parlé de plusieurs personnes et choses advenues en Angleterre, et comment Edouard, duc d'Yorck, fut couronné roy d'Angleterre, et le roy Henry et Sebastien, fils Edouard, en fust desboutté, et puis mort, j'ai esté adverti et sceu le commenchement des divisions et les causes dont elles meurent audit royaume, et ce qu'il en advint par avant mondit volume encommencé; je desclareray cy en brief la cause des discords qui advindrent audit royaulme, et comment à ceste cause presque touts les princes dudit royaume morurent par l'espée.

CHAPITRE PREMIER.

Du discord qui fust entre le duc d'Yorck et le duc de Sombreset, pour le gouvernement du royaume, et de la mort dudit duc de Glocestre, et exil du duc d'Yorck.

Environ l'an mil quatre cent quarante huict, au royaume d'Angleterre se meurent mal talent et haine entre le duc de Sombreset et le duc d'Yorck, à l'occasion de ce que le roy Henry, qui estoit roy d'Angleterre, estoit simple et comme plain de grande malice, par laquelle sa simplicité, les princes et seigneurs d'Angleterre estoient divisés en deux parties. De l'une partie estoient les ducs de Clochestre (Glocestre), d'Yorck, et plusieurs princes et seigneurs, et de l'autre partie estoient les ducs de Sombreset, de Suffoxlt (Suffolk), le sordesan, l'évesque de Salbry (Salisbury), et autres princes et seigneurs. Et chacune d'icelles parties vouloit gouverner le roy Henry et le royaume; et n'y estoit point le duc d'Yorck, qui estoit à ce temps régent et capitaine général de Normandie, de par le roy d'Angleterre. Auquel temps le roy Henry fust conseillé par lesdits de Sombreset et Suffort, et autres, de laisser perdre (et en ce temps gouvernoit le duc de Clochestre le roy et le royaume) le pays de Normandie, et remectre en la main du roy de Franche. Auquel conseil lesdits de Clochestre et d'York ne se voulurent consentir. Fust mis le duc de Clochestre hors du conseil du roy, et le duc d'Yorck fut rappellé en Angleterre, et puis envoyé en exil ou pays d'Irlande, et fust le duc de Sombreset en son lieu, et tantost après le duc de Sombreset envoyé en Normandie. Le pays de Normandie fust rendu et remis en la main du roy de Franche, Charles, septiesme de ce nom. Après laquelle rendition, en Angleterre, en une place nommée Foury (Saint-Edmondsbury), fust fait ung parlement, auquel, par arrest, le sieur de Beaumont, adonc connestable d'Angleterre, feit prisonnier le duc de Clochestre, lequel, après avoir mis tous ses gens en diverses prisons, fut mené en divers lieux prisonnier. Et à la fin, pour tant que l'on doubtoit de la commune d'Angleterre, qui fort l'aimoit, on le feit mourir d'une inhumaine mort, pensant que l'on cuideroit qu'il fust mort de sa belle mort; c'est à sçavoir, lui estant une nuict en son lit, ceux qui le feirent mourir lui bouttèrent en son faiseil de derrière, par où nature humaine se proroge, ung cornet d'une corne de vache, troué, parmi lequel trou ils lui bouttèrent en son corps un barreau de fer ardant tout rouge, de la longueur de son corps, et ainsi mourut, estimant qu'on ne se percevroit pas de meurdre à veoir le corps par dehors; mais depuis fust sceu, mais non tost toutesfois. Tant à l'occasion de sa mort, que on avoit laissé perdre tout le pays de

Normandie, la commune d'Angleterre conceut très grande haine allencontre du duc de Suffort et ceux de sa partie, qui estoient conseillers du roy; et à ceste cause fust le duc de Suffort envoyé en exil; lequel, en le menant et passant ung bras de mer, il fust rencontré d'ung navire d'Angleterre, et fust prins, et lui trencha-t-on la teste; et après ce fait, les communes de l'évescié de Salesbury s'esmeurent; et fust l'ung d'eux à l'évesque trencher la teste.

CHAPITRE II.

Du capitaine apostat et de petit lieu qui esmeut une partie de la commune d'Angleterre contre les nobles, et comment plusieurs princes et seigneurs feurent par lui mis à mort et décapités; et en la fin comment il fust occis.

En l'an mil quatre cent cinquante, ung nommé Jean Cade, lequel estoit apostat, esmeut une partie de la commune de Treux (Kent), et jusques au nombre de vingt mille combattants, desquels il fust fait capitaine; et ne sçavoit on bonnement d'où il estoit. Laquelle communauté, avec leur capitaine, allèrent tenir ung camp, ainsi que à dix mille près de Londres, qui font environ cinq lieues, allencontre desquels le roy d'Angleterre vuida de Londres pour les combattre; mais quand il fust adverti que c'estoient gens populaires et meschants gens, il fust conseillé de ne les combattre, et y envoya le duc de Belingam (Buckingam), pour leur dire que le roy leur mandoit que touts ses loyaux subjets vuidassent du champ. Et incontinent que le cry fust fait, le capitaine respondit qu'il estoit l'ung d'iceux, et se partist; et en allant, il rencontra messire Hamffroy Staffort, et Guillaume Staffort, son frère, lesquels il combattit et les tua. Ce faict, le roy retourna à Londres, et se bouta au chasteau de Wallingfort. Et après ce, alla ledit capitaine en la ville de Londres, et y entra franchement le quatrième jour de juillet. Il desrobba ung marchand appellé Philippe Malpas, et se logea la nuit hors de Londres, en la grande rue appelle Sortswerbe; et le lendemain il entra à Londres, vestu d'une robbe de velour atout une espée en sa main; feit tirer le sieur de Say hors de la tour de Londres, et le feit mener en la halle, où il fust incontinent jugé à mourir, et incontinent on lui trancha la teste en la principale rue de Londres, appellée Cepe (Cheapside); et la teste fust mise en une lanche, avecq la teste de son beau-frère et les autres qui feurent tués, comme dict est; et son corps fut mis en detrais à la queue de deux chevaux. Après ce, ralla ledict capitaine en son logis, et là se tint le jour ensuivant, et fist decoller ung grand larron nommé Hol Bardin. Puis print conseil, icellui capitaine, comment il pourroit desrobber ceux de la ville de Londres. Duquel fourfaict ceux de Londres feurent advertis. Sy ordonnèrent le sieur Destalles et Mathieu Goughe, capitaines, avecques grand nombre de gens pour les prendre subitement. De quoi icellui capitaine fust adverti, et feit guet autour de son hostel ; lequel guet cria alarmes à la venue du sieur Destalles et Mathieu Goughe. Et fust icellui sieur recullé jusques au plus près du mont qui est au plus près de Londres ; mais enfin, le sieur Destalles feit le capitaine reculler jusques à l'autre pied du pont, et en ce faisant, Mathieu Goughe entra en une maison pour dormir, cuidant avoir reculé ses adversaires du tout ; mais ledit capitaine les reculla derechief comme debvant ; et comme ledit Mathieu eust ung peu dormi, il issit dehors, criant son enseigne, cuidant estre avecques ses gens ; et là fust tué par les gens du capitaine. Quant le capitaine veit que ceux de Londres estoient multipliés, il feit ardoir le pont qui y avalle, adfin que nul luy approchast ; mais les archiers ne laissèrent à les assaillir toute la nuict, jusqu'au lendemain, que l'archevesque de Cantorbéry et l'archevesque d'Yorck feirent tant, que les gens du capitaine s'en rallèrent en leur pays ; et demoura le capitaine seul à privée maisnie (suite) et lors s'enffuit en la terre de Tanet ; mais ceux de Londres envoyèrent après pour le prendre. Et ainsi qu'il estoit assis au disner, un Gallois entra en la maison pour le prendre ; lequel, si tost qu'il le veit, entra en ung jardin, auquel jardin ledit Gallois lui donna ung coulp dont il mourut ; et fust son corps porté en la ville de

Londres, et la teste mise sur le pont de Londres. Et assez tost après, le roy Henry d'Angleterre print grande punition de touts lés plus grands qui estoient avecques icelluy capitaine, et qui auroient esté consentants de faire ce qu'il avoit fait.

CHAPITRE III.

Comment le duc d'Yorck fust rappellé et fust régent d'Angleterre, et eust le gouvernement du royaume, et de la mort du duc de Sombreset.

Assez tost après la mort du capitaine dessusdit, le duc de Sombreset retourna du pays de Normandie, et fust le principal du conseil du roy d'Angleterre, avecques la royne. Le duc d'Yorck, voyant le duc de Sombreset, qui avoit esté cause de la perte de Normandie, estre principal du conseil du roy; entre lequel le duc de Sombreset et le duc d'Yorck il y avoit grande haine, icellui duc d'York assembla grand nombre de gens de guerre, et, arrivé à Londres, alla devers le roy Henry, et feit tant, que le duc de Sombreset, qui estoit logié aux Jocobins, fust fait prisonnier, et mis dans la tour de Londres; lequel duc de Sombreset la royne soustenoit; et estoient eux deux si fort alliez ensemble, qu'on ne pouvoit avoir raison de lui. Et à ceste cause fallut que le duc d'Yorck partist, car il n'osoit plus converser avecques le roy. Après lequel son partement il revint jusques à cinq mille près de Londres, et avecques lui et en sa compagnie, le comte de Brenbre et le sieur de Cobham, avecques bien vingt mille combattants. Pour lesquels combattre le roy vuida de Londres, avecques lui le duc de Presse, le duc de Norffort (Norfolk), le duc de Benguignam (Buckingham) et le duc de Sombreset, et des autres seigneurs, desquels la plus grande partie aimoient bien le duc d'Yorck ; à laquelle cause la paix fust faite. Et alla le duc d'Yorck avecques le roy, à Londres; mais icelle paix ne dura guerre. Il faillit que le duc d'Yorck se partist de la cour du roy par le duc de Sombreset qui le haioit.

Et en l'an mil quatre cent cinquante-six ou environ, retourna le duc d'Yorck devers le roy, avecques lui le comte de Werwick et le comte de Salleburry, et bien douze mille combattants; et rencontra le roy en une ville nommée Saint-Albain, lequel avoit avecques lui grand nombre de gens de guerre, et estoit avec lui le duc de Sombreset, qui conseilla au roy de combattre le duc d'Yorck ; et illecques se combattirent l'ung contre l'autre; et perdeit le roy la journée; et y fust tué du costé du roy le comte de Northombellant, le duc de Sombreset, le sieur de Cliffort et plusieurs autres gentilshommes. Et après ceste bataille, le duc d'Yorck gouverna tout le royaume d'Angleterre paisiblement, et fust fait protecteur et régent d'Angleterre ; mais ce ne dura mye longuement.

CHAPITRE IV.

Comment le roy d'Angleterre rentra au gouvernement du royaume, et comment le duc d'Yorck et touts ses alliés feurent bannis d'Angleterre, et leurs terres saisies.

NE demoura guères après ce que le duc d'Yorck eut mys à mort le duc de Sombreset, lequel on dict qu'il tua de sa propre main, que la royne d'Angleterre, laquelle estoit alliée au duc de Sombreset, ne feit tant que le duc d'Yorck fust mis hors de tout le gouvernement du royaume, et icellui baillié à la royne; laquelle, incontinent qu'elle eust le gouvernement, feit ajourner le duc d'Yorck, le comte Delbavinch (Waivick) et le comte de Salebourg (Salisbury), comme traistres; lesquels seigneurs assemblèrent grand nombre de gens pour venir en leur compagnie, eux excuser vers le roy, Mais le roy qui estoit hors en Galles, en un chastel appellé Ludlou, et avecq lui.........[1] combattants, leur manda qu'ils ne vinssent pas vers lui scavoir à telle advanture. Nonobstant ce, le duc d'Yorck se combattist aux gens de la royne; et fust la journée pour les gens de la royne; et s'en retourna le duc d'Yorck, en Irlande; et son fils, le comte de la Marche, le comte de Werwich, le comte de Sa-

---

[1] Lacune de manuscrit.

lesbury allèrent à Calais; mais le comte de Salesburg, en venant vers le duc d'Yorck, rencontra une armée de gens du costé de la royne, desquels le capitaine estoit le sieur Daldely, lequel il combattist; et fust le sieur Daldely tué, et messire Thomas Criel (Kiriel), et plusieurs autres nobles hommes; et après que le duc d'Yorck eust été vaincu, le roy d'Angleterre feit mectre toutes ses terres en sa main et de ceux de sa compagnie, et les feit bannir du royaume.

CHAPITRE V.

Comment le duc d'Yorck, par bataille, olt le gouvernement d'Angleterre, et comme il mourut en bataille.

APRÈS toutes ces choses, en l'an mil quatre cent soixante, au mois de juing, le comte de la Marche, fils du duc d'Yorck; le comte de Werwich, le comte de Salesburg, assemblèrent bien cent mille combattants, et allèrent à Londres où estoit le sieur de Scales, qui se boutta à garand dedans la tour de Londres; et là fust sommé du comte de la Marche. Si ne voulut-il rendre la tour; parquoi le comte de la Marche et le comte de Werwich, avecques un légat de par le pape, allèrent devers le roy, qui estoit à Northampton, pour traiter de paix; mais ceux du costé du roy ne voulurent entendre; et y eust bataille, de laquelle lesdits de la Marche et Werwich feurent victorieux, et y fust prins le roy Henry, et moururent de son costel, le duc de Buckingham, le comte de Hasembrery (Shrewsbury), le vicomte de Beaumont et le baron d'Egremont; et fut mené le roy à Londres, en la garde du comte de la Marche. Lequel roy commanda au sieur de Scales qu'il rendist la tour de Londres, comme il feit, sa vie sauve. Mais assez tost après, en passant par la Tamise, une rivière ainsi nommée, par aucuns qu'il avoit rudement traictiés il fust tué en ung batteau sur ladite Tamise; de quoi les comtes de la Marche et Werwich feurent fort courroucés. Ce fait, fut ordonné ung parlement à Londres. Auquel parlement vint le duc d'Yorck, et proposa en plain parlement que la couronne d'Angleterre lui devoit appartenir, et devoit estre roy; et fust par ledit parlement accordé audit duc d'Yorck le royaume et la couronne, moyennant que le roy Henry en possesseroit sa vie durante, et porteroit la couronne. Et après son trespas, ladite couronne appartiendroit au duc d'Yorck et à ses hoirs; et par cest accord le roy payeroit chacun an, sa vie durante, au duc d'Yorck ou à ses enfants, vingt mille escus ou florins d'Angleterre; et le duc d'Yorck lui promeit d'estre léal, à lui et à la couronne. Après lequel appoinctement faict, le roy pria au duc d'Yorck qu'il voulsist mectre paix entre la royne et le pays. Laquelle royne estoit lors à Yorck. Lequel duc feit assembler vingt mille combattants, et manda à la royne qu'elle voulsist venir à Londres pour tenir le susdit appoinctement, laquelle royne, de ce advertie, et que son fils Edouart, fils du roy Henry, estoit privé de la couronne, ne voullut en riens tenir ne obtempérer audit appoinctement ; mais au contraire envoya défier le duc d'Yorck et toute sa puissance, et approcha le duc d'Yorck pour le combattre et sa puissance ; et y olt jour de bataille entre eux, le trentiesme jour de décembre, l'an soixante; et fut la royne victorieuse ; et y moururent lesdits d'Yorck, son fils, comte de Ruteland, le comte de Salesbury et autres ; de laquelle bataille j'ai fait mention ci-après, en notre quart livre ; et là pourra-t-on veoir le fait de la bataille.

CHAPITRE VI.

Comment la royne olt le gouvernement d'Angleterre, et feit bannir Édouard, fils du duc d'Yorck ; comment ledit Édouard, comte de la Marche, desconfist la royne et appréhenda le royaume.

Après ce que le duc d'Yorck olt esté desconfit et mort par les gens de la royne, accompagnié de son fils, le prince de Galles, le duc de Liestre, le duc de Sombreset, le comte de Buisquio, le comte de Nortomberland, le frère du comte de Wesmorlande, le sieur de Cliffort, le sieur de Wellien, le sieur de Willeby et bien cent mille combattants, allèrent à Londres où le roy estoit. Quand le comte de Werwich le sceut, il assembla ce qu'il peut de gens; et vuida avecques lui le roy pour combattre la royne ; et n'estoit point avec lui le duc d'Yorck, comte de la Marche, fils du dernier duc ; ains estoit allé vers occident ou pays d'Angleterrre, où il avoit combattu le sieur de Penneboac (Pembroke), frère du roy Henry. Et trouva le comte de Werwich l'ost de la royne à Saint-Albin ; et qnand le roy Henry fust si près de la royne, il dict au comte qu'il ne se combattroit point contre sa femme et son fils, pour laquelle cause le comte de Werwich se partit de lui, et s'en alla vers le nouvel duc d'Yorck, comte de la Marche. Incontinent qu'il fust parti, les gens de la royne combattirent à l'ost du roy et les déconfirent, et y moururent les sieurs de Bonneville, messire Thomas Kiriel et autre grand nombre de nobles gens ; et après ce, le roy, avec nombre de nobles gens, et la royne, retournèrent à Yorck, et feirent desclarer le nouvel duc d'Yorck, comte de la Marche et tous ses alliés, traîtres ; et annulla l'appoinctement faict avec le duc d'Yorck, son père, et ses alliés. Ce venu à la cognoissance de Édouard, duc d'Yorck, environ l'entrée de mars, en l'an dessusdit soixante, accompagnié du comte de Werwick et autres sieurs, avecques bien trente mille combattants, envoya à Londres et print la possession du royaume; et incontinent après, s'achemina avec toute sa puissance, vers le roy d'Angleterre et la royne, pour les combattre, et feit tant que le jour de Pasques-Flories ensuivant, il olt bataille contre la royne et ses gens. Et pour tant que de cette journée et battaille, en mondit quatriesme livre de ce présent volume, est fait mention, et des choses depuis advenues en Angleterre, venues en notre cognoissance, j'en ai escript comme il m'a esté certifié, en ordre, selon les ans que les cas sont advenus, comme plus à plain on pourra veoir, qui regarder y voldra, je ferai cy fin de ceste matière. Et n'ai seulement mis ces choses dessusdites, au commenchement de ce présent livre, fors pour ce que, en compilant mondit livre, je n'en peux oncques scavoir le vrai, que mondit volume n'ait esté clos; sy l'ai mis à ce commenchement, adfin que l'on puisse entendre et scavoir la cause et le commenchement desdites divisions.

NOTICE

D'UN MANUSCRIT DE LA BIBLIOTHÈQUE DU ROI DE FRANCE, COTÉ N° 445, PUIS 8551, ET INTITULÉ:

TOURNOIS DE LA GRUTHUSE,

Grand in-fol., marge rouge,

PAR M. VAN PRAET;

Extraite de l'Esprit des Journaux, du mois d'octobre, 1780, p. 214 et suiv.

Ce manuscrit est écrit sur vélin en anciennes lettres de formes et à longues lignes. Il a des capitales peintes en or, et il est enrichi de miniatures d'une beauté parfaite. Elles sont de plusieurs grandeurs; les plus petites ont environ 10 pouces et demi de hauteur sur autant de largeur. Les plus grandes en portent 13 et demi de hauteur sur 20 et demi de largeur. Il commence au fol. côté 1, et finit au verso lxxiiij.

Ce MS. est sans date, mais il paraît avoir été exécuté à Bruges vers l'an 1489 : les noms de l'écrivain et du peintre ne s'y trouvent pas. Wlson de la Colombière se trompe; lorsqu'il dit que ces miniatures sont de la main même de *René d'Anjou*, roi de Sicile (1). Quelque talent pour la peinture qu'ait eu ce prince, on peut assurer qu'il ne l'a jamais possédé au degré de perfection auquel elles sont portées.

On peut les attribuer avec plus de certitude à Jean

Hemmelinck, peintre flamand, qui florissait à Bruges vers 1479, parce qu'on y reconnaît partout la touche précieuse et le caractère distinctif de cet artiste, dont le mérite principal consistait à bien grouper et disposer ses sujets et ses figures, et dans la dégradation sensible de ses couleurs (2).

L'auteur de l'ouvrage est *René d'Anjou*, que nous venons de nommer. Il contient les règles et les formes d'un tournois, et particulièrement de celui qui fut *frappé* à *Bruges* le 11 mars 1392, par Jean, seigneur de la *Gruthuse*, contre Wolfart, seigneur de *Ghistèle*.

Peu d'auteurs ont parlé de ce *tournois* fameux. Le père Menestrier (3), André Favin (4), le père Anselme (5), Wlson de la Colombière (6), l'ont tous passé sous silence. L'annaliste de *Bruges* n'en a fait mention qu'en passant, et sans entrer dans aucun détail (7). Labbe (8), Montfaucon (9), et le dernier éditeur *de la Bibliothèque française* de la Croix du Maine (10) ont connu le MS., mais ils se sont contentés d'en annoncer simplement le titre.

On ignore à quelle occasion ce *tournois* a été publié. On n'en doit peut-être chercher l'origine que dans la passion vive que les seigneurs de la *Gruthuse* eurent de tout temps pour ces sortes de jeux militaires. Cela est si vrai, que l'on voit, dès l'année 1235, un seigneur de cette maison se rendre à un tournois, que *Florent IV*, comte de Hollande, avait fait annoncer à Haerlem (11).

Nous sommes peu instruits sur celui de *Bruges*. Tout ce que nous en savons, est que Jean de la *Gruthuse* et Wolfart de *Ghistèle*, parurent au jour indiqué sur le grand marché de cette ville, l'un à la tête de 49 chevaliers, l'autre accompagné de 48.

Ces deux seigneurs descendaient de familles illustres et

anciennes des Pays-Bas. Le premier était fils de Gingulfe d'Aa, dit de Bruges, et d'Agnès de Mortagne. Étant gouverneur de Bruges en 1436, il contint plus d'une fois les esprits remuants et inquiets des Flamands dont il était aimé. Les biens considérables qu'il possédait le rendirent un des plus puissants du pays. Il laissa ses richesses à un fils qui en a fait le plus bel usage, et dont nous parlerons ailleurs.

Wolfart de *Ghistèle* ne le cédait pas à son adversaire en noblesse et en puissance. Il se vantait de descendre de parents riches et fidèles à leurs souverains. Leurs services multipliés leur valurent le gouvernement de la Flandre, et la charge honorable de chambellans héréditaires des comtes de ce pays. Une particularité que l'on remarque dans leur office, c'est qu'ils étaient tenus d'aller servir leur prince *en cotte* et *mantel au col*, qu'ils quittaient dans l'instant même où ils remplissaient les fonctions de leur charge.

Le grand nombre de lances que ces deux champions et les chevaliers flamands qui combattaient sous eux, rompirent dans le *tournois de Bruges*, de 1392, et la forme régulière dans laquelle il fut exécuté, le rendent un des plus remarquables de ce temps. Il a même servi de modèle aux princes qui en publièrent dans la suite. *René d'Anjou*, comte de Provence, dont le goût décidé pour les fêtes et les tournois est connu, suivit la même marche dans celui qui se fit sous lui à *Tarascon* en 1449 (12).

La passion de ce roi pour ces combats alla si loin, qu'après avoir rassemblé les diverses lois faites pour le *tournois* de *Bruges* et pour les plus fameux d'Allemagne, il les rédigea et en fit un corps complet. C'est cette espèce de code qui se trouve dans le manuscrit du roi qui est sous nos yeux. Nous en devons l'exécution à Louis de la *Gruthuse*, fils du célèbre champion. C'était une sorte de monument que ce seigneur voulut élever à la mémoire de son père. Il n'épargna ni soins ni dépenses pour rendre ce MS. un des plus beaux qui existassent alors ; un motif plus puissant le porta à y employer d'habiles artistes ; ce fut l'idée d'en faire hommage à Charles VIII, roi de France. Nous ne saurions fixer l'époque certaine de la présentation de ce livre. Néanmoins nous conjecturons qu'elle se fit en 1489, au *Montilz-lès-Tours* (13). Ce qui nous porte à le croire, c'est que nous y voyons *de la Gruthuse* dans la même année : il y arriva vers les premiers jours de septembre, à la tête de la noblesse de Flandre députée par les états pour traiter de la paix, dont les préliminaires avaient été accordés à Francfort peu auparavant. Ce seigneur et les députés y reçurent un accueil distingué : le roi les retint en France près de trois mois, puisqu'ils ne revinrent à *Bruges*, conduits par l'évêque de Paris, l'abbé de Saint-Denis, et par un grand nombre de seigneurs français, que le 5 décembre de cette année.

On peut se faire une idée de la manière dont Charles VIII reçut le livre *de la Gruthuse*, par l'explication que nous allons donner de la première miniature qui orne le MS.

DESCRIPTION DU MANUSCRIT.

Il y a à la tête une miniature de toute beauté. Elle a 12 pouces de hauteur sur 9 et demi de largeur. On y voit dans le milieu Charles VIII assis sur son trône, recevant des mains de *Louis de la Gruthuse* son livre de Tournois.

Ce jeune roi est revêtu d'un manteau bleu parsemé de fleur de lys. Il tient de la main droite un long sceptre d'or, et il porte au col les marques de l'ordre de Saint-Michel. Son trône est bordé de K couronnés. On voit au-dessus de lui deux anges qui supportent les armes de France surmontées d'une grande couronne.

Louis de la Gruthuse, en longue robe noire, et décoré du collier de l'ordre de la Toison-d'Or, est à genoux devant le monarque. Il lui présente son livre couvert de velours noir avec des fermoirs d'or. Il est tête-nue, tandis que treize seigneurs qui sont derrière lui, ont la tête couverte; ils paraissent être les députés des états de Flandre, avec lesquels *de la Gruthuse* s'était rendu auprès du roi. Quelques-uns ont leur bonnets chargés de plumes, d'autres des marques distinguées.

De l'autre côté du trône et à droite du roi, sont ses courtisans et les grands officiers de sa maison, au nombre de neuf. Celui qui est le plus sur le devant porte en écharpe une grosse chaîne d'or, et tient un oiseau sur le poing gauche. Cet officier est probablement Jacques Odart (14), grand-fauconnier de France sous Charles VIII.

Au bas de la miniature, on lit les vers suivants :

« Pour exemple aulx nobles et gens d'armes,
» Qui appettent les faitz d'armes hanter,
» Le sire de Grunthuse duyt ès armes
» Voulut au roy ce livre présenter. »

Ce tableau est gravé. Le P. Montfaucon l'a inséré dans ses *Monuments de la monarchie française* (tom. IV, pl. IV), sous le règne de Charles VIII. La gravure n'en est pas fidèle; elle diffère en beaucoup d'endroits de l'original, parce qu'elle n'a été faite que d'après une copie qui appartenait autrefois à M. de Gaignières (15).

M. de Fontette a fait entrer la même estampe dans le précieux recueil de figures dont il a formé une histoire de France suivie; il l'a placée dans le porte-feuille coté 8 de cette collection, sous la date de 1494. Ce qu'il n'eût pas fait s'il eût su l'époque de la présentation de notre MS., et l'année de la mort de *Louis de la Gruthuse*, arrivée en 1492.

Le verso du feuillet ij, et le recto du feuillet iij, nous offrent les sires *de la Gruthuse* et *de Ghistele* à cheval, armés de pied en cap, et s'élançant l'un sur l'autre l'épée à la main.

Leurs chevaux, dont le caparaçon est armorié, sont richement enharnachés.

On voit au fol iij verso et iv recto, deux hérauts d'armes à cheval, publiant le tournois dans l'arène. Leurs habits sont chargés des armes de leurs maîtres. Ils sont accompagnés de deux poursuivants d'armes à cheval, qui annoncent pareillement au son de la trompette la fête qu'on va célébrer.

Les feuillets iv verso et v recto portent cette inscription :

« Ce sont ceulx qui ont tournoie soubz le seignr. de la
» Gruthuse. »

On trouve les armes de ces chevaliers supérieurement blasonnées, au nombre de 49. Elles sont toutes surmontées d'un casque, et on lit dans des *bandes* qui les entourent, les noms suivants, que nous nous faisons un plaisir de rapporter, persuadés que plusieurs familles flamandes aimeront à y reconnaître leurs ancêtres.

De Bastaert Paris.	H. van Verghen.
Wouter van Weldene.	Wouter van Ranst.
Jan van Brandeghem.	Rasse van Godegont.
Jan van Rokegem.	Willem van Hersee.
(*) Mer Robrecht van Lewerghem.	Mer Heinric van Berghen.
	Mer Ralle van Renty.

(*) Mer, qualification qui ne se donne qu'aux grands seigneurs. Ce mot vient par contraction de *Mynheer*, *Monsieur*.

Robrecht de Rouc.
Jan Gherolf.
Hector van der Gracht Bastaert.
Arnoud van Zweneghen.
Ghidolf van den Gruthuse.
De Heere van Steenhuse.
Jan van den Gruthuse.
Jan van der Haghe.
Philips van der Couderbuerch.
Wouter van Winghene.
Mer Heinric Eraenhals.
Louis van der Berghe.
Lieuen van Steelant.
Ywein van Straten.
Jan van Bochout.
Louis van Moerkercke.
Mer Jan van Dudsele.
Guyot van Caumont.

Jacob Breidel.
Joris Haste.
Balthasar Langeraed Zone.
Eueraet Rinvisch.
Lodewyc van Aertrike.
Philips van Aertrike.
De Bastaert uten Zwane.
Galoys van Massin eyn Bastaert.
Reynier van Hersele.
Jan de Caerlier.
Achaerd van Dorneke.
Jan de Crombeke.
Jacob de Crombeke.
Willem de Crombeke.
Jan van Temseke.
Ruuschaert Bonni Bastaert.
Lodewyc Metteneye.
Jacob Broolor.
Pieter Metteneye.

On observe le même ordre et le même arrangement dans les feuillets suivants. On y lit en tête :

« Ce sont ceux qui ont tournoie soubz le seignr. de
» Ghistèle. »

Il n'y en a que 48, savoir :

Mer Willem van Halewyn.
Mer Percheval van Halewyn.
Mer Olivier van Halewyn.
Mer Willem vanden Neucle.
Mer Jan Blankart.
Mer Jan van Lambeke.

Daniel van Halewyn.
Wulfard van Ghistèle.
Ostelet van den Casteele.
Jan van Regaersuliete.
Jan Scouc Jans.
Jan van Varsenare.

Tristram van Messem.
Victor van Jabeke.
Jan van der Beerst.
Boudin de Maerscalt.
Hostin Faucket van Dorneke.
Pauwels de le Bassecort.
Mer Jooris Braderic.
Jacob van Aertrike.
Jooris van Ryssele.
Jan van der Beurse.
Jacob Vlamyng.
Pieter van der Stoue.
Godscale Perkelmoes.
Zegher van den Walle.
Gillis van der Breughe.
Jooris de Maetsenare.
Rauin van Rysele.
Jacob van Melant.
Lubrecht Scotelare.
Everaed Goederic.
Philips de Bul.
Gillis van Rysele.
Jacob van Derleke.
Michiel van Assenede.
Michiel van der Leke.
Franse Slinger.
Mer Jan Belle.
Mer Claes Belle.
Mer Cornelis van de Heechoute.
Franse van Dixmude.
Roelant van Louendeghem.
Willem van Rauescoot.
Simoen van den Hole.
Jan van den Hole.
Lieuen Scotelare.
Gillis Braderic.

Le fol. vij verso porte ce qui suit :

« En l'an de Nostre-Seigneur mil trois cents quatre
» vingt et douze, le onzième jour du mois de mars, fut
» fait un tournoy en la ville de Bruges par tres haut et
» puissant seigneur monseigneur de la Gruthuse, appe-
» lant d'une part, et très haut et puissant seigneur, mon-
» seigneur de Ghistelle défendant d'autre part. Lesquels
» tournoyeurs ont, en suivant l'ordre et manière des tour-
» noys accoustumez, cy-dessoubz mis leurs armes, tim-
» bres et leurs noms, tant seullement comme l'en pourra
» veoir. Pour ce que toutes les ordonnances apparte-
» nantes à ung tournoy sont cy dedans pourtraictes et figu-
» rees, pourquoi je me tais quant à présent d'en plus parler. »

Après ce feuillet commence l'ouvrage de *René;* nous nous dispensons d'en donner des extraits, parce qu'on peut les lire en entier dans le *Théâtre d'honneur de la Colombière* (tom. I, pag. 49), où se trouvent aussi les miniatures, à l'exception de celles que nous venons de décrire, gravées en petit et en deux grandes planches.

Cet auteur, qui a eu en main le MS. du roi, a passé sous silence le *Tournois de la Gruthuse.* Ce qui est d'autant plus surprenant qu'il donne la relation des tournois remarquables, et surtout de ceux dont il nous reste des MS.

L'artiste qu'il a employé à la gravure des miniatures n'a pas eu tout le soin que l'on doit d'un si beau MS.; il l'a gâté dans plus d'un endroit; de sorte que son éclat et sa fraîcheur sont en grande partie ternis.

Nous terminerions cette notice par un mot sur l'illustre Louis de Bruges, seigneur de la Gruthuse, prince de Steenhuse et comte de Winchester, si nous ne nous proposions pas d'en parler amplement, lorsque nous publierons la notice d'un bon nombre de MSS. de sa précieuse bibliothèque (16), dans son temps la plus considérable du pays, si l'on en excepte celle des ducs de Bourgogne (17).

Nous ferons voir que ce seigneur a plus d'un titre pour passer à la postérité : non-seulement il aimait les lettres, lettres, mais il les protégeait et donnait son amitié à ceux qui en faisaient leurs délices; témoin *Colard Mansion*, traducteur de plusieurs ouvrages

NOTES.

(1) Wlson de la Colombière, pag. 5 de sa préface du *Vrai Théâtre d'honneur et de chevalerie*. Paris, 1648, 2 vol. in-folio. Le même auteur assure plus loin (pag. 49), avec aussi peu de fondement, que l'écrivain de ce manuscrit est le même *René d'Anjou*.

(2) *Jean Hemmelinck* naquit à *Damme*, petite ville à peu de distance de Bruges. Ses débauches l'ayant accablé de maladies et réduit à la dernière misère, il alla chercher un asile dans l'hôpital de Saint-Jean de Bruges, où il se rétablit. Pendant sa convalescence, il y peignit quelques tableaux d'un bon goût, qui le firent connaître des grands. Son talent le tira en peu de temps de l'indigence dans laquelle il se trouvait. Il se fixa à Bruges. Il y vivait encore en 1479, puisqu'on a de ses ouvrages datés de cette année. On ne sait rien de sa sépulture. M. Descamps a décrit ses tableaux qui nous restent dans les *Vies des peintres flamands*, Tom. I, pag. 12, ainsi que dans son *Voyage pittoresque de Flandre*, pag. 299.

Jean Hemmelinck a été inconnu à Félibien, *Entretiens sur les vies des peintres*. Paris, 1685, 3 vol. in-4°; et à M. d'Argenville, *Abrégé de la vie des peintres*, Tom. III, in-8°.

(3) Le P. Menestrier, *Traité des Tournois*. Paris, 1694, in-8°.

(4) André Favin, *Théâtre d'honneur*. Paris, 1620, in-4°.

(5) Le P. Anselme, *Le Palais d'honneur*. Paris, 1668, in-4°.

(6) Wlson de la Colombière, ci-dessus (note 1), pag. 49.

(7) Voyez les *Annales de Bruges*, par Ch. Custis, en flamand, 2ᵉ édit. Bruges, J. Van Praet, 1760, in-12, Tom. II, pag. 471.

(8) Voyez Labbe, *Bibliotheca nova MSS*. in-4°, pag. 276.

(9) Voyez Montfaucon, *Bibliotheca Bibliothec. MSS*. Tom. II, pag. 796.

(10) Voyez M. Rigoley de Juvigny, sa *Nouvelle édit.* de la Croix du Maine, Tom. II, pag. 358.

(11) Voyez Fr. Christ Butkens, *Annales généalog. de la maison de*

Lindem. Anvers, 1626, in-f°, pag. 12, des preuves. On y apprend que le tournois publié à La Haye, en 1235, par Florent IV, eut lieu à Haerlem, en février de la même année. Le nombre des combattants qui y arrivèrent de toutes parts, se montait à 70. Le seigneur de la Gruthuse y est désigné de cette manière : *Die heer van Grithuysen.*

Il n'est pas hors de propos de relever ici une erreur considérable, commise par les auteurs de l'*Art de vérifier les dates.* Ils ont placé la mort de Florent IV, comte de Hollande, sous l'année 1234, tandis qu'il ne mourut qu'en 1235. Les continuateurs de Moreri ne sont pas tombés dans la même faute. Voyez leur *Dictionn. historiq.*, Tom. V, 1re part., pag. 196, et Tom. VI, 1re part., pag. 41 de l'édit. de 1759.

(12) Le tournois de Tarascon a été décrit en vers par Louis de Beauveau, sénéchal d'Anjou et de Provence. Il s'en trouve de beaux MSS., N° 4369. Voy. MSS. de Colbert.

(13) *Montil* est un bourg dans le Blaisois. Les rois de France y avaient un château très fort, qui est ruiné. Le traité de paix conclu en 1489, entre Charles VIII et Maximilien d'Autriche, y fut signé le 1er du mois d'octobre.

(14) Jacques Odart, seigneur de Cursay, était chevalier, conseiller et chambellan du roi ; il fut fait 25e grand-pannetier et 21e grand-fauconnier de France, par Charles VIII. Il vivait encore en 1491. (Le P. Anselme, *Hist. général. et chron. de France*, Tom. VIII, pag. 671 et 754.)

Jacques Odart a été omis par du Tillet, dans le *Recueil des rois de France*, p. 420, édit. de Paris, 1618, in-4°.

(15) La copie du *Tournois de la Gruthuse*, dont M. de Gaignières était possesseur, appartient aujourd'hui au roi. C'est le N° 8151 bis. Elle est sur vélin, mais très inférieure à l'original.

La bibliothèque du roi a une autre copie sur papier du même tournois (N° 8351 ter.) ; elle approche pour sa beauté de l'original. Elle est en lettres rondes. Ses miniatures sont excellentes. Celle qui exprime dans l'original, la *Présentation du livre*, ne s'y trouve pas.

Le N° suivant, 8352, offre un 3e exemplaire, mais d'autant moins remarquable, qu'il ne contient que le *Traité de René.*

Sanders, dans son *Bibl. MS. belgica*, pars 1a., pag. 274, en cite un 4e qu'il annonce ainsi : *les joustes de la Gruithuse et de la Ghistelle.*

(16) Après la mort de *Louis de la Gruthuse*, Louis XII acheta la bibliothèque de ce seigneur, et la réunit à celle de Blois, que son père avait formée.

Avant qu'on y incorporât les livres de la Gruthuse, on jugea à pro pos d'effacer ses armes, qu'il avait fait peindre sur le premier feuillet de presque tous ses MSS., et on y substitua celles du roi. Malgré la suppression de cette marque distinctive, nous avons eu le bonheur de reconnaître au moins 104 volumes de cette précieuse bibliothèque. Ce qui nous a aidé à les distinguer des autres, ce sont : 1° ces mêmes armes, qui, quoique effacées, paraissent dans quelques MSS. au verso du feuillet sur lequel elles ont été peintes; 2° sa devise, *plus est en vous*, en flamand, *meer is in u*, qu'on trouve dans le cadre de plusieurs miniatures; 3° des mortiers sur leur affût, placés à côté de ses armes, et qui leur servent comme de support.

On voit aussi à la tête de chaque volume sur quelle tablette il était placé dans la bibliothèque de Blois, et dans l'inventaire original de ces livres, dressé en 1544, par ordre de François I, lorsqu'il les fit transporter à Fontainebleau : leur reliure primitive, la plupart en velours de différentes couleurs.

(17) La bibliothèque des ducs de Bourgogne a été long-temps une des plus belles qu'il y eût en Europe. Voici comment *David Aubert*, écrivain d'*Hesdin*, en 1463, en parle dans le prologue d'un MS. du roi, N° 6766, contenant les *Chroniques de Naples*, in-fol.

« A cestui present volume este grosse et ordonne pour le mettre en sa
» librairie (de Philippe, duc de Bourgogne) ou autrement; et non obstant
» que ce soit le prince sur tout autres garny de la plus riche et noble li-
» brairie du monde, si est-il moult enclin et desirant de chascun iour
» laccroistre comme il fait, pourquoi il a iournellement et en diuerses
» contrées grans clercs et orateurs, translateurs et escripuains a ses pro-
» pres gaiges occupez a ce, etc. »

Cette bibliothèque a été fort délabrée par les troubles des Pays-Bas, et particulièrement par l'incendie de la cour, du 4 février 1731. On y comptait près de 800 volumes MSS., lorsque après la mort de *Philippe*, Borlut, Albert et Isabelle en firent faire l'inventaire en 1611, pour la confier à la garde d'Adrien de Riebeke, conseiller et premier roi d'armes

INDEX DIPLOMATIQUE

DE 1448 A 1467.

AVERTISSEMENT.

L'INDEX suivant est extrait d'une suite de registres autrefois à l'usage de la chancellerie, et dont quelques-uns sont maintenant à la bibliothèque de Bruxelles. La meilleure partie des pièces indiquées dans cet inventaire, est inédite.

I. Ordonnance de Philippe, duc de Bourgogne, etc., sur les abus que commettent les officiers exploiteurs en Flandre. Donné en son chastel de Hesdin, en novembre 1448.

Reg. des lettres produites sur quelques comptes
du seel de Brab. C. II. fol. 115-117.

II. *Cleernisse en de thoen der borgmeesten scepen en raet der stad van Bruessel, voor Joncker Jan Heé te Wesemale ende te Phaleys, hoe den lande van Mechelen met synen toebehoirten aen den voirs. Heé Joncker Jan van Wesemale gecomen is. Gegeven in de stad van Bruessel op ten 19 dach van decemb. 1448.*

Parmi les archiv. de la chambre des comptes.
Malines, n° 29.

III. Lettres de Charles VII, roi de France, par lesquelles il accorde à Philippe-le-Bon, duc de Bourgogne, la permission de prendre le titre de *duc par la grâce de Dieu*, sans que pour cela il puisse prétendre plus de droits qu'il n'en avait sur les terres tenues en souveraineté du royaume, suivant la déclaration que ce duc en avait faite à Hesdin, le 26 novembre 1448. Donné à Tours, le 28 janvier 1448.

Frédéric Léonard, T. I, p. 44.

IV. Philippe, etc., ordonne que dorénavant, au bail de toutes ses fermes, thonlieux, censes, rentes, revenus et aucuns autres quelconques de son duchié de Brabant, l'on fera trois criées par trois jours solennels, et par divers et souffisantz intervalles, ainsi qu'il est accoustumé en tel cas; à la seconde desquelles criées sera allumée une chandelle, *durant laquelle* lesdits thonlieu, cense et autre se pourra mettre à prix. Donné à Bruxelles, le 24 février 1448.

Archiv. de la chambre des comptes. B. n° 20.

V. Adrien Vander Ee, garde des lettres et chartres des trésoreries de Brabant et de Limbourg, est nommé, par accumulation, conseiller et maître en la chambre des comptes à Bruxelles, en remplacement de feu maître Jehan Gourry, à charge à lui de faire le serment en tel cas dû et requis entre les mains du chancelier de Brabant, Gossuin Vander Ryt. Donné à Bruxelles, le dernier jour de février 1448.

Reg. des Chart. et de la chambre des comptes
de Brab. F.

Tractatus confederationis inter Philippum, ducem Burgundiæ, et Karolum filium suum, comitem Kadelaren, ex unâ, et Albertum, ducem Austriae, Fridericum , Romanorum regem , et Sigismundum , etiam Austriae ducem, ex alterâ parte. Acta in oppido Bruxellensi , die XV martis 1448.

Parmi les Chartes de Brab.

VII. Concordat et modification des décrets du concile de Bâle, faits entre la nation Germanique et Jean, cardinal de Saint-Ange, légat *à latere*, par lequel les concordats précédents, principalement ceux des conciles de Constance et de Bâle sont confirmés. Fait ce 17 février 1448, et ratifié par la bulle du pape Nicolas V, du premier avril même année.

G. G. Leibnitz. Cod. Diplomat. , p. 396.
Mulleri Reichs-tags Theatrum, vostell. I,
cap. XXVII, p. 359.
Lunig. Spicileg. ecclesiast., P. I, p. 321.

VIII. Philippe, etc. baille, cède et transporte à son fils naturel Corneille, bâtard de Bourgogne, la seigneurie de Bevere en Flandres, avec toutes ses dépendances, pour en jouir, lui et ses hoirs légitimes, déduction faite de la somme (annuelle ?) de six mille francs, monnaie de *trente-deux gros* Bruxelles, 28 août 1449.

Sanderi Flandria Illustr., T. III,
fol. 216, 218.

IX. *Philips, Greve van Katzenellenboghe, afstapt alle syne rechten en de pretensien die hy heeft of mach hebben tot het hertogdomme van Luxembourg en de grafschap van Chimay, ten behoven van den Hertog van Bourg^{en} ende van Brabant. Gegeven op ten* 1sten *dach van augusto* 1450.

Recueil des Chart. de Luxemb., T. IV, fol. 363.

X. *Philips, Hertoge van Bourg^en, etc., verbiedt dat nyemant, geduerende de Bamismerckt, tot Antwerpen, noch binnen veertich dag daernae, hem en soude vervoirderen, 't waer ingesetene des lants van Brabant of andere te trecken, noch syne goeden te vueren, noch doen vueren uuyt, noch door Brabant omme coopmanschappe te doen mette coopluyden van Engeland, tot eenige andere plaetsen dan binnen de stadt van Antwerpen. Gegeven te Berghen in Henegouwe, op ten 21^d. in oegsht, 1450.*

Archiv. de l'Audience, arm. C. dans un inventaire cotté, n° I.

XI. *Philips, hertoge van Bourgognien, enz. verclaert hoe dat Lyon Van den Torre vercocht heeft aen Bauduin Van Zeebourch heê van Fontaines de goeden en gerichten van der Sluyssen metten heerlicheden ende toebehoirten, de welcke den voirs. Bauduin van hem hertoge te leene ontfangen en hem daer van manschap ende hulde gedaen heeft. Gegeven op ten 26 dach der maendt van septemb. 1450.*

Reg. des priv. et exempt., fol. 551 v° 52, v°.

XII. *Fridericus III, imperator, Jacobum de Hornes, ejusque haeredes comitis titulo donat. Datum in Neustat, die veneris, post festum S. Thomae apostoli, anno 1450.*

Aub. Miræi Diplom. Belgii. T. I, fol. 785.
Supp. de Butkens, T. I, p. 293.

XIII. *Philips hertoge van Bourgognien, van Brabant en van Lymborch, verclaert dat voor synen lieven neve en getruwen Ruprecht greve te Virnemborch heê te Saffenberghe, dos mit synen openen brieven van synen wegen gelast en gemechticht, en voir synen mannen van leen comen is inpropren persoon synen* *lieven neve en getruwe h. Philips greve tot Katsenellenboge, en heeft aen den selven synen neve van Virnemborch in synen name ontfangen tot enen rechten Brabantschen erfleene syne slot Stadeck, gelyck half mit allen synen renten gherichten eerlicheiden ende toebehoirten doende hem daer af manscap mit, hulde en eede van trouwen en synen voirs, neve van Virnemborch in synen name heeft hem beleent mitten voirs. slot na syns hooff recht van Brabant om dat te houden tot enen rechten Brabantschen erfleene. Gedaen tot Coelen op ten X^{en} dach van meerte in t'jair on heeren 1450, na costume syns hoofs.*

En original parmi les Chartes de Brabant arm. 1, infrà, lay. sur laquelle est écrit : Fiefs et hommages de Brabant, cottée F. vij.

XIV. Philippe, duc de Bourgogne, de Brabant, etc., mande à maistre *Gautier de la Mandre*, son conseiller et garde de son épargne, et veut que, des deniers de son épargne, il paie, baille et délivre aux doyen et chapitre de l'église de sainte Gudule, en sa ville de Bruxelles, la somme de cent escus de 40 gros, monnoie de son pays de Flandres pièce, pour une fois, pour faire dire en leurdite église un anniversaire perpétuel et solennel, avec diacre et soubdiacre, et comme l'on a accoutumé de faire pour princes et princesses, pour l'ame de feu dame Catherine de France, en son vivant femme de son très cher et très aimé fils le comte de Charollois, enterrée en icelle église. Donné en sa ville de Bruxelles, le 4 jour de juing, l'an de grâce 1451.

Registre des Chartes de la chambre des comptes de Brabant, marqué F. cotté NN. fol. 143 verso.

XV. *Jan heere tot Boxmeere, by doode wylen heén*

DIPLOMATIQUE.

Hubrechts Van Culenbourg, ridders, syn vader, hout die hoffstadt van Meer, daar die huys te Meer op te staen plagh, mitten rooden land daerom liggende, in den landen van Cuyck gelegen, en dooet dair af Philipps hertoge van Bourgognien, enz. als hertoge van Brabant, hulde mit manschap. Gegeven op ten acht ende twintich daige in den maend van julio int' jaer ons heén 1451.

Par extrait auth. parmi les arch. de l'Audience arm. B dans la farde cottée N° 247.

XVI. Jehennette de Sirick, dame de Fenestrainges, déclare tenir en fief du duché de Luxembourg, au nom de ses enfants, les terres et seigneuries de Falckenstein Falckenburg, Bettingen, Esche, Wittingen, Mamptpach, etc. L'an 1451, lundi devant saint Laurent.

Recueil des Chart. de Lux., T. I, fol. 399 v° 400, en allemand, et doit se trouver en org. lay. 7, N° 14.

XVII. *Philips hertoge van Bourgognien, enz. geeft eenige instructien op 't heffen ende collecteren ende setten van de beden van der sommen van hondert vier ende veertich duysent Philips genaemt ryders, hem toe gestaen door de drie staeten syns lants van Brabant. Gegeven in syn stat van Bruessele* XX *daige in septembri int' jair ens heén* 1451.

Registre des Chartes de la chambre des comptes en Brabant, marqué lett. H, cotté N° viiij, fol. 117, 18 v°.

XVIII. Tractatus pacis inter illustrissimos principes Philippum, ducem Burgundiæ, et duces Saxoniae, in quo constituitur matrimonium contrahendum per dominum Karolum, comitem Kadrelesii, unicum filium Philippi, ducis Burgundiae, cum domicella Anna, filia

Friderici, Saxoniae ducis, cujus ad consummationem ac prolis procreandae subsidium dabit dominus dux Fridericus eidem domino Karolo , dotis gratia , centum et viginti millia florenorum hungaricalium boni auri , ac dominus dux Burgundiae eidem domicellae Annae firmabit pro suo dotalio summam decem millium florenorum hungaricalium , etc. Datum in Trajecto superiori, Leodiensis Diœcesis, die vicesima sexta mensis septembris, anno Domini 1451.

Recueil des Chartes de Lux., T. III, fol. 414, v° 26, et doit se trouver en org. lay. 21, N° 49.

XIX. Tractatus treguarum ac abstinentiarum belli ac guerrae , ad triennium , inter illustrissimos principes Philippum , ducem Burgundiae , et duces Saxoniae. Datum in Trajecto superiori, vicesima sexta mensis septembris anno Domini 1451.

Recueil des Chartes de Lux., T. III, fol. 426, 29 , et doit se trouver en org. lay. 21, N° 492.

XX. Instrumentum notariale continens quomodo Henricus de Krickenbeck , patriae et comitatus Lossensis senescallus , per dominum Johannem episcopum Leodiensem et comitem Lossensems pecialiter deputatus , anno Domini 1451, mensis octobris die quinta , declaraverit coram Henrico de Eyck , domini Philippi Burgundiae et Brabantiae ducis per patriam Campiniae sculteto et quibusdam testibus , se indebite arrestasse quosdam currus panno anglicano oneratos in quodam loco sito in mercta situata in parochia de Loemel , in confinibus hœreditatum cujusdam Walteri dicti Toerken , incolae villae de Loemel , quae mercta sita est retro villam de Gestel ; recognoscens nomine praedicti domini episcopi, praetactum locum esse sub dominio domini ducis Brabantiae.

En original parmi les Chartres de Brabant arm. 3, infrà; lay. A. *Liége, Los.* cotté xiij.

XXI. Tres status ducatus Luxemburgensis et comitatus de Chiny Philippo duci Burgundiae, etc., se parere et obedire declarant ratione juris impignorationis ex ypotheca, salvo jure proprietariorum. Actum in aula magna superioris castri Luxemburgensis diœcesis Trevirensis, anno Domini 1451, indictione decima quinta, die mensis octobris vero vicesima quinta, hora quarta post meridiem. Pontificatus in Christo patris Nicolai Papae quinti anno quinto.

Recueil des Chartres de Lux., T. II, fol. 664, v° 71, et doit se trouver en org. lay. 19, N° 18. Preuves de Bertholet dans son Hist. de Lux. T. VIII, fol. 71, 74.

XXII. *Henric Van Ranst, heere van Kessel ende Wouter Ban Vanden Eechoven in den naem van jouffrouwen Lysbetten Van Ranst synder wettiger gesellynen suster des voirs. Henrics verclaeren, also wilen vrouwe Marie Van Brabant, hertogynne van Ghelre ende van Zutphen, gegeven hadde wilen Henric Van Ranst, vader van hem Henric ende jouffrouwe Lysbetthen voirs. voir sekere sine getrouwe diensten, hondert oude schilden t' s'jaers erffelic die te hebben voor hun ende hunne erfgenamen op haere renten van Herentals, in de betaelinge van welcken renten de rentmeester van Antwerpen schuldich is te betaelen weygeringe ende stoote gemaect huft daer sin hunnen wegen vele ende lange vervolge gedaen syn geweest om te comen tot betaelingen van der voirs, erfrenten ende van den achterstellen der selve, na welcken vervolge hunnen genaden* heé geordineert heeft dat sy ende hunne erfgenamen die voirs. renten van hondert ouder schilden t' s'jaers van nu voirtaen alle jair hebben en ontfangen sullen ende dat sy voir alle den achterstel van der selver renten hebben sullen den achterstel van vier jaeren, te weten vier hondert ouder schilden en niet meer, soo eest dat sy die voirs. ordinantie haus voirs. hén approberende volcomelic te vreden synde quytschelden los ende vry den selven hunnen genedigen hén van alle anderen achterstel. Gemaect op den achsten dach van decembr. int'jaer ons heén 1451.

Se trouve en org. arm. 6 infrà, lay. sur laquelle est écrit : *Quittances diverses*, marquée G, cottée *Rants.* iiij^e.

XXIII. *Ordonnantie van Philips hertoge van Bourg. enz. tot het maken van eene zale op syn hove van Condenberge binnen syn stat van Bruessel. Gegeven in die voirs. stat 19 dage inmeerte int' jaer ons heén 1451.*

Registre de lettres produites sur quelques comptes du scel de Brabant, cotté H, fol. 97, 98 v°. Registre des Chartes de la chambre des comptes en Brabant, marqué lett. G, cotté N° III, fol. 62, 63.

XXIV. Philippe, duc de Bourgogne, etc., accorde à l'évêque de Liége, pour mettre en exécution la sentence qu'il avoit rendue en sa cour féodale à Liége, au profit du révérend père en Dieu et des religieux de l'église de Bonne-Espérance, touchant la terre et seigneurie de Chaumont et ses appartenances, qu'il pourra envoyer ses gens et officiers jusqu'au nombre de cinquante personnes, pourveu que ce ne soient ses ennemis, par son pays de Brabant, jusqu'audit lieu de Chaumont. Donné en sa ville de Brouxelle, le vingt-deuxième jour de mars, l'an de grâce 1451, selon l'usaige de sa cour.

Magne chron. Bonæ Spei. fol. 392, 93.

XXV. Lettre de Philippe, comte de Catzenelleboge, par laquelle il confesse que Robert, comte de Vernenborch, avoit reçu en fief, au nom et au profit du duc Philippe de Bourgogne et de Brabant, son château de Stadeck, avec toutes ses rentes, seigneuries et appartenances. Donné le huitième jour d'avril de l'an 1451.

Se trouve en org. parmi les Chartes de Brabant, arm. 3 suprà ; layette sur laquelle est écrit : Quittance non inventoriée ; marquée G, avec ces mots enfermés dans une boîte : *Die sal hebben meyster Adriaen Van der Ee secretaris, etc., ende een antwoorde dair af.*

XXVI. *Coenraert Van Schonevorst, ridder heë van Eesloe en van sint Aeghtenrode, alsoe als die doirluichtige vorst syn lieve, genedige heer die hertoge van Bourgognien, van Brabant en van Lymborch, etc. jegenwoordelic tot zynre zunderlinge beden en begeerten afgegaen is alle des rechts van manscapen dat syne genade hebben mach totten hove van Materberch inder banck van Goele in zynen lande van Valckenborch gelegen, willende dat die selve manscap voortaen tot ewigen dagen volge en toebehoirt zy van zynre heerlicheit van Elsloe behoudelic dat hy die selve syn heerlicheit van Elsloe in alle der maten die gelegen syn in der voirs. banck en heerlicheit van Goele en dair ontrent in den lande van Valckenborch mitter voirs. manschap van zynre genaden tot ewigen dagen in enen vollen leene schuldich zal syn te ontfangen en te houden en der selver zynre genad dair af manscap doen mit hulde en eede van trouwe gelyck die brieven des*

*voirs. syns genedics hén dair op gemaeckt clairlic in-
houden : gegeven twelef dage in novembri int'jair ons
hén* 1452, *de welcke hier inne van woerde te woerde
geinsereert syn, soo verclaert hy overmids dat die voirs.
syn genedige hé belieft heeft af te gaen des voirs rechts
dat syne genaden hebben mach utter manscap van der
voir^s goeden van der vois goeden van Meterberch, den
selven synen genedigen hén geloeft heeft dat hy tot ewigen dagen houden sal van synre genaden in enen vollen leene die voirs. syn heerlicheit van Elsloe mitter
voirs. manscap van den goeden van Materberch voirs.
ende zynre genaden daer af doen hulde en eedt van
trouwen. Gegeven derthien dage in novembri int'jair
ons Heer* 1452.

En original parmi les Chartes de Brabant;
arm. 1 infra, lay. sur laquelle est écrit :
Fiefs et hommages de Brabant, marquée D.
Au dos est écrit : *Elsloe et Materberch.*

XXVII. *De borgemeestén, scepenen, rentmeestén,
raid ende alle de poirteren der stadt van Thienen, ge-
loven te betaelen aen Philips hertoge van Bourgoignien,
enz. de somme van vierthien hondert ponden van Flo-
rencien, voor die verleeninge by den voirs. hertoge vergunt van den dach van sinte Remeysdage naestcomende
den tyt van twintich d'een dander volgén jaeren assy-
sen te mogen setten die hoogen en nedén indie voirs.
stadt. Gegeven vier en twintich dage in decembri int'jaer
ons heén* 1452.

Registre des Chartes de la chambre des
comptes de Brabant, marqué lett. G, cotté
N° III, fol. 17, v° 19.

XXVIII. *Die borgmeestén, scepenen ende raidt der
stad van Bruessel, verklaeren hoe dat hunnen gened*

hé de hertoge van Bourgoingnien ende van Brabant, enz. hun vercocht heeft ome zeke gelts sine moutmoelen bynnen der voirs. stad van Bruessel ende meer andere molens hem toebehoorende met voirweerde dat denselven hertoge alst'hem best genoegen sal, die sal moegen lossen en quiten mit gelycke somme. Gegeven int'jair ons hén 1453 op ten drie entwintichsten dach der maent van julio.

> En org. parmi les Chartes de Brabant, arm. II, infrà, lay. B, au dos de l'acte est écrit: Moulins à Brouxell. vendus; cotté X.

XXIX. Paix de Gavre faite aux champs par le bon duc Philippe de Bourgogne et ceux de la ville de Gand, le 30 juillet 1453.

> Se trouve par copie parmi les archives de l'Audience, arm. C, Nº 9. Registre des lettres produites sur les comptes du scel de Brabant, cotté H, fol. 184, 91.

XXX. Tractatus treugarum inter serenissimum principem Ladislaum, Hungariæ, etc., regem, et illustrem principem Philippum, Burgundiæ ducem, etc,, mediante Jacobo sanctæ Trevirensis ecclesiæ archiepiscopo. Datum Palacioli, anno Incarnationis dominicæ 1453, die octava mensis septembris, quæ fuit dies Nativitatis gloriosæ Virginis Mariæ.

> Recueil des Chart. de Lux. T. III. fol. 174 80, et doit se trouver en orig. lay. 20, nº 22.
> Preuves de Bertholet dans son Hist. de Lux., T. VIII, fol. 78-81.

XXXI. Ladislas, roi de Hongrie, etc., confirme et ratifie aux habitants du duché de Luxembourg et comté de Chiny, tous leurs priviléges, titres, documents, coutumes, droits municipaux, observances, libertés, grâces et louables usages et droits qui leur ont été accordés et octroyés par son père. Donné en sa ville de Vienne, le dimanche avant la circoncision de Notre-Seigneur, de l'an de grâce 1453, et de son règne de Bohême le troisième.

Preuves de Bertholet dans son Hist. de Lux.,
T. VIII, fol. 77-78, translaté de l'allemand.

XXXII. Philippe, duc de Bourgogne, donne, cède et transporte à monsieur le comte de Charollois, son fils, les bourg, ville et pays de Rodeleduc en Brabant, avec toute la seigneurie haute, moyenne et basse, collon de bénéfices et autres droits y appartenants, pour en joyr selon le contenu d'icelles. Données à Lille, le 30 janvier l'an 1453.

Se trouve parmi les archives de l'Audience, arm. B dans un MS, cotté 77. Par copie authentique collationnée à l'original reposant alors parmi les Chart. de Rupelmonde, dans la lay. marquée Xo de l'arm. viij, cotté J.

XXXIII. Avisamenta super matrimonio contrahendo inter illustrissimum principem comitem Kadralesii, unigenitum domini ducis Burgundiæ, et domicellam Annam, filiam secundo genitam domini Friderici ducis Saxoniæ, inter quæ constituitur quod dominus Fridericus, dux Saxoniæ, domino Charolo genero suo, nomine dotis, dabit et assignabit ac numerabit centum millia florenorum renensium, terminis et modo in hisce contentis : item si duces Fridericus et Guillielmus Saxoniæ absque liberis masculis decedant, quod tunc domina Anna aut hæredes ejus habere debebunt quinquaginta millia florenorum renensium super inclito ducatu Saxoniæ. Item quod dominus Carolus et domina

Anna pactionibus prædictis firmatis renuntiabunt paternæ et maternæ successioni Saxonicæ. Item quod dominus dux Philippus dabit et firmabit dominæ Annæ pro sua dote summam decem millium florenorum renensium singulis annis. Datum die Annuntiationis gloriosæ Virginis Mariæ, anno Domini 1453, more gallico ante Pascha.

> Recueil des Chart. de Lux. T. III, fol. 431, v°, 37 v°, et doit se trouver en orig. lay. 20, N° 493.

XXIV. Nicolaus papa Tornacensi et Atrebatensi episcopis committit et mandat ut dispensent impedimentum quod ex secundo cousanguinitatis gradu provenit ad matrimonium contrahendum inter nobilem virum Carolum comitem de Caroleis, Philippi, Burgundiæ ducis, etc., filium, et nobilem mulierem Ysabellam, nobilis viri ducis Borboniæ filiam natam. Datum Romæ, anno Incarnationis dominicæ 1454, quarto kalendas julii: pontificatus ejus anno octavo.

> Frép. Léonard. Recueil des traités de paix, Tom., I, fol. 55.

XXXV. *Robrecht ende Guillem gebrueden greven tot Vernemborch bekennen voldaen te syn van Philips, hertoge van Bourgoignen van de somme die vrouwe Isabel van Gorliz hun schuldich was. Gegeven tien dage in meerte int'jaer ons hén* 1454.

> Recueil des Chartes de Lux., T. II, fol. 671 v° 73, et doit se trouver en orig. lay. 19, N° 19.

XXXVI. Tractatus compromissi inter Ladislaum, Hungariæ, etc., regem, et Philippum, Burguudiæ, etc., ducem, pro sedandis dissensione et controversiis super ducatu Luczemburgensi et comitatu de Chiny, compositus per Jacobum, sanctæ Trevirensis ecclesiæ archiepiscopum. Datum Viennæ, Pataviensis diœcesis, die decima quarta mensis maii anno Domini 1455.

> Recueil des Chart. de Lux. Tom. III, fol. 168-202, et doit se trouver en org. lay. 20, N° 22.
>
> Preuves de Bertholet, dans son Hist. de Lux. Tom. VIII, fol. 82-84.

XXXVII. *Philips hertoge van Bourgoignien enz. stelt Felix de Hondt, meester van der cameren van synen rekeninge in syn stad van Bruessel. Gegeven in de stad van Loeven x dage in julio int'jaer ons heén 1455.*

> Registre des Chartes de la chambre des comptes en Brabant, marqué lett. G, cotté N° III, fol. v° 92 v°.

XXXVIII. Philippe, duc de Bourgogne, etc., confirme et ratifie les coustumes et usaiges accordés par ses prédécesseurs aux bourgeois, manants et habitants de sa ville d'Axelles, située ou terroir des Quastre-Mestiers, en son pays de Flandres. Donné en son hostel de La Haye en Hollande, le tiers jours de décembre 1455.

> Se trouve par copie auth_e. parmi les arch. de l'Aud^{ce}. arm. A, dans la farde cottée n° 230.

XXXIX. Antoine, seigneur de Croy, comte de Porcien, etc., lieutenant-gouverneur et capitaine-général des duchés de Luxembourg et comté de Chiny, et le conseil de Philippe, duc de Bourgogne, déclarent et adjugent le comté de Saulme en Ardenne, ensemble tout ce que audit comté appartient et qui en dépend, à messire Jehan, seigneur de Reifferscheit, Zerdyckt et de Alffter, contre Englebert Rugrève, soi-disant jeune comte de Saulme en Ardenne. Donné à Luxembourg, le sixième jour du mois de février, l'an de grâce 1455.

> Preuves de Bertholet, dans son Hist. de Lux.

Tom. VIII, fol. 84-85, tiré des arch. de Salm.

XL. Jehan, seigneur de Reifferscheit, Zerdyckt et de Alffter, déclare qu'il a pour lui, ses hoirs et ayant-causes, sorti jurisdiction, pris et accepté à juge le gouverneur du duché de Luxembourg et comté de Chiny, pour et au nom de Philippe, duc de Bourgogne, ses hoirs et descendants, à raison du comté de Saulme en Ardenne. Donné le huitième jour du mois de février, l'an 1455, à l'usage de Trèves.

Recueil des Chart. de Lux. Tom. I, fol. 384-85 v°, et doit se trouver en org. lay. 7, N° 3.

XLI. *Jan Van Blitterwyck ende Peter geheten Pypenpoy scepenen te Bruessel, doen cont hoe dat Lambrechte Wouters geloeft heeft te onderhouden de voorwaerden ende conditien waer by hunne genedige hé de hertoghe van Bourgoingnien ende van Brabant, aen den selven gewillecoert ende verleent heeft te mogen oprechten eenen wintmolen in der prochien van Balen. Gegeven int'jair ons heén 1455 op ten vier-entwintichsten dach der maent van februario.*

En org. parmi les Chartes de Brabant, arm. II, infrà, lay. B, coté *Balen* xxvij.

XLII. Philippe, duc de Bourgogne, de Lothr., de Brabant, etc., fait savoir qu'il a ordonné et veut être fait, dit et célébré en l'église de Sainte-Goudile, en sa ville de Brouxelles, une messe de requiem cothidienne et perpétuelle, tous les jours, pour l'ame de feu messire Cornille, bastard de Bourgogne, enterré et gisant au cuer d'icelle église, laquelle sera dite chacun jour audit cuer d'icelle église, devant le commencement de prime, à l'autel qu'est darrier le grand autel; et sera tenu, cellui qui dira ladite messe, d'aller chacun jour tantot après icelle messe finie, à la tombe dudit feu messire Cornille, et y dira le psalme de profundis, et de jester l'eaux bénite sur icelle tombe à chacune fois; et avec ce ordonne et veut en icelle église estre dit et fait ung obit ou anniversaire perpétuel pour l'ame dudit feu messire Cornille, tous les ans au jour de son trespas solempnellement, à vigilles à neuf leçons, laudes command......, messe à diacre et soubs diacre, sonnerie et luminaire tout ainsi et en la manière que l'on a accoustumé de faire en ladite église les obis des princes et princesses illec gisans et reposans. Et entend que les doyen et chapitre de ladite église de Sainte Goudille seront tenus et chargiez de faire et de faire faire et dire lesdites messes de requiem et obit, et de supporter ladite charge de sonnerie et luminaire en la manière dessus déclairée, et pour ce faire a ordonné et ordonne leur estre payé, baillé et délivré la somme de 700 escus ou couronnes d'or du prix de 46 gros, monnoie de son pays de Flandres, pièce ou autre monnoie à la valeur, pour une fois, assavoir, 600 escus pour ladite messe de requiem cothidienne et perpétuelle et 100 escus pour ledit obit, etc. Donné en sa ville de Bruges, le dix-huitième jour d'avril, l'an de grace 1456, après Paques. *Signé* PHE.

Cette lettre est insérée dans la lettre cottée lij, parmi les Chartes de Brabant arm. IV infrà, lay. A fondat. Voyez les lettres reversales du chapitre de Sainte Gudule en date du 1 juin 1456, au registre des Char. de la chambre des comptes en Brabant, marqué lett. G, N° III, fol. 38, 39.

XLIII. Philippus, dux Burgundiæ, mandat consulibus ac senatui civitatum Neomagi, Ruremundæ,

Zutphaniæ atque Arnhemi, ut rationem habeant ne Gelriæ ducissa ac filius ejus Adolphus Gelrus pessumcant per oppignorationem, venundationem, alienationem ac disperditionem redituum ac teloniorum dictionum Gelriæ et Zutphaniæ per ducem Gelriæ. Datum Bruxellis, die 25 martis anno 1456.

PONTANI, Hist. Gelriæ, fol. 511.

XLIV. Philippe, duc de Bourgogne, etc., déclare que les dons des services et nouveaux offices concernant la police et le gouvernement de la ville de Bruxelles faits par lui seront nuls et mis à néant. Donné en sa ville de Bruxelles, le vingt-troisième jour de mai, l'an de grâce 1457.

Reg. de lettres produites sur quelques comptes du scel de Brab. cotté H, fol. 263, v° 64 v°; item, fol. 276-77.

XLV. *Margareta Van Palant, weduwe wylen Johans hé t'ze Wittham verklaert, also wylen den hertoge Wenslaus van Behem, hertoge van Lutcenborch, van Lothr., van Brabant ende van Limborch haren alder vader hén Karselys van Palant ritter, gegeven heeft en beweesen te effen mit synen open bezegelden brieven gegeven t'ze Aichen zeve daige in junio int'jair ons hén 1380, dertich marck jaers paije en derdich cap. t'sjaers erfelich op die renten van Herle en Witrode in den lande van Valkenborch gelegen, die haer hervallen zyn ind dair opgedeylt is, na dode haers lieven vaders hén Werns van Palant, so bekend sy dat sy órkomen is mit Peten den hertoge van Oesthout rentmeester der lande van Lymborch en van Daelhem, van wegen tot behoef haers gened liefs hén t'shertogen van Bourgoignien van Brabant en van Lymborch, vur die vur.. erfrente van xxx marck ind van xxx cap. eyns te* heffen eyn seke some geltz die haer die vur.. Pet wael betaelt heeft. Gegeven in t' jaer ons hēn 1457.

> Se trouve en org. parmi les Chartres de Brabant arm. 3 infrà, lay. sur laquelle est écrit : Lett. touchant la duché, ville et chastel de Lembourg, marquée O, cottée *Palant*, Y.

XLVI. *Philips, hertoge van Bourgoignien, van Lothr., van Brabant, enz. verklaert gegeven te hebben aen jouffrouwe Marguerite van Palant, wed. Jans heerente Wittham, in wisselinge t' segens een erfrente van* XXX *marcken ende* XXX *capuynen die sy heffende was op de heerlicheyt van Herle ende van Wytrode alsulcke heerlicheden hooge middele en leege als hy heeft in den lande ende dorpe van Soron in synen lande van Lymborch. Gegeven in syne stad van Bruessel ses dage in junio int' jair ons heēn* 1457.

> Par copie auth. écrite sur vélin parmi les Chartres de Brabant arm. 3, infrà, lay, O, cotté xlviij.

XLVII. Loys de Bourbon, esleu confermé de Liége, duc de Buillon, comte de Loz, promet qu'il ne revokera ni rappellera mess. Ernoul de Coswarem, seigneur de Geyl, de Maleyve, etc., Chlr. de l'office de prevosté de Buillon, ne de le recepte des biens heritaubles d'icelle prevosté qu'il ne ait comenté de la somme de 3,000 florins de Rin de bon or, qu'il avoit preté audit evesque pour cause dudit office. Donné le dousiesme jour du mois de juillet, sous l'an 1457.

> En original parmi les Chartres de Brabant arm. 3 infrà lay. A. *Liége*, los. cotté x. Reg. des Chartres de la chambre des comptes en Brabant, marqué lett. Q, cotté N° 11, fol. 29.

XLVIII. Philippe, duc de Bourgoigne, de Lothr., le Brabant, etc., commet six personnes pour l'administration et direction de ses domaines et finances, savoir *le révérend père en Dieu* et ses amez et feaulx conseillers l'evesque de Toul, mess. Anthoine, seigneur de Croy, comte de Portian, son premier chambellan, mess. Thiebaut de Neuf-Chastel, seigneur de Blammont, mareschal de Bourgongne, ses cousins, messire Bauduin Dougnies, seigneur Destrées, gouverneur de Lille, son maistre d'hostel, ses chambellans, messire Jehan Jouart, docteur en loix et en decret, maistre des requestes de son hostel et juge de Besançon, et Pierre Du Chesne, son gruyer de Brabant. Donné en sa ville d'Anvers, le vingt et uniesme jour de septembre, l'an de grace 1457.

Registre des Chartres de la chambre des comptes en Brabant, marqué litt. G, cotté N° III, fol. 45, 46 v°.

XLIX. Par lettres-patentes du même jour, ledit duc commet maistres Jehan et Pierre Milet pour faire les fonctions de secrétaires, et signer et expedier toutes lettres touchant matière et fait de finance.

Ibid. fol. 46 v° 47 v°.

L. Contract de mariage entre noble seigneur Adrien De Borsselen, escuyer, et noble damoiselle Anne, fille naturelle detrès puissant prinche monseigneur le duc de Bourgoigne et de Brabant, par lequel il est statué que ledit duc donnera à ladite damoiselle Anne, sa fille naturelle pour et en faveur dudit mariaige, pour son dot. la somme de 15,000 francs au pris de trentedeux gros le franc, monnoie de Flandres, pour une fois. *Item*, que ledit Adrien de Borsselen assignera espécialement ladite somme de 15,000 francs en et sur sa terre, seigneurie et revenus de l'Isle de Duvelandt, en Zeellande, qu'il afferme estre tenue en bon fief dudit seigneur duc, à cause de sa conté de Zeellande, pour et au prouffit de laditte damoiselle et pour ses hoirs procréez en léal mariaige, et que si laditte damoiselle alloit de vie à trespas sans hoirs, laditte somme retournera de plain droit audit seigneur duc son père ou à ses hoirs; que laditte demoiselle aura, après le trespas dudit Adrien son mary, outre 2,000 francs de rente sa vie durante, assignés sur la terre de Duvelandt, la forteresse et maison de Zoubourg en l'isle de Walqueren pour sa demeure, ensemble les terres, rentes et revenus y appartenants. Fait en la ville de Quesnoy, le cinquième jour de decembre l'an de grace 1457, en l'an troisiesme du pontificat de père en Dieu Kalixte, pape troisiesme de chestui nom.

> Se trouve parmi les archives de la chambre des comptes dans l'armoire derrière le grand bureau, par copie auth. cottée B, N° 73.

LI. *Frédéric, empereur*, etc. confirme la sentence, ban et arrière-ban décerné et decreté cy-devant par son prédécesseur l'empereur Sigismond, contre Arnold d'Egmont, qui se faisoit titrer duc de Geldre. Donné à Vienne l'an de grace 1458, le lundi jour devant saint Vite, et de son regne le dix-neuviesme.

> En original en allemand parmi les Chartres de Brabant arm. VII, suprà; lay. sur laquelle est écrit: Reste des lettres de Gueldres etc. marqué G, cotté TVX.

LII. *Philips, hertoge van Bourgoignien, enz. verleent aen meester Ambrosio Van Dynter, raid ende meester van syn rekeninge in syn stad van Bruessel, voor hem ende syne nacomelingen borchgraven van*

Dormale in meerdernisse syns leen van Dormale, die visscherye in die beke lopende voir die borch van Dormale, beginnende van syn stat van landen Nederwaerts, en eynde in syn stat van Leeuwe. Gegeven in syn stat van Bruessel xiiij *dage in junio int'jair ons heén* 1458.

Registrees Chartres de la chambre des comp-
tes en Brabant, marqué lett. G, cotté N°
III, fol. 69 v° 70.

LIII. *Philips, hertoge van Bourgoignien, enz. stelt Bertholomeus Van Meerbeke, wettingen soene syns raits, ende meesters vander cameren van syn rekeningen te Bruessel meester Peters Van Meerbeke, syne clerc in den selve camere van syne rekeninge. Gegeven in de stad van Bruessel* xxj *dage in aplle int'jaer ons heén* 1459.

Registre des Chartres de la chambre des
comptes en Brabant, marqué lett. G, cotté
N° III, fol. 95.

LIV. *Philips, hertoge van Bourgognien, enz. stelt Jans Pynacke syn meyer synre stad van Thienen by resignacie vanhén Werner van Davelt, ridder, heé tot Lysemerx. Ge geven in de stad van Bruessel,* xiij *dage in julio int'jaer ons heén* 1459.

Registre des Chartres de la chambre des
comptes en Brabant, marqué lett. G,
cotté N° III, fol. 100 et v°.

LV. *Philips, hertoge van Bourgognien, enz. bevestigt den vrydom van het recht van* morte main *vergunt door Hendrick hertoge van Lothryck in t'jaer* 1200 *aen de ingesetenen der prochie van Thielt. Gegeven in syne stadt van Bruessel, pden* xij *dagh novembri in t'jaer ons heeren* 1459.

Registre des priv. et exemptions, etc. fol. 27
et v°.

LVI. *Philips, hertoge van Bourgognien, enz. stelt meester Ghysbrecht Molenpas synen procureur in allen particulieren saken die tegens syns hoocheyt, heerlicheyt ende rechten syns lants van Brabant in verminderingen en vercortingen sellen begaen en voirtgekeert worden. Gegeven iu de stad van Bruessel vier en twintich dage in decembri in t'jaer ons heén* 1457.

Registre de lettres produites sur quelques comptes du scel de Brabant, cotté H, fol. 381, 82 v°.

LVII. Henricus, rex Angliæ et Franciæ, confirmat et approbat privilegium à suis predecessoribus concessum mercatoribus de stapula Calesiæ, quo inter alia iisdem mercatoribus stapulæ conceditur singulis annis circa festum Annunciationis inter se communi consensu eligere unum majorem et duos constabularios, qui de omnibus litibus, querelis et questionibus, tam de transgressionibus quam de debitis contractibus aut aliis quibuscumque causis mercatores aut merces stapulæ tangentibus cognoscerent, et, prout usus et æquitas postularet, indicarent. Datum mensis martii die xix regni sui xxxvj.

Archives de l'Audience arm. C, dans un inventaire cotté N° I, par extrait d'un registre de la ville d'Anvers marqué D, ayant pour titre : *Het groot papiere privilegie boeck*, fol. 96, 98 v°.

LVIII. Philippus, dux Burgundiæ etc., confirmationem Henrici, regis Angliæ et Franciæ, adjiciens quod mercatores stapulæ non subjicerentur jurisdictioni gubernatoris aut consulum nationis anglicanæ in suis ditionibus residentium, attamen quod ratione differentiarum et litium inter eos in suis ditionibus ortarum et oriundarum tantum juri starent coram suo majore et constabulariis aut eorum locum tenentibus. Datum Bruxellis.

Par extrait, ut suprà, fol. 99 et seq.

LIX. Ordonnance de Philippe, duc de Bourgogne, etc., sur la police et gouvernement de la ville de Louvain. Donné en la ville de Bruxelles, le huitiesme jour de juillet l'an 1460.

Registre de lettres produites sur les comptes du scel de Brabant, marqué H, fol. 291, 93.

LX. Privilegium ducis Philippi, circa exemptiones a theloneis, tributis, pedagiis, gabellis et aliis quibuscumque oneribus, provenientibus ad Universitatem Lovaniensem et recedentibus ab eadem. Datum in oppido suo Bruxellensi, decima octava augusti anno Domini 1460.

Plac. de Brabant, T. III, fol. 38.

LXI. Philippe, duc de Bourgogne, etc., confirme la chartre de la duchesse, Jeanne du 9 octobre 1391, par laquelle elle accorda à ceux de Vilvorde de pouvoir mettre et imposer sur les vins, cervoise, denrées et marchandises quelconques qui seroient vendues et despensées en ladite ville, telles accises, impositions, etc., qu'ils aviseroient être convenables. Donné en son chastel de Hesdin, le troiziesme d'octobre, l'an de grace 1464.

Registres des priv. et exemptions, etc. fol. 76 et v°.

LXII. Philippe, duc de Bourgogne, etc., déclare que les draps et filletz faitz et oeuvrez au royaume d'Angleterre sont banniz de ses pays de Bourgogne, Lothier, Brabant, Limbourg, Flandres, Artois, Hainau, Hollande, Zeelande, Namur, Frise, Malines et pays d'Oultre-Meuse. Donné en sa ville de Lille, vingt-troisième jour du mois d'octobre, l'an de grace 1464.

Registre des lettres produites sur quelques

comptes du scel de Brabant, cotté H, fol. 313, 15 v°.

LXIII. Ligue entre Louis, roi de France, le marquis de Baden, gouverneur de Liege, et les chanoines, université, bourgeois, et pays de Liége, contre le duc Philippe de Bourgogne, etc., le comte de Charolois, et Loyz de Bourbon. Donné en la cité de Liége le dix-septieme jour du mois de juing l'an de grace 1465.

Se trouve parmi les arch. de la chambre dans le tiroir sur lequel est écrit : *Laye metter chartren Luyck*, cotté n° 5. par *vid. org.*

LXIV. Traité de paix entre ceux de Huy et le duc de Bourgogne et de Brabant, et Loyz de Bourbon, evesque de Liege. Fait à Brusselles le quatrieme jour de decembre 1465.

En org. parmi les arch. de la chambre dans le tiroir sur lequel est écrit : *Laye metter chartren Luyck*, cotté n° 9. Reg. *Ten tyde hertoge Karele van Bourgognien* m. fol. 74 v° 75 v°.

LXV. Les maistres, bourgeois, conseil, jureis, communiteit, et universiteis de la ville de Huy, agréent et ratifient le traicté de paix fait avec le duck de Bourgogne et de Brabant, et révérend pere en Dieu Loyz de Bourbon, esleu LXXXII° evesque de Liege. Donné pour l'an de grace d'elle nativiteit Notre Seigneur Jhu Criste 1465, le jour d'elle fieste saint Nicolay confess.

En original parmi les arch. de la chambre, dans le tiroir sur lequel est écrit : *Laye metter chartren Luyck*, cotté n° 10. Reg. *Ten tyde hertoge Karele van Bourgognien.* m. fol. 76, 78 v°.

LXVI. Charles de Bourgogne, comte de Charollois, seigneur de Chasteaubelin et de Bethune, lieutenant général de son très redoubté seigneur et père, déclare que confiant à plain des sens, discrétions, loyaultez, preudomies et bonnes diligences de ses bien amez les gens de la chambre des comptes de son tres redoubté seigneur et père, en sa ville de Broucelle. iceulx gens des comptes, il a ordonné et commis, en leur donnant plain pouvoir, autorité et mandement espécial, d'entendre à l'audition et examination des comptes de tous ses officiers, tant de justice que de recepte et terres et seigneuries que présentement a et cy-après pourra avoir ès duchiey de Brabant, Limbourg et Luxembourg, et ès autres terres de sondit seigneur et père, outre la rivière de la Meuze, ensemble de tous deniers extraordinaires qui illec sont ou pourront estre octroyés et accordés; de passer en iceulx comptes ce qui leur semblera estre raisonnable; de refuser et débatre le non raisonnable, et déclare iceulx comptes et faire toutes choses à ce servant tant qu'il lui plaira et jusques à son rappel. Donné à Thyelmont en Brabant, le vingtiesme jour de décembre, l'an de grace 1465.

Reg. noirs, vol. I, fol. 154 et v.

LXVII. Charles, duc de Bourgogne, etc., establit et commet messire Engelbert de Nassouw, conte de Vianden, aisné fils de Jehan, conte de Nassouw, seigneur de Breda, son chastellain de son chastel de Turnhout, avec ses appartenances. Donné en sa ville de Bruxelles le premier jour de janvier l'an de grace 1468.

Registre des Chartres de la chambre des
comptes de Brabant, marqué lett. Q,
cotté N° iiij, fol. 121 et v°.

LXVIII. Charles, duc de Bourgogne, etc., confère Johannes de Heylwghe l'office de mesuraige des fleurs de hoppe appellé hoppecruyt en et par tout sa mayerye de Bois-leDuc et de Heusden. Donné en sa ville de Broucelles, le premier jour de janvier, l'an de grace 1468.

Registre des Chartres de la chambre des comptes en Brabant, marqué lett. Q, cotté N° iiij, fol, 59 et v°.

LXIX. Les maistres, eschevins, communiteit et les trente-deux mestiers de la cité de Liége, s'obligent de faire sceller le traité de paix du vingt-deuxieme de ce present mois de janvier, par les villes de Tongres, Saintron, Fosse, et endeans huit jours. Donné le vingteziesme jour de janvier, l'an de grace 1465.

En original parmi les archives de la chambre des comptes, dans le tiroir sur lequel est écrit : *Laye mettre chartren Luyck*, cottée N° 13. Reg. *Tenty de hertoge Karele van Bourgognien*. m. f. 62, 63 v°.

LXX. Traicté de paix fait entre Philippe, duc de Bourgogne, et Charles de Bourgogne comte de Charollois son fils, et l'evesque, chapitre, villes et états de Liége, par lequel ils reconnoissent ledit duc et ses successeurs en Brabant pour gardiens et advoués souverains des églises, cité et villes du pays de Liége, et qu'à cause de laditte gardienneté, ils pourront faire garder leurs droits, etc., et s'obligent de payer audit duc une reconnoissance annuelle et perpétuelle de 2,000 florins de Rhin. Donné en la ville de Broucelles, le vingt-septieme jour de janvier, l'an de grace 1465.

Se trouve en original parmi les archives de l'Audience, arm. B. dans la farde cottée N° 37.

LXXI. Philippe, duc de Bourgogne, de Brabant, etc. ordonne à Charollois le hérault de faire venir en sa ville de Bruxelles le dimanche, seiziesme jour du mois fevrier présent, ceux des villes du pays de Liége comprinses au traité de paix dernier passé, pour lui faire amende honorable en la manière contenue au premier art. dudit traité. Donné en sa ville de Broucelles, le second jour de fevrier, l'an 1465.

En original parmi les archives de la chambre, dans le tiroir sur lequel est écrit : *Laye metter chartren Luyck*, cottée N° 7. Reg. *Ten tyde hertoge Karle van Bourgognien*. M. folio 64 et v°

LXXII. Déclaration des mayeur et echevins de la court de Donglebert au sujet des droits de winage et autres appartenants à laditte seigneurie, à la acquisition de Loys seigneur de Donglebert. Donnée l'an de grace 1465, selon l'usage de Liége, le sezieme jour du mois de mars.

Registre des priv. et exemptions, etc. fol. 5, 6.

LXXIII. Philippe, duc de Bourgogne, etc., confirme les priviléges accordés par ses prédécesseurs aux francs monnoyers et ouvriers de sa monnoie en Brabant. Donné en sa ville de Bruxelles, au mois de juing, l'an de grace 1466.

Reg : *Ten tyde hertoge Karel van Bourgognien*. m. fol. 23, 27.

LXXIV. Lettre de procuration de ceulx de la ville de Thuyn sur vingt-cinq de leurs bourgeois y dénommez, pour traicter avec monsieur le comte de Charollois touchant les injures et oultraigeuses entreprinses qu'ils avoient faites sur les pays et subgetz dudit seigneur durant la guerre de Liége qui paravant estoit appaisié; en date du quatorziesme jour de septembre 1466.

Se trouve parmi les archives de l'Aud. arm. B, dans la farde cottée N° 77, par copie auth collationnée avec l'original reposant alors parmi les Chartres de Rupelmonde dans la layette marquée X° de l'arm. viij, cottée lett. D.

LXXV. Philippe, duc de Bourgogne, etc., ordonne et déclare que toutes les terres, héritaiges, rentes, censes et autres revenus quelconques que les manants et habitants de la ville de Dynant ont ou qui leur peuvent appartenir en ses pays et seigneuries, quelque part que ce soit, au jour de la prinse et reddition d'icelle ville, sont et devront demourer à lui et à ses successeurs perpétuellement, comme duement et justement et confisquez, voulant que icelles terres, heritaiges, rentes, censes et revenus, desquels avant la date de cette il n'en a fait don, soient unyes et jointes à son domaine. Donné en la ville de Louvain, le dix-septiesme jour de septembre, l'an de grace 1466.

Registre des Chartres de la chambre des comptes de Brabant, marqué lett. G, cotté N° III, fol. 188 et v°.

TABLE

DES

MATIÈRES CONTENUES DANS CE VOLUME.

	Page
Sur Jacquues du Clercq...................	I
Des mémoires de Jacques du Clercq, et du fruit qu'on en peut tirer, par Fr., baron de Reiffenberg.........	V
État des officiers et domestiques de Philippe, dit le Bon, duc de Bourgongne...................	CLV

CRONIQUE DE J. DU CLERCQ.

LIVRE PREMIER.

Préface et intention de l'auteur..................	1
Chap. I. Comment les Anglois prindrent Fougières, en Bretaigne; et des seigneuries que les Anglois possessoient en Franche.....................	5
Chap. II. Comment le roy de Franche envoya signifier au duc de Sombreset (Sommerset) que la ville de Fougières lui fust rendue et restituée avec touts les biens qui avoient esté prins dedans.............	7
Chap. III. Comment la ville et chastel du Pont-de-l'Arche feurent prins des gens du roy de Franche par subtylle voye; et comment le seigneur du pays de Bretaigne promeit de servir le roy de Franche.....	9
Chap. IV. Comment Conacq et Saint-Marguerin, au pays et sur les marches de Bordelois, furent prins, et Gerberoy en Beauvoisin..................	12
Chap. V. Comment la ville de Conches fust prinse; et	

	Page
des ambassades de par les Anglois qui vinrent devers le roy......................................	13

Chap. vi. Comment la guerre recommencha entre les roys de Franche et d'Angleterre, et feurent toutes trèves rompues...................................... 14

Chap. vii. Comment la ville de Vernoeul fust prinse par ung molnier, et le chastel assiégé............ 15

Chap. viii. Comment la tour de Vernoeul fust assiégée, et du secours que le sieur de Tallebot leur cuida faire ; et comment le roy de Franche entra en Normandie pour secourir ceux du siége; et comment la ville de Pont-eau-de-mer fust prinse par les Franchois...................................... 17

Chap. ix. Comment le roy de Franche arriva à Vendosme et à Chartres; et comment Saint-James de Buveron fust assailli et puis prins ; et de ceux de la tour de Vernoeul qui se rendirent au roy......... 20

Chap. x. Comment la cité de Liseux, Neufchastel et ceux de la ville de Mante se rendirent au roy ; et de l'entrée du roy à Vernoeul ; et comment le chastel de Loigny fust remis en l'obéissance du roy....... 21

Chap. xi. Comment les villes de Vernon-sur-Saine, Gournay et le chastel d'Essay feurent mis en l'obéissance du roy de Franche...................... 23

Chap. xii. Comment Fescamps, le chastel de Harecourt, le chastel de Chambrois et la Rocheguyon feurent rendus au roy............................ 24

Chap. xiii. Comment le duc de Bretaigne entra en Normandie, et meit en l'obéissance du roy les villes de Constances et de Saint-Loup (Saint-Lô), et le duc d'Allenchon print la ville d'Allenchon........... 26

Chap. xiv. Comment le comte de Foix se partist de son pays et alla mettre le siége devant Maulèon ; et comme le roy de Navarre vint pour cuider lever le siége, puis s'en retourna sans rien faire, et se rendit en la ville au comte de Foix: et du sieur de Luce qui se rendit Franchois atout six cents combattants.................................... 28

Chap. xv. Comment le chastel d'Yexmes se rendit aux Franchois; de la prinse des ville et chastel d'Argentan; et comment le roy de Cécille et son frère vindrent servir le roy de Franche; et du siége qui fust mis devant le Chastel Gaillard........ 30

Chap. xvi. Comment la ville de Gisors fust mise en l'obéissance du roy, et comment le roy et toute son armée alla devant Rouan pour sommer de rendre la ville... 33

Chap. xvii. Comment les Franchois cuidèrent entrer en la ville de Rouan, par le moyen d'aucuns de la ville, mais le sieur Talbot les rebouta, et y en eut plusieurs morts................................. 35

Chap. xviii. De la prinse de la ville et cité de Rouan, sauf le palais et le chastel..................... 37

Chap. xix. Comment le roy feit mettre le siége devant le palais de Rouan, et comment le palais lui fust rendu.. 42

Chap. xx. Comment le roy feit son entrée en la cité de Rouan, et comme il y fust receu................. 44

Chap. xxi Comment le duc de Bretaigne print Gournay, Reneville, le pont d'Oire, la Haye du Puis et Valoingnes, et autres villes, en la Basse-Normandie et en Constantin et Fougières................. 51

Chap. xxii. Du siége qui fust mis devant Harfleur, et comment la ville fust rendue; puis parle de l'armée que feit le comte de Foix, et comme il assiegea le chastel Guisant; et comme il défeit les Anglois, et en y eut que morts que prins environ douze cents.. 52

Chap. xxiii. Du siége de Honfleur, et comme elle fust rendue; et des ville et chastel de Ballesmes, que le duc d'Allenchon assiégea et print; et de la ville de Fresnay qui se rendit par composition............ 55

Chap. xxiv. De la bataille de Fourmigny, où les Anglois feurent déconfits, et en mourut trois mile six cent soixante-quatorze...................... 57

Chap. xxv. Comme la ville de Vires et autres villes feurent mises en l'obéissance du roy de Franche; et du siége mis debvant la cité de Bayeux; et comme on l'assaillit par deux fois, et enfin fust rendue par composition.............................. 61

Chap. xxvi. Comment les Franchois prindrent Bricquebecq et Valloingnes, et du siége qui fust mis debvant Saint-Sauveur-le-Vicomte, et comme enfin la ville fust mise en l'obéissance du roy de Franche. 65

Chap. xxvii. Comment les Franchois meirent le siége debvant la ville de Caen, et comme ils gaignèrent ung boullevert............................. 66

Chap. xxviii. Comme le roy de Franche se partist d'Argentan, et alla au siége debvant Caen, et comme les Franchois assaillirent le boullevert et le prindrent............................. 68

Chap. xxix. Comment ceux de Caen eurent leur traictié devers le roy, et comme ils lui délibvrèrent les ville et chastel où estoit le comte de Sombreset, lequel, sa femme, ses enfants et touts ceux de leur compaignie, feussent Anglois ou autres, s'en allèrent, leurs corps et leurs biens saufs.................. 70

Chap. xxx. Comment le roy de Franche se partist de l'abbaye d'Ardane et entre en la ville de Caen...... 74

Chap. xxxi. Du siége qui fust mis devant Fallaise, et

des assauts que les Anglois feirent, mais enfin feurent rebouttés.......................... 75

Chap. xxxii. Comment le roy de Franche alla en personne au siége de Fallaise, et avecq lui plusieurs seigneurs, et comment ils se logèrent........... 76

Chap. xxxiii. Comment le siége fust mis par les Franchois devant Chierbourg; et comment Fallaise fust rendue et mise en la main du roy de Franche...... 77

Chap. xxxiv. Du siége qui fust mis devant Donfort (Domfront), et comme elle fust rendue au roy de Franche; et de la mort de Franchois, duc de Bretaigne....................... 79

Chap. xxxv. Comment le sieur de Cottigvy, admiral de Franche, et le bailly de Troyes feurent tués durant le siége de Chierbourg, et comme la ville fust mise en l'obéissance du roy de Franche.......... 80

Chap. xxxvi. Comment, après que le roy eut conquis tout le pays de la Normandie, il envoya ses gens d'armes en Guyenne, et des gens de guerre qu'il laissa pour garder ledit pays de Normandie, puis s'en retourna en sa ville de Tours................. 81

Chap. xxxvii. Des graces que le roy rendit à Nostre-Seigneur; et ordonna chacun, en la mémoire de la victoire que Dieu lui avoit envoyée, faire processions généralles par tout son royaume, qui se feroient le quatorziesme jour d'aoust; et de l'ordonnance des gens d'armes et de leurs habillements............ 85

Chap. xxxviii. Comment le sieur d'Albreth desconfit ceux de Bourdeaux, et en occist quinze cents, et prist prisonniers douze cents: et de la prinse de maistre Jehan Panchous, recepveur général du roy, et de sa condampnation........................... 86

Page

Chap. xxxix. Comment Pierre de Bretaigne feit honneur au roy de la duché de Bretaigne; et comment le roy envoya le comte de Dunois avec son armée au pays de Guyenne; et de la reddition du chastel de Montguyon et de la ville de Blaye.......... 88

Chap. lx. Comment tout à ung mesme temps le comte de Dunois assiégea les ville et chastel de Bourg, le comte d'Albreth assiégea la cité d'Aques, le comte d'Arminacq assiégea Rion, le comte de Penthièvre assiégea Chastillon, en Pierregort; et feurent toutes ces places rendues au roy de Franche............ 91

Chap. xli. Comment le comte de Dunois envoya mectre le siége debvant le chasteau de Fronsacq en tenant le siége qu'il avoit mis à Bourg, fourny de gens de traicts, et feit savoir à ceux de Libourne d'eux rendre; et comme plusieurs places se rendirent au roy de Franche........................ 96

Chap. xlii. Comment la ville de Bourdeaux fust mise et rendue en la main du roy de Franche; et de l'entrée que feirent les gens du roy en ladite ville de Bourdeaux............................... 99

Chap. xliii. Comment le siége fust mis debvant la cité de Bayonne, et des seigneurs qui y vindrent; des saillies et assauts qui y feurent faicts............ 107

Chap. xliv. Comment la ville de Bayonne, par appoinctement, se rendit au roy de Franche; et d'une croix blanche qui fust vene en l'air dessus la cité; et des Biscayens qui vindrent en l'aide du roy........ 110

Chap. xlv. De l'entrée du comte de Dunois, comme lieutenant du roy de Franche, en la ville et cité de Bayonne................................. 112

Chap. xlvi. Comment l'empereur Frédéricq espousa

pour femme la fille du roy de Portugal; et du discord qui fust en Angleterre pour le gouvernement du royaume entre le duc d'York et le duc de Sombreset; et de l'ambassade du pape.................. 114

AVERTISSEMENT.. 117

PRÉFACE de l'auteur sur les guerres d'Angleterre...... 118

CHAP. I. Du discord qui fust entre le duc d'Yorck et le duc de Sombreset, pour le gouvernement du royaume, et de la mort dudit duc de Glocestre, et exil du duc d'Yorck.............................. 119

CHAP. II. Du capitaine apostat et de petit lieu qui esmeut une partie de la commune d'Angleterre contre les nobles, et comment plusieurs princes et seigneurs feurent par lui mis à mort et décapités; et en la fin comment il fut occis.................... 121

CHAP. III. Comment le duc d'Yorck fust rappellé et fust régent d'Angleterre, et eust le gouvernement du royaume; et de la mort du duc de Sombreset....... 124

CHAP. IV. Comment le roy d'Angleterre rentra au gouvernement du royaume, et comment le duc d'Yorck et touts ses alliés feurent bannis d'Angleterre, et leurs terres saisies............................. 126

CHAP. V. Comment le duc d'Yorck, par bataille, olt le gouvernement d'Angleterre, et comme il mourut en bataille.................................. 127

CHAP. VI. Comment la royne olt le gouvernement d'Angleterre, et feit bannir Édouard, fils du duc d'Yorck; comment ledit Édouard, comte de la Marche, desconfist la royne, et appréhenda le royaume.. 129

NOTICE d'un manuscrit de la bibliothèque du roi de France, coté n. 445, puis 6551, et intitulé, Tour-

nois de la Gruthuse, grand in-fol., marge rouge, par M. Van Praet; extraite de l'Esprit des Journaux, du mois d'octobre, 1760, p. 214 et suiv......... 132
Notes.................................... 141
Index diplomatique de 1448 à 1467......... 144

FIN DE LA TABLE DES MATIÈRES.

www.ingramcontent.com/pod-product-compliance
Lightning Source LLC
Chambersburg PA
CBHW071859230426
43671CB00010B/1402